"一带一路"民间文化探源工程

邱运华 总主编

穿越草原
——草原丝绸之路与张库大道调研文集

杨荣国 主编

学苑出版社

图书在版编目（CIP）数据

穿越草原：草原丝绸之路与张库大道调研文集 / 杨荣国主编 . -- 北京：学苑出版社，2021.2
ISBN 978-7-5077-6135-1

Ⅰ.①穿… Ⅱ.①杨… Ⅲ.①草原—丝绸之路—文集 ②贸易路线—中国—清代—文集 Ⅳ.① K203-53 ② F729.49-53

中国版本图书馆 CIP 数据核字（2021）第 030042 号

责任编辑：杨 雷 张敏娜
出版发行：学苑出版社
社　　址：北京市丰台区南方庄 2 号院 1 号楼
邮政编码：100079
网　　址：www.book001.com
电子信箱：xueyuanpress@163.com
联系电话：010-67601101（销售部）、010-67603091（总编室）
印 刷 厂：北京建宏印刷有限公司
开本尺寸：880×1230　1/32
印　　张：11.75
字　　数：283 千字
版　　次：2021 年 3 月第 1 版
印　　次：2021 年 3 月第 1 次印刷
定　　价：60.00 元

"一带一路"民间文化探源工程编委会

总 主 编　邱运华
副总主编　吕　军
执行总主编　王锦强
编　　委　孔宏图　张礼敏　程　溪
　　　　　布和门德
本书主编　杨荣国

总　序
开通大道，走向世界

"一带一路"这个新鲜词汇在新世纪最初几年开始发出耀眼的光芒，成了中国式发展道路"世界不同民族和不同国家文明互通互鉴"理念的代名词。"丝绸之路"——德国地理学家李希霍芬在地理学著作里提出的术语，获得了从未有过的崇高荣誉。尽管中国学术界对李希霍芬本人并不太在意这个术语感到失望，不过，在我看来，李希霍芬的关注重点无疑更有历史意义和学术价值。李希霍芬是自然地理学家，他总体来说不太注重人文和社会地理因素而偏重于自然地理，但这一学术倾向并不妨碍他在《中国》（1877年第一卷）一书中叙述大量的人文和社会元素与自然地理之间的关系。他把《汉书》、马里努斯、托勒密简要点及的中亚大道，把贯穿中国新疆、中亚、西亚阿拉伯世界腹地的道路，用"丝绸之路"这一术语表达出来。尽管他更多地使用"交通""道路"这样的术语，而不是诗意性的"丝绸"，甚至"丝绸贸易"这样的术语。现在想来，李希霍芬看重的"交通""道路"，未必离开得了人与社会。我以为，"交通"和"道路"更为精确地表达出地理学家李希霍芬的真实意图。

"丝绸之路"在本质上是古代中国走向世界的一条通衢大道。当然，这样性质的大道不仅仅只此一条。

古代中国走向世界的道路有很多条，每一条都充满艰难与神秘。但是，中华民族祖先血液里留存着探险冒险的基因，他们走向国外未知领域的勇气巨大无边。在西部的戈壁、沙漠阻挡不了他们向外的雄心，北部的无边草原、沙漠和森林也不能阻挡他们。张库大道从张家口经由包头可以直达乌兰巴托（旧称"库伦"），有人认为：张库大道作为贸易之途，大约在汉代已经开始，出现茶的贸易，大约不晚于宋元时代。东北部从辽宁省和吉林省之交的腹地——开原往东，明代设有辽东镇25卫，皆设置有交通驿站，沿着驿路，每15～30千米建有一座驿站或递运所、铺、亭、路台等，形成交通传递系统。东北亚所谓"丝绸之路"，并不像通往西域的丝绸之路那样，沿途扬起阵阵烟尘，来来往往的中西商贾带着满载货物的驼队、马帮，构成一幅十分壮观的瀚海行旅图，而是通过设关互市、贡赏等形式，把明朝内地的彩缎等物运往东北边陲，与各民族进行交易。在古代，正是靠这条交通要道，把内地的丝绸、茶叶等商品运往东北亚地区，把古老的长江、黄河流域文化与东北亚文化联系起来，使这一地区在明代显得生机盎然。2017年，中国民间文艺家协会组织了一批专家沿着这条道路一直走到黑龙江与乌苏里江交汇口，进行了一次系统的民间文艺考察调研活动。

西北和东北的道路仅仅是古代中国走向世界各地的一部分，在西南部和南部还有多条通向域外的交通道路。例如商业化程度很高的"茶马古道"。有若干条"茶马古道"从中国西南各地通向东南亚和南亚，而在西藏边陲的阿里地区，原古格王朝所在地，就发现了用丝绸绘就的古代唐卡。中国民间文艺家协会唐卡调查组在阿里地区山里的科迦寺发现两幅传统唐卡，一幅背面边沿有"浙江杭州织局益昌"的字样，另有一幅唐卡有中国内地吉祥童子图案。可以想见，自古以来，中国内地商贸、文化与西部边陲之地的长久交往。

在通往世界的道路中，特别应该提到的是海上"丝绸之路"。当然，海上"丝绸之路"更是一个比喻。著名历史文化专家常任侠先生把先秦时期徐福的故事视为海上丝绸之路的最早起源之一，他在《海上丝路与文化交流》里，叙述了中国通过海上丝路与古日本、古印度、东南亚诸国的物产、宗教、文学、艺术等方面的相互交流；郑和七下西洋更是海上丝绸之路谈论的重点内容。2017年11月，中国学者与来自亚洲、非洲、欧洲等地的学者一起会集科伦坡城，召开了"国际儒学论坛：科伦坡国际学术讨论会"，主题是"海上丝绸之路的历史交往与亚非欧文明互学互鉴"。会议上，埃塞俄比亚学者把中国与非洲的交往追溯到公元前2世纪的西汉时期。斯里兰卡卡凯拉尼亚大学学者阿玛勒赛格尔（Amarasakara）通过总结斯里兰卡境内有关中国的考古发现情况，如古都博隆纳鲁瓦山寺中国晋代高僧法显故居遗址、古代中国钱币、古代中国陶瓷瓷片等，证实了中国古代与斯里兰卡地区存在着经贸、文化、宗教的交流情况。澳门大学学者汤开建则就耶稣会士传入澳门的欧洲图书，结合16世纪末中国境内的第一座西式图书馆——圣保禄学院图书馆藏书的相关史料，详细考证了明清之际欧洲图书传入澳门的情况，认为中国大陆的西学东渐在很大程度上与此相关。

2017年是中国民间文学的"丝路文化年"。中国民间文艺家协会主持的"一带一路"民间文化探源工程，针对"一带一路"沿线民间文化资源进行系统梳理和选点研究，先后开展了福建海上丝绸之路重要节点代表性民间文化考察活动；以冼夫人传说为核心议题对南海（广东茂名博贺）开渔节以及海上丝绸之路与岭南文化进行了调查研讨；围绕"阿凡提类型故事"主题展开了新疆民间民族文化调研；"重拾黑水魂——黑龙江丝绸之路"沿着明朝亦失哈将军走过的水路梳理了"鹰路"文化历史脉络；召开了探索"丝绸之源"的嫘祖文化调研座谈会；展开了贵州"南方丝绸之路与夜郎古国"民间文化生态考察调研等活动。这个系列民间文化探源，力求立足当代、观照历史、面向未来，致力于通过新经验、新启示、新方法、新途径来提振民族文化、地域文化的精气神，得到专家学者以及所在地民间文艺工作者的高度认同与积极配合。上述调研成果及今后开展的系列考察活动成果，都将以调研文集形式陆续出版。

鲁迅先生有句名言："世上本无路，走的人多了，便成了路。"这句话反过来说更具当下价值：世上原有的路，若是没有人走，便无所谓路了。中国古人踏出了迈向世界各地的通衢大道，在上下几千年的历史长河中，通过中外商贾、政治家和平民百姓的来往，成为政治、经济、文化、宗教等交换、交流、交往的大道。古人常把"道路""大道"哲学式理解为通向真理的路径。而我们当代人自谓"世界公民"，切莫冷落了这些"大道"，使之荒漠了；自中国通往世界各地的大道，中国人要继续走下去，也欢迎世界各地的人们继续走进来。在这个意义上，重拾"一带一路"上的民间文艺，重温"一带一路"上世界各地民间文化交流交往历史，具有重大的现实意义。

是为序。

邱运华

2018年4月13日于北京万芳园

前　言

"草原丝绸之路"是蒙古草原地带沟通欧亚大陆的商贸大通道，是丝绸之路的重要组成部分。在这条绵延万里的"草原丝绸之路"上，张库大道是重要节点。这条兴盛数百年的国际商道，从张家口大境门外西沟出发至乌兰巴托并延伸到俄罗斯恰克图。

由于历史原因，1929年，张库大道被迫中断，繁荣近四个世纪的张库大道开始衰落。这条曾经"用白银铺就的草原商道"渐渐淡出了人们的视野。

近年来，随着改革开放深入发展，国家对传统文化愈发重视。尤其是"一带一路"倡议，为构建人类命运共同体特别是中蒙俄经济走廊的规划与实施，为草原丝绸之路（张库大道）在当代的兴起带来新的发展机遇。"一带一路"倡议，不仅是经济发展的助推器，更是促进文化交流的融合剂。在这种形势下，探索、梳理、总结张库大道作为"一带一路"民间文化探源工程的重要组成部分，既有着很丰富的历史价值，也有着很重要的现实意义。与此同时，河北省民协一直致力于繁荣河北民间文艺事业，挖掘与弘扬燕赵文化，促进农耕文化对现实的推动作用，促进民间文艺发展，以满足广大群众对文化艺术的需要。

张库大道沿线各重要节点依旧保留着大量的民间建筑、传说、习俗、壁画等值得深入调研和挖掘的文化瑰宝。因此，在2019年7月下旬，中国民协联合河北民协和内蒙古民协组成联合考察团，于北京出发，先后考察居庸关、鸡鸣驿、万全右卫城、宣化古城、张家口堡子里、大境门、崇礼太子城、康保西土城、多伦和二连浩特等，对沿途民间文化资源深入分析，以期对民间遗存、文化内涵、国际视野等方面细致梳理，完善理论研究，提升民间文化价值。

这本文集，既是中国民协"一带一路"民间文化探源工程，草原丝绸之路考察调研活动的学术成果，也充分吸收了众多专家学者对草原丝路的相关研究。通过这些论文和调研报告，我们可以领略到，在草原丝路背景下，我国北方民间文化历史悠久，文化资源十分丰富，但随着经济发展和社会转型，民间文化的保护与传承显得极为紧迫，这就要求我们对文化传统继承、弘扬以及文化现状、未来进行全面思考，不断探索符合时代潮流的途径与方法。我们希望借助这本文集的出版，能让草原丝路文化、长城文化、燕赵文化为更多人所熟知和重视。由于文集体裁范围的限制，许多专家学者的学术作品未能收入，对此深表遗憾。我们坚信，在众多的民间艺术家和学者的呵护下，我们的民间文化一定能够焕发出新的生机与活力。

杨荣国

目 录

草原丝路节点价值探究

张库大道与二连伊林驿站　　　　　　　　布和门德 / 002

张家口城市原点堡子里的价值与影响　　　陈佳虹 / 007

走向世界的华北重镇张家口
　　——以1918年为例　　　　　　　　韩祥瑞 / 028

张库商道的历史贡献与张家口的发展机遇
　　　　　　　　　　　　　　　　　　　安俊杰 / 036

从张家口考古发现看欧亚历史文化与贸易交往
　　　　　　　　　　　　　　　　　　　陶宗冶 / 048

民间文化遗存形态

崇礼打柳子起源与发展　　　　　　　　　杨　成 / 058

草原丝路民间文化探源
　　——张库大道手工艺创新思考　　　　　　刘立军 / 076
张家口的俗语民谣与张库大道　　吴　桐　刘振瑛 / 106
论张库大道对康保二人台艺术的影响　　　　郭义有 / 129
保护古堡文化遗存　展现"一带一路"风采　陶立璠 / 147
从口口相传到约定俗成
　　——张库大道上的"口"字招牌　　　　　刘　喜 / 161

民间文化内涵与思考

张库大道的乡土遗存与文化意象　　　　　　柴秀敏 / 176
旅蒙商的反思　　　　　　　　　　　　　　邢　野 / 191
关于"张库大道"的前世今生
　　——草原丝绸之路考察手记　　　　　　曹保明 / 204
元代伊斯兰文化遗存与草原丝路文化交融　　何会云 / 233
在"建设中蒙俄经济走廊"中创造新辉煌　　郑一民 / 249
流动、记忆、认同：作为"路域"的张家口
　　——一点田野感受和书写　　　　　　　宝　山 / 257

民间视野大观

民国时期游记中的张家口印象　　　　　　张同乐 / 308

走东口的武安商帮　　　　　　　　　　　赵立春 / 319

草原丝路多元宗教现象初论
　　——以张家口地区为研究中心　　　　张振山 / 325

农耕与游牧的结合带
　　——简论崇礼区域文化　　　　　　　邢　铁 / 340

从"一带一路"倡议的角度审视京张铁路的
　　历史与现实　　　　　　　　　　　　李志刚 / 348

草原丝路节点价值探究

张库大道与二连伊林驿站

布和门德[*]

一

17世纪至20世纪初，在广袤的欧亚草原上，顽强地延伸着一条从中国福建武夷山起，经江西、湖南、湖北、河南、河北、山西、内蒙古七省区，一路向北延伸，穿越蒙古戈壁草原，抵达蒙俄边境的通商口岸恰克图，然后由东向西延伸，横跨西伯利亚，继而通往欧洲和中亚各国的国际古商道，全长1.3万千米。这就是著名的"万里茶道"，也是欧亚大陆重要的经济文化通道，其历史地位的重要性堪与"古代丝绸之路"媲美。2013年3月23日，国家主席习近平访问俄罗斯，发表重要演讲时，将17世纪兴起的"万里茶道"评价为连通中俄两国的"世纪动脉"。

---

[*] 布和门德，《花的原野》杂志社编务室主任。

张库大道是"世纪动脉"万里茶道的重要组成部分，具有形成时间早、节点功能全、文化融合突出、贸易遗存丰富等特点。它是从塞外重镇张家口出发，通往蒙古草原腹地城市库伦（今乌兰巴托）并延伸至俄罗斯恰克图的贸易运销路线，全长1400多千米，被誉为"草原茶叶之路"，在国内外具有重要的经济、政治、文化影响以及历史地位。张库大道的兴盛，使得道路沿线驿站城获得发展，二连伊林驿站由此发展成为张库大道的重要节点，在整个万里茶道的格局中占有一席之地。

二

万里茶道是线性国际文化遗产，茶道上的村落、城镇等"节点"就像一颗颗闪亮的珍珠，将这些"节点"用茶路一个个串联起来后，就组成了"万里茶道"这串漂亮的"珍珠项链"。其中伊林驿站是在张库大道上，甚至整个万里茶道上延续时间较长、历史价值突出、文化内涵丰富的草原上的"珍珠"。

伊林驿站，曾用"玉龙""伊林"之名，均为蒙古语"二连"的汉译音，"二连"原名"额仁"，沿用"额仁达布散淖尔"（今二连盐池）之名。"额仁"意为"海市蜃楼"，可直译为五彩斑斓。

伊林驿站历史悠久，元时的"玉龙"驿站，是连接漠南、漠北的一个重要站点。到清嘉庆二十五年（1820）改成"伊林"，设置伊林驿站，它在张库大道上与其他驿站起着非常重要的作用。光绪十五年（1899），清政府架通张家口—库伦的电话线，在"伊林"驿站设了电报局，为通往"库仑"及欧洲的电报放大信号，也为当地邮电服务增加了项目。当时"伊林"驿站在地图上标注的就是"二连"。1918年张家口旅商景学铃创办"大成张库汽车公司"，开通了以汽车运输为主的张库大道，经营客货运输，伊林驿站成为这条汽车运输线上的重要站点，名为滂北站。张库大道汽车营运在20世纪20年代极为兴盛，后因各地铁路兴盛，此道才逐渐萧条。1943年，日军占领该地后张库汽车运输线停运，伊林驿站逐渐成为废墟遗址。

伊林驿站遗址位于内蒙古自治区锡林郭勒盟二连浩特市区东北9千米处的二连盐池西北岸，是"万里茶道"张库大道段上的重要节点。

2017年6月至9月，由内蒙古文物考古研究所、内蒙古博物院联合组成的考古队，对伊林驿站遗址进行了系统全面的考古发掘。发掘面积6700平方米，共清理了3处院落、37间房屋，出土文物共600多件。

1号院落位于遗址的西南部，呈长方形，南北长14.3米，东西宽9.1米，南墙设门。院落北侧有房址三间，面阔9.1米，进深5.2米，明间南墙设门。院落及房址墙体宽40厘米，保存高度32～40厘米；2号院落，位于1号院落的西北部。整体呈横长方形，东西长35.4米，南北宽31.3米，门设于南墙的中部。院落北部现存房址五间，院西侧建造相连房址两栋，院落东部南、北端也保存若干房址；3号院落，位于2号院落的北侧。院落呈长方形，南北长34.5米。东西宽29米，院落中部有房址五间，西墙设门，南墙利用2号院落房屋后墙。

三座院落和房址内出土遗物包括陶器、瓷器、铜器、骨器、木器、钱币、纸质等，尤其以钱币的种类最为丰富，包括清代"嘉庆通宝""大清铜币"，民国时期的"中华铜币"、蒙古国钱币，和日本昭和十五年钱币等多国钱币；纸质有汉文、蒙古文、俄文和日文报纸。伊林驿站是在从中国境内进入蒙古戈壁沙漠之前的重要驿站，也是大漠南北贸易通道的咽喉。作为内蒙古地区为数不多的古驿站遗址之一，具有重要的历史和文物价值。

三

万里茶道作为一条持续兴盛近200年的国际商贸通道，其产生的历史影响是深远的，不仅仅改变了沿线人民的生产生活方式，更影响了沿线地区的经济、社会形态的发展。就张库大道而言，一大批草原城市因它兴起、发展，作为连接枢纽的多伦、张家口、伊林等草原城镇，凭其独特的地理优势迅速发展成为闻名于世的草原商城。张库大道沿线也留下了众多文化遗产，包括召庙、清真寺、商号、旧街区、驿站、古民居等。

伊林驿站为张库大道的重要官府的驿站，它不仅是茶叶运输的必经之地，还是重要的中转站和销售市场。伊林站主要输出茶叶和杂货等各类生活用品，输入的商品有从牧区购来的牲畜、毛皮。既有满足草原居民需求的砖茶，也有输往俄国境内需要的红茶。这样伊林驿站在茶叶贸易两个世纪的辉煌中起到了极其重要的作用。

伊林驿站在万里茶道的地理位置、重要作用，吸引了大量的移民进入城市之中，这些不同地域、不同民族、不同身份的移民自然会将他们所负载的宗教信仰、社会习俗、传统文化传播到迁入地，由此带来了多种文化的融合和发展。

20世纪20年代中后期，因中俄断交，张库大道走向衰落。张家口沦落到日伪政府手中后，近代张库大道的历史也就此告一段落，从此，伊林驿站也退出了历史舞台。

张家口城市原点堡子里的价值与影响

陈佳虹*

张家口堡（俗称堡子里），国家第七批文物保护单位，省级历史文化街区，国家3A级景区，张家口市区的发源地，建于明宣德四年（1429），是张家口市区的"原点"和"根"。初建为屯兵军堡，是明代长城九边要冲宣府防御体系的重要组成部分。"张家口堡周四里十三步，城高三丈二尺"，现占地23公顷，东西长590米，南北长330米，有12街8巷，明清院落478处，保存较为完好的重点院落93处。清代中叶到民国初年，随着张库国际商道的开通，张家口成为中国北方繁荣的商业重镇，张家口堡的功能也由单纯的军堡逐渐演变为军商共用的城堡，由于其严密的安防，张家口堡成为豪商富贾、达官贵人居所的首选，到清末可谓发展到寸土寸金的地步，能在张家口堡拥有一处自己的宅院成为许多人一生奋斗的目标。张库商道的兴盛，也吸引了众多的国外资本，张家口堡也是外国商人的聚

---

* 陈佳虹，张家口市桥西区网信办副主任。

集地。据记载，民国初年，在张家口的外国洋行总数达44家，其中半数都在张家口堡，张家口堡成为名副其实的商堡。张家口堡的发展历史对张家口市区的发展历史具有重要的历史研究价值。

历史的岁月为张家口堡留下了许多珍贵的记忆和历史遗存，使这里成为具有诸多价值的研究基地，现就从以下几个方面来谈谈张家口堡具有的重要价值。

一、文化价值

漫长的岁月为张家口堡在文化价值方面留下了很多宝贵的遗产，且不说每一个院落留下的故事，单是一个小小的木构件、一个小小的门框、一副不起眼的窗棂都蕴含了中国传统文化深深的印记，其所蕴含的诸多文化价值用只言片语难以尽述，今天单就木构件中所蕴含的文化元素累述如下：

（一）藻井文化

藻井原为宫殿、厅堂天花板上的装饰，多为方格形，有彩色图案，在张家口堡的院落中基本每处在大门内侧上方都设有藻井，遥想过去想必每间屋内的藻井更是精美，藻井除了其装饰意义之外，其含义与象征还和消防有着紧密的关联，据《风俗通》记载："今殿作天井。井者，东井之像也。菱，水中之物。皆所以厌火也。"关于东井，西汉大史学家司马迁所著我国现存较早的天文文献《史记·天官书》中注有："东井八星主水衡。"东井即井宿，星官名，二十八宿中之一宿，有星八颗，古人认为是主水的。综上所述，在殿堂、楼阁最高处作井，同时装饰以荷、菱、藕等藻类水生植物，鹤等水生鸟类，都是希望能借以压伏火魔作祟。

堡子里的藻井花样虽比不得皇家那般繁复，但其精美程度也让人感叹不已，每个图案所包含的深刻文化含义，也让我们为古人的智慧而折服。由于受到藻井使用等级的限制，在堡子里你可能看不到龙、凤等皇家的象征，但是其他的样式在这里基本都能找到。团鹤：鹤，在中国古代的地位仅次于凤。"鹤寿千年"用为祝寿之辞。古代人认为它是长生不死的仙禽，骑着它可以与神仙相会。因此，将鹤的形象用于摆件、雕饰等上面，用于寄托祝福祝寿的美好寓意，是很常见的。在藻井中的仙鹤往往口衔仙桃或口衔灵芝、或以个体形象出现，飞鹤衔桃寓意"仙鹤天寿"，衔灵芝为"仙芝鹤寿"，单鹤"鹤鸣九皋"等，均寓长寿祥瑞之意，体现了古代劳动人民的文化智慧。

（二）门簪文化

在堡子里还有一个奇怪的文化现象，那就是在这里似乎为了突破封建等级的束缚出现了很多不同于其他地域的产物。比如说门簪：人们常说"门当户对"，之中的"户对"正来源自门簪，又称为"阀阅"。阀指的是功绩，阅指的是阅历。在古代，封建贵族阶级门第世家的等级观念非常森严，也很看重一个人的家族背景。在联姻上，需要"门当户对"，名门对名门。有些极有声望的名门望族子弟，甚至不屑与皇族的公主联姻。连唐文宗也都感叹说："民间修婚姻，不计官品而上阀阅。"门簪（阀阅）是一个家族地位的标志，被赋予了极其厚重的精神内涵。门簪由最初的大门结构一部分变成了房子主人表达自己、体现地位的一种象征。在堡子里，我们也可看到过去的大门之上基本按照"文圆武方"的规制设置的门簪，但也有个例，想必是在清末时期等级管理不是十分严格的情况下产生了一批具有文化寓意的门簪。荷花门簪：荷花在古代有高洁、和睦、以和为贵出淤泥而不染的意思，把荷花作为门簪想必主人也有出淤泥而不染的高志。梅花门簪：梅花傲风雪、斗严寒！作为国花，它象征着中华民族坚贞不屈的伟大风骨，更是花中四君子之一，在大门两侧往往还可以看到竹子、菊花、松树的形象，用作门簪表现了主人的高洁。

二、金融价值

清中期始，随着对外经济政策的缓和变化，也随着张库国际商道和张库公路的通车，张家口的经济发生了翻天覆地的变化，张家口成为中国北方繁荣的商业重镇，成为名副其实的"北方皮都"，成为与广州齐名的陆路码头、陆路商埠。由于市场经济的刺激，张家口的商品货币经济也极为活跃，张家口的金融机构蓬勃发展。从清初的账局到后期的钱庄、票号张家口的金融业空前的发展，据《察哈尔省通志》记载："民国十二年（1923）以前，张家口的票号、钱庄达42家。"其中半数就设立在张家口堡，这其中也不乏很多国外的洋行。这对张家口的金融业具有很深的研究价值，甚至对中国的金融业研究也有其不可或缺的研究价值。

（一）鼓楼东街五号：祥发永账局、永利银号

祥发永是中国较老的金融企业。清乾隆元年（1736），山西汾阳商人王庭荣出资4万两白银，在张家口开设了祥发永账局，经办商户存、放款业务，并在京师（今北京）、上海设有分支机构。后该院落成为永利银号。

（二）棋盘街4号：大德通、中国银行张家口分行

大德通股东是山西祁县乔家大院的乔范五，是祁县城内"大德通"的分号。清光绪三十三年（1907），大清户部银行在张家口设立分行，这也是张家口历史上设立最早的一家国家银行。张家口分行成立时，先后属大清户部银行、大清银行北京分行领导。光绪三十四年（1908），大清户部银行改称大清银行。1912年2月，大清银行改组成中国银行。大清户部银行张家口分行，也改为中国银行张家口分行，经理是山西榆次车辋村人常老九。

（三）鼓楼西街5、6号：中国交通银行

清宣统元年（1909）3月，交通银行在张家口下堡设立试办分行，隶属清政府邮传部，资本金官股2万两、商股3万两，合计5万两，属股份有限制。银行共有14人，经理为杜赓尧，从8月开业，经办邮、电、路、政之存放汇业务，仅当年4个月盈利

4072两。

1937年11月22日，蒙疆银行成立，行址设在此院，资本金1200万元，由"察南自治政府""晋北自治政府""蒙古联合自治政府"三个伪政权各出资400万元，总裁为蒙古人包悦卿、日本人山田茂二。其职责：伪蒙疆地域内金融指导统制、货币制造及发行、承办国库业务、内外汇兑管理、一般银行业务。

（四）二道巷2号

清末美国德泰洋行，民国后此院改为银号。

（五）安仁里3号

清末民初法国立兴洋行，其建筑形式有着明显的欧式风格。

三、建筑学价值

堡子里的建筑形式可谓多样，曾被建筑泰斗吴良镛誉为"明清建筑的博物馆"。由于其宝贵的建筑遗产，现已被清华大学、石家庄铁道学院、张家口建院等多所高校设为研究实习基地。

张家口堡的建筑形制是严格按照明代建军堡的形制建造的。建堡之初堡方四里有奇，城高三丈五尺，东、南两面开有城门，东门曰"永镇"，南门曰"承恩"。明成化十六年（1480）"展筑关厢，方五里，高二丈"。现仍完好地保存有十街八巷的街巷格局，这对研究明代建堡、关厢、街巷设置等规制有很好的研究价值。

（一）山西建筑

玉皇阁2号是比较有代表性的晋中风格的建筑。院子很小，不足800平方米的占地面积，房屋全是单坡出水。晋中地区多是单坡出水的房屋，这种房屋后墙很高，有利于防盗；围合严谨，可增加私密性；还有心理上的希冀，解释为"肥水不入外人田"。这个院排水口的一块石质水笊做成了古铜钱状，"脏水排出去，金钱笊下来"，创意绝佳。

（二）京都四合院

鼓楼西街26号，这处院落具有典型的京都四合院风格，院落分为内外两进，主建筑为两层，颇有京中达官显贵的风范，院中也是按照四合院的形制建有东西厢房和佣人用房，从院落的规模看应是在堡子里经商成功的典范。

（三）鼓楼西街3号

二进院内的四合楼，是张家口堡最豪华的一栋东西南北房整体连接的砖木结构二层小楼。小楼方方正正面阔各五间，楼下面南一间是通向外院的过廊，楼上为环形回廊。整体四合楼用料厚实，工艺讲究。屋顶青砖灰瓦，房檐下红色椽檩，绿色门窗是明显的清代建筑格局。

（四）中西合璧的建筑

在堡子里中西合璧的建筑随处可见，由于当时有数十家洋行都在堡子里，所以这里的建筑大多都有中西合璧的印记，其典型是安仁里3号。安仁里3号院的里院内东侧，有一栋整体造型都为西洋风格的小楼，细部却有着典型的中式传统建筑手法。这座小楼用料考究，工艺细腻有着明显的法式建筑风格和中式建筑印记。据院内住户回忆，院内的石制楼梯等石头构件都是西沟石匠窑的工匠所制，可见当时的本地工匠已经完整成熟地掌握了西洋建筑的建造方法，也从另一个侧面说明当时国外建筑在张家口地区的普遍性。

（五）国外的建筑形制

东门大街11号德国地亚得洋行；东门大街13号俄国立昌洋行；鼓楼东4号东洋建筑原日本的三井洋行等。

四、宗教文化价值

张家口堡庙宇众多，据相关史料的记载，历史上曾建有50多座庙宇，其中，属佛教管理的庙宇30多座，属道教管理的庙宇有6到7座，属伊斯兰教管理的庙宇有3座，属民间泛神崇拜的有10余座。环堡四周，北有财神庙、药王庙、马神庙；东有三清宫、太王庙；南有关帝庙、火神庙、东岳庙、弥勒寺；西有清真寺。堡内有千佛寺、城隍庙、玉皇阁、关王庙、瓮城寺、文庙、奶奶庙、草城隍庙、文昌阁、三皇庙、真武庙、五道庙等众多庙宇，时光更迭，大多数的庙宇已经不复存在，但仅有的庙宇遗存还是在向世人述说着昔日这里香火鼎盛的历史。

（一）玉皇阁

堡内制高点上的庙宇玉皇阁：玉皇阁设置在张家口堡的北城墙之上，是堡子里的至高点建筑。明万历九年（1581）按建筑旧制而建，内供奉玉皇大帝，初建时前有牌楼，中书"玉皇阁"三个大字，牌楼前还设有旗杆和石制狮子，过去建有两道山门，现仅存一座，山门两侧设有钟楼、鼓楼，殿内供奉有玉皇大帝的坐像，在玉皇大帝两侧曾有比干和阴交银红等8位守护神像，两侧墙壁绘有三十三天神像。如今我们在大殿中能看到的是恢复过后的玉皇神像和三十三天的精美壁画。大殿外设有东西跨院，原住持静莲，是张家口怀安县人，从9岁就到玉皇阁出家，是玉皇阁的第十七代住持，1995年圆寂，终年95岁。每年的农历初八是玉皇大帝的生辰，届时将举办盛大的庙会一直延续至今。每年的腊月初八是佛祖释迦牟尼成道的日子，庙里会举行施粥仪式，特殊的文化现象就是玉皇阁的佛道供奉，由于资料的匮乏，玉皇阁历代管理沿革无从所查，但是从有史料记载开始，这里就是佛教管理，并同时举办有佛、道家的重要仪式。

（三）财神庙

财神庙位于张家口堡北关街，建于明万历二十四年（1596），原名"增福灵候神祠"，清顺治十四年重修。2009年至今，现云泉禅寺主管，称念佛堂。第一进院落正殿中供奉有横三世佛；北侧殿内供奉大慈大悲观世音菩萨、文殊菩萨、普贤菩萨；南侧殿内供奉地藏菩萨。二进院落中北侧殿内供奉文财神比干；南侧殿内供奉武财神赵公明。三进院南侧门上刻有对联，文字为："善游此地心无愧，恶过吾门胆亦寒。"历史上，这里主要是在张家口经商的商人求财的庙宇，与其他财神庙供奉关羽不同，这里在古时主要供奉的是文财神比干。

（三）文昌阁

文昌阁地处张家口堡堡城中心，与玉皇阁在同一条中轴线上，建于明万历四十六年（1618），顺治三年（1646）曾重修。

建筑共分为上下两个部分。墩台为砖石结构的十字券拱通道，贯通东西南北四条大街，与老街道相依，俗称"四门洞"。墩台的圆拱中央镶嵌着道教文化的八卦图石板，并刻有中国古代的天干地支，石板四周又有暗寓着佛教文化的倒莲花宝座。其基座建筑形制有着西方古拜占庭帆拱的典型特征，而墩台上半部分则是典型的中国传统建筑，据有关专家学者到实地考察，认为文昌阁是佛、道教文化以及中、西建筑文化相融合的产物，可以说，文昌阁是张家口堡多元文化融合的结节点。

墩台四门上方分别镶嵌着一块大字匾额，按南北东西的顺序依次是，"文昌阁""钟楼""鼓楼""山楼"。从四个门的名称来看，文昌阁至少有两项功能，一是钟鼓楼报时的功能，二是供奉文昌帝君以求功名的功能。

明万历年间，随着边境贸易的兴盛，吸引了许多商人到张家口堡买房置地，张家口堡人口迅速增长，社会综合功能开始提升。文昌阁的建设，表明张家口堡已经由一个军事防御城堡转化为一个集军事、政治、文化为一体的城市，也标志着张家口堡开始了由单纯的军事城堡向多功能城池发展。

从西侧门可蹬墩台，在墩台东南，西南角各有一石质基座，基座上左边置钟，右边置鼓。钟鼓楼有两种，一种建于宫廷内，一种建于城市中心地带。宫廷内的钟鼓楼除报时外，还作为朝会礼仪之用，城市中心的钟鼓楼则主要是报时之用，但在特殊情况下也有报警作用。

文昌阁大殿供奉有文昌帝君。大殿为单檐歇山顶。按照明代官式建筑等级制度，文昌阁较之清远楼、镇朔楼要低矮逊色，体现了镇城与堡城之间森严的封建等级制度和规制区别，大殿两侧的壁画内容为中国古代的二十四孝图和《程门立雪》《凿壁偷光》《悬梁刺股》《孔子出游》等历史故事。旧时文昌阁是不对外开放的，只有在每年的阴历二月和八月举行丁祭，或有人考中秀才、举人等才开阁祭祀，届时老百姓也可以登楼观看。

（四）草城隍庙

独具特色的草城隍庙，城隍庙是供奉城隍爷的地方，是汉族宗教文化中普遍崇祀的重要神之一，为儒教《周官》八神之一，也是汉族民间和道教信奉守护城池之神。城隍是冥界的地方官，职权相当于阳界的市长。因此城隍就跟城市相关并随城市的发展而发展。城隍产生于古代儒教祭祀而经道教演变的地方守护神。城隍本指护城河，班固《两都赋序》："京师修宫室，浚城隍。"祭祀城隍神的例规形成于南北朝时。唐宋时城隍神信仰滋盛。宋代列为国家祀典。元代封之为佑圣王。明初，大封天下城隍神爵位，分为王、公、侯、伯四等，岁时祭祀，分别由国王及府州县守令主之。明太祖此举之意，"以鉴察民之善恶而祸福之，俾幽明举不得幸免"。城隍在明清以后，成为一个神的官职，而不是一尊神明。都城隍为省级行政区所奉祀，相当于冥界的巡抚。府城隍相当于冥界的知府，县城隍相当于阴间的县令。各地的城隍由不同的人出任，甚至是由当地的老百姓自行选出，选择的标准是殉国而死的忠烈之士，或是符合儒家标准正直聪明的历史人物。但与别处不同，张家口堡建有两座城隍庙，一座是建在马道底街的草城隍，另一座是建在西城墙底的城隍庙。据说草城隍中供奉的是草地城隍，他是专管草原事物的神灵，因张家口有大批"跑草地"的生意人，因此草城隍就在张家口堡安了家，只有要去"跑草地"的都要到草城隍去拜一拜，以求平安归来。

（五）清真寺

张家口堡西关街清真寺，这里是张家口堡的重要文化节点，据相关资料记载，建于清康熙八年（1669）续建于雍正三年（1725），是市区最早由回民捐资而建的，西关清真寺巧妙地将明清建筑风格和伊斯兰建筑风格相融合，是十分珍贵的建筑精品。由于张家口堡的繁荣经济，善于经商的回族，在此兴旺发达的贸易环境的吸引下，山东、河北、河南及西北的回民，先后纷纷来此定居下来。或赶着骆驼做长途贩运；或做牲畜交易，还有经营皮毛、畜产品、制造业的作坊；或做饮食业及挑担小本生意，因而在堡子里建设了第一座回族的清真寺。西关清真寺占地2.5亩，共有房48间，在规整的两进院落西南角还设有一座阁楼式的建筑——望月楼，六角形的望月楼虽然体积不大，但是设计者别具匠心地在上下两层都设有环形外廊，十分精致。设置在院落的西处又起名为望月，都体现了设计者的用心，因为在伊斯兰教中西方是圣地麦加所在的方向，当虔诚的信徒在寺中诵经的时候望向西方或是登上望月楼都是与神灵更近的心里希冀。

五、红色文化的价值

张家口是一座经历两次解放的城市，1945年12月张家口第一次解放，它是中国共产党领导的抗日武装从日寇手中夺回的第一座大型城市，当时延安的大批文艺工作者和军政文化机关迁移到张家口办公，文化事业蓬勃发展，艾青、冰心、郭沫若、丁玲、王昆等大批文化名人都曾在张家口工作生活，张家口成为"第二延安""东方文化城"。在研究中国近代红色文化中具有重要的价值。

（一）定将军府5、6号院

5号院，1945年，以成仿吾为议长的晋察冀边区参议会暨各委员会就在这里办公，晋察冀边区参议会设正、副议长，各专业委员会的主任七人中，省部级的领导就有五人，共和国驻外大使一名，教授一名，翻译家、文学家、教育家的成仿吾在这里重新校译了《共产党宣言》，编辑了《北方文化》。

6号院在1945年后是晋察冀边区参议会、察哈尔省政府的所在地；1948年后省长张苏曾在这里办公。

（二）安仁里3号

1948年以后，此处是察哈尔省政府招待处。1950年5月16日，邓颖超曾在作家丁玲陪同下视察张家口，视察期间就住在现安仁里3号院的小楼内。

（三）鼓楼西街4号

这里曾是晋察冀边区《时代妇女》杂志社和《妇女报》的原址，作家杨沫的中篇小说《苇塘纪事》也是在这里创作完成的。

（四）棋盘街4号

1945年以后，这里曾是著名导演王血波为团长的晋察冀军区政治部抗敌剧社所在地，它是晋察冀军区直属的一个综合性的文艺团体，抗敌剧社的著名音乐人曹星火在这里创作了著名的《没有共产党就没有新中国》，著名的《霸王鞭》《兄妹开荒》等都是在这里创作的。

（五）棋盘街6号

这里曾是察哈尔省文教厅的旧址，著名的教育家、省政府委员李舜琴曾出任厅长，著名的戏剧史专家、文教厅文化处处长郭汉成在这里创作了著名的晋剧《蝶双飞》，当时的《察哈尔文教》报纸也是在这里编辑出版的。

（六）鼓楼西街8号

在1948年12月以后，8号曾是察哈尔省政府的所在地。

（七）鼓楼西街35号

山西人创办的大美玉商号，在张家口1948年以后曾是察哈尔财政厅的办公场所。

（八）抡才书院

抡才书院是张家口地区的高等学府，当时在书院任教的也有多位社会名流，1923年11月，近代著名的思想家、教育家、文学家康有为先生就曾在弟子的陪同下来抡才书院讲学。据说，当时的听众有数百人，连房顶都站满了听课的人，现书院内还存有康先生当年栽种的一株槐树。曾任北京人民文学出版社第一文学编辑室主任的王泽民也曾在抡才书院讲学。1925年5月1日，平绥铁路总工会成立仪式在抡才书院举行，与会人员达100多人，选举了共产党人何孟雄为总工会秘书。全国铁路总工会负责人罗章龙出席会议，并做了重要讲话。

（九）鼓楼西街11、12号

这两处院落在1945年以后是著名画家马承佑任校长的张家口艺术学校。

六、武文化的价值

明长城的防御造就了张家口堡，张家口堡的选址和格局均是出于长城防御而建，明初为防御北方，采取军事攻伐和诱降攻略，对降附的蒙古部落进行安置和封贡、互市。明正统年内，漠西蒙古瓦剌部落崛起。正统十四年（1449）瓦剌南下攻明，虏获明英宗朱祁镇，历称"土木之变"。明成化正德年内，东蒙古鞑靼部落达延汗统一称霸。嘉靖年内，土默特部俺答汗称汗，率军进犯京师，史称"庚戌之变"。隆庆五年（1571）采纳王崇古建议"隆庆议和"，准俺答汗朝贡、互市、抚赏、封爵。明册封俺答汗为顺义王，三娘子为忠顺夫人（三娘子是俺答汗的妻子）。之后延续了近70年的友好经商互市关系，于1613年建来远堡，为互市之所，也称上堡。张家口堡、来远堡构成了张家口城市的雏形。明万历年间，察哈尔部林丹汗称王，经常到张家口地域侵扰。据记载，张家口遭受过200多次侵扰，40多次战事，最大的一次在嘉靖三十二年（1553）"虏骑五六万由张家口进入"，在征战中从未失守，故以"武城"之誉儿雄冠北疆。

张家口堡建堡之初的初衷即为军堡，其为万全右卫下辖的军堡，从建堡之初的布局和布防不难看出，当时堡子里作为军堡的严密性。首先是布局整个堡内设置的管理机构暨地上建筑，除了管理机构和庙宇外均为军事建筑，建堡之初堡子里设有南门和东门两门，同时门外还设置有瓮城，均按军事布防设计。从布防来看，堡子里内设有中营署、协标署等军事机构，驻防最多时堡子里的兵力达到近2000人。

（一）小北门

小北门是在建堡百年后的1529年开筑的，是适应社会发展需要的产物，但出于军事防卫的考虑，小北门开筑得也很有讲究。小北门门洞拦马杆的石孔构造简单，设计精巧，十分有创意，其高度正好为骑兵骑在马上的高度，有效地抵御了蒙古骑兵的入侵。

（二）鼓楼北街8号协标署

协标署是清代驻守张家口堡协副将的衙门。鼓楼北街8号院内，正房是三开间二层木楼。

《辞海》说：协是"清代军队编制单位。清绿营兵制以副将所属为协；清末新军制三为一标，两标为一协，约相当于后来的旅"。《万全县志》记载："康熙二十九年（1690），设张家口协副将一员。"

张家口堡协标署为我们证实了《宣化府志》记载："张家口堡协，管辖万全左右卫、怀安卫等九个城堡。"清代张家口堡的战略地位说明，张家口一线虽然不再是中原政权与北方蒙古族政权之间的分界线，但它的军事地位不但没有下降，反而有所上升。明朝这里驻军军官最高是守备，到清朝初年却提升为副将。清代，副将为从二品武官，直接受宣化府总兵官节制。

(三)鼓楼北街12号中营署

中营署是清代协标所属中营长官游击的驻所,《万全县志》载:"雍正十二年(1734),裁张家口路参将,设协标中营游击。"游击是一个武官的名称,清代,游击的地位低于参将,高于守备,为正四品武官,是各路出现战事的策应部队。可见,中营署的长官是称为游击的武官。中营署设在围合式古代楼房式建筑,正楼七开间,开间九尺,东楼五开间,开间丈余,西楼两开间,开间八尺。

七、商文化的价值

塞外重镇张家口历史上,有过无数的辉煌。回顾张家口的历史,其中最为辉煌的就是这座边塞古城的商文化。据清史资料的记载,清末张家口商业最鼎盛时期,张家口的年贸易额达到一亿五千万两白银,巨额的贸易和张家口的一条国际古商道密不可分,这就是张库大道。这条商道一直向北延伸,到达了当时俄国的首都圣彼得堡,完成了商品的交易,现在的蒙古国还存有一张当年行走在这条商道上商人手绘的羊皮地图。马克思在《资本的流通过程》一书中记述:"俄国和中国的茶叶贸易可能是1792年开始的⋯⋯茶叶陆续由陆路用骆驼和牛车运抵边防要塞长城上的张家口(或口外)⋯⋯再从那里经过草原或沙漠、大戈壁,越过1282俄里到达恰克图。"马克思所说的正是张库大道。在这条商道上每年都有数以万计的骆驼和老倌车在行走，其中有皇家御赐的八大皇商，有联手经营的"直隶商人"，还有京商和来自各县区的本地商人，这些商人初时统称"通事行"即为后来的旅蒙商，史料记载张库大道最辉煌的时候，在这条商道上经营的商户达到1500多家，在大境门外的西沟有专门供经营用的羊、马、驼及毛皮的市场，正是张库大道的兴盛繁荣，促进了张家口经济的繁荣和发展。张库大道的繁荣让边塞城市张家口成为名副其实的商品物流集散地，张家口更是成为与广州齐名的"陆路商埠""旱码头""北方皮都"，正是由于张库商道的繁荣才使中国人自己设计建造的铁路"京张铁路"修建到了张家口，1909年京张铁路完工，这更加快了张家口地区商品的流通速度，1918年，我国的第一条公路——张库公路也建成通车，铁路和公路的相继通车，成就了张家口经济鼎盛和极致辉煌。

当年大批的口商、晋商、京商就是在这条商道上获取的第一桶金，在张家口成就了自己的事业，他们不但将目光停留在大境门黄金地段的商铺，同时也关注到张家口堡的严密安防，很多商人都盯上了这个大的"保险柜"，他们争先恐后地到这里购房置业，使得堡子里的地价水涨船高，也催生了堡子里的商业发展。

提及张家口的商文化，不得不提的就是在张家口的晋商，晋商在中国的金融发展史上有着举足轻重的影响，也为张家口的商业发展留下了浓墨重彩的一笔。

常万达（1718—1796），字子通，祖籍山西太谷，后迁山西榆次，著名商人。他聪颖好学，待人谦恭，继承父兄开创的商贸事业，立足张家口，北越大漠，行商于库伦和恰克图，拓万里茶路，从事对蒙、俄贸易，开创了常氏家族几十代基业。经过常氏几代人的奋斗，终于使常家成为中国北方最大的外贸世家。

名声显赫的山西太谷曹家，是明清两代有名的山西大商人，曹氏产业的奠基人曹三喜开始干的都是不入流的小买卖，张库大道兴盛时，有敏锐商业头脑的曹三喜将生意重心转移到张家口，并在张家口设立锦泉兴票号，票号就设在张家口堡内，现还有以锦泉兴命名的街巷，后来又在碱店巷和水岔街开设有锦泉涌和锦泰亨商号，并把业务做到了库伦（今乌兰巴托）、伊尔库茨克、明斯克。

当然在张家口也有为数众多的通过自己奋斗，实现人生目标地地道道的口商。

李玉玺，清末张家口比较有名气的经纪人，人们都叫他"玉玺子"。李玉玺少年丧父，母亲给外国洋行的洋人们看护小孩，聪明的李玉玺在和外国小朋友玩耍的过程中学会了几种外语。长大后，李玉玺便专做中外贸易的经纪人，是国际级的大牙子。李玉玺还曾多次为清政府派到张家口处理洋务的官员充当翻译，被封为"皇家通事"。李玉玺有钱后也在堡子里置地盖房，现鼓楼东街6号就是李玉玺的宅院。有关建筑专家观看了李玉玺的住宅院后说这处建筑的格局已明显高于一般商民用房，具备了官府建筑的一些特征。这"破格"的建筑形式，肯定是沾了"皇家通事"的光。李玉玺的故事已经远去，但李玉玺宅院大门用石条铺就的通道上那深深的车辙印，却为岁月留下了永久的记忆。

张家口商业历史上最有政治地位的商人——八大皇商。

明崇祯五年（1632）努尔哈赤向张家口进行军事扩张，军用物资十分紧要，但由于当时贸易的限制，大批的军用物资无法通过正常的途径解决，于是，他派人到张家口，通过当时的在张家口的八大晋商：范永斗、王登库、靳良玉、王大宇、翟堂、田生兰、梁嘉宾、黄云发，搜罗了大批的生活和军用物资。清朝入关后，将他们敕封为皇商，他们依仗着政治特权和自身的经济实力，垄断了张家口经济近百年，直至今日在张家口堡内，还有当年八大皇商之一范永斗的茶庄，保存完好，现在仍作为茶庄在经营，只是今日不同往时，当年的皇权垄断已不复存在，仅有的是当年那两层修葺精美的茶楼。

漫长的岁月给张家口堡这座小城堡留下的是历史深深的印记，它比不得丽江古城的繁华，比不得平遥古城的规模，但在这里你可以看到明代的军营，清代的庙宇，民国时期的票号，代表中华人民共和国的那红红的五角星，还有特殊历史时期留下的门牌水号，风云变幻、朝代更迭，留不下的是时间，留下的是一座座建筑、一个个依稀的回忆，也许正是由于张家口对外开放的时间比较晚，才使得在今天的城市中心还保留有这样一座让人侧目的城堡，而如今吾辈后人保护研究它是我们当下可做的大事，历史的辉煌可以一去不复返，但历史给我们留下的宝贵财富不论何时都值得我们去珍视，去用心地保护。

走向世界的华北重镇张家口
——以1918年为例

韩祥瑞[*]

对于张家口来说，1918年，是一个不平凡的年份。这一年是张家口阔步走向世界、世界对张家口刮目相看的一年。回顾这一年的经历，对我们张家口人最大启示是，只有大胆开放，面向世界，才能创造奇迹。而今，接近100年后的张家口，正与近百年前面临着相近的机遇和挑战，在经济全球化的大背景下，我们提出"一带一路"倡议，紧紧抓住北京、张家口携手筹办2022年冬奥会的契机，进一步全方位开放，进一步勇敢走向世界，是我们的不二选择，也是当今张家口人的历史使命。近百年前张家口的那次辉煌，对今天张家口的再次辉煌或能提供有益的借鉴。

---

[*] 韩祥瑞，原张家口教育学院党委书记、院长。现为张家口历史文化研究会常务副会长、秘书长，张家口晋察冀边区文化研究院副院长。

一、1918年的张家口

1918年，张家口是当时察哈尔特别行政区的首府，其行政长官称为都统。经过几多曲折，这一年，张家口终于登上了其发展的一个高峰，成为世界瞩目的经济重镇，成为在中国和世界占有一席之地的陆路商埠。请看这一年张家口发生的几件大事：

（一）张库公路开始运营

1918年4月5日，由大成公司在张家口正式开始营运张家口至库伦的长途汽车运输路线，这是中国较早、河北省第一条经营长途汽车运输路线。就在这年的2月8日，民国政府交通部以30号文批示："大成汽车公司准予试行办理张库路的汽车运输，以利边地交通，须呈报各族地方长官备案。"[1]大成公司勘察的张库汽车路全线长1110千米，全路共设10站。[2]

（二）张家口正式开埠

1918年9月18日，国民政府国务院内务部颁布筹办张家口商埠文，复准察哈尔都统《说帖》陈述的张家口开埠经过情形，决定开埠地点为：东北界抵鱼儿山，北接边墙，南至东沙河及通桥，西连下东营各处市场，均与商埠地点唇齿相依。计河东面积4314亩，河北面积495亩，共计4809亩。10月8日，民国政

---

[1]《张家口地区公路运输史》，河北科技出版社1989年，第53页。
[2]《张家口地区公路运输史》，河北科技出版社1989年，第53页。

府国务院内务部颁布张家口商埠暂行章程,共16条25款,对商埠局的权限、职责、机构设置、各科室掌管的事务均有明确规定。[1]就张家口正式开埠后的1920年5月,美国在张家口开设了领事馆。1922年3月,日本在张家口开设了领事馆。[2]

(三)进出口贸易达到鼎盛

1918年,张家口贸易额达1亿5千万两白银,成书于1935年的《察哈尔省通志》记载:"本县(指万全)商业,张家口为中心。清末张库通商日繁,每年进出口约合口平银一万二千万两。出口货物为东生烟、砖茶、鞍革荐、食果实、河南绸、铜铁杂货之类。进口货物为鹿茸、口蘑、黄芪及各种皮张牲畜之类,运输全恃牛车骆驼。自平绥铁路修至张垣,复经边防军建设张库汽车路,运输便捷,商务遂盛,贸易额达1.5万两,是为张垣商务鼎盛时期。"[3]1918年,张家口大境门外"西沟'外馆'(对蒙的商号)增至1600家,年贸易额达15000万两白银,计进口8000万两白银,出口7000万两白银"[4]。

当时,全国出入口货价总数为1040776113海关两,其中出口价值485883031海关两,入口净数为554893682海关两。不计口平银与海关两之间的差异,这一年张家口进出口货物价

---

[1] 《张家口历史文化60讲》,国家行政学院出版社2014年,第417—418页。
[2] 《张家口市城乡建设记事》,中国档案出版社1998年,第55页。
[3] 《察哈尔省通志》第二十三卷,1935年,第20页。
[4] 杜赓尧:《张库通商》,转引自《张家口文史资料》第23辑,第50页。

值占到全中国的14.4%。在全国进出口贸易举足轻重。[1]考虑到1918年全国的进出口货价为确数,而张家口的数字为约数,有一定的误差空间,剔除其中的误差,这一年张家口的进出口货价占全国的比例应当在10%左右,这一比例应当说是很可观的,是对张家口在全国和全世界经济地位的重要体现。说明当年的张家口足以使世界为之瞩目了。为此,张家口便有了"华北第二商埠"的美誉,张家口与天津成为华北的两大经济贸易明珠,一是海路商埠,一为陆路商埠,共同名扬天下,名扬世界。

二、张家口曲折而坚定的开放之路

1918年的张家口之所以能创造出历史的辉煌,并不偶然,而是坚定实现功能转变和对外开放的历史必然。从张家口功能转变和对外开放的过程中,我们可以得到许多有益的启示,对我们今天再一次抓住京津冀协同发展、与北京携手筹办2022年冬奥会和国家再生能源示范基地建设大机遇,实现张家口全面走向世界,实现更大辉煌,有着现实的借鉴作用。特别是我们从张家口曲折的开放过程中,会得到力量和信心。

张家口的转型和开放经历了一个十分漫长而曲折的过程,其中最少有五次开放比较重要:

---

[1] 《1895—1919年间中国出入口货价总数统计表》,翦伯赞、郑天挺主编:《中国通史参考资料》(近代部分),中华书局1985年,第511页。

（一）第一次开放发生于明朝

明隆庆五年（1571），张家口第一次开埠。

张家口堡建于明宣德四年（1429），本是明代长城沿线上的一个普通军堡。方圆四里，城高三丈，驻军1200余名。这个军堡距离长城5里多地，开始建设时并没有多大名声。直到明隆庆五年（1571），张家口才随着明蒙之间议和而成为宣府镇唯一一处开放的马市，从此开始了它由军堡向商城的转变。张家口由于独特的地理位置和良好的贸易条件，成为明朝九边所开设的11个马市中最好的市场。当时它年成交的马匹达3万余匹，而大同马市才成交1.8万匹。美国女作家艾梅霞在她所著的《茶叶之路》一书中对这件事是这样评价的："张家口最初开埠是在1571年。"[1]并说：张家口"最终成为现代中国和蒙古之间最重要的关口，一度也是唯一的出入口"。[2]韩毓海则在其著作《五百年来谁著史》中称：1571年"俺答封贡后，宣府大同一线之大同得胜堡、新平堡，宣府之张家口堡，归化（应为山西——本文作者注）之杀虎口堡同时开市，边关重镇从此成为贸易重镇"。这里提到的张家口从此成为贸易重镇，说的就是张家口在开放的同时实现了功能的巨大转变。[3]

---

[1] ［美］艾梅霞著，范蓓蕾、郭玮等译：《茶叶之路》，中信出版社2007年，第56页。
[2] ［美］艾梅霞著，范蓓蕾、郭玮等译：《茶叶之路》，中信出版社2007年，第52—53页。
[3] 韩毓海：《五百年来谁著史》，九州出版社2011年，第130页。

（二）第二次开放发生于清朝

清光绪七年（1881），大境门外元宝山租于俄罗斯商人建造货栈，成为清代张家口对外开放的先河。清光绪七年（1881），清政府与俄罗斯政府签订了《中俄陆路通商章程》，其中第四条规定："俄商由俄国运来货物路经张家口任听将货物酌留若干于口销售，限五日内在该关报明，交纳进口正税后，由中国官发给卖货准单方准销售。"由于此前在《圣彼得堡条约》中已规定，俄商在张家口可以设立货栈，实际上俄商可将运进之货全部留于张家口销售。[1]为此，清政府开放张家口大境门外元宝山一带，划地约5556平方米，租于俄国商人建造铺房货栈。[2]这一规定虽然不利于中国商人在恰克图的茶叶贸易，但却使张家口开始成为万里茶叶之路的重要枢纽。大境门外元宝山出租于俄罗斯商人建造货栈，对张家口的发展有着重要影响，也可以说是一次对外开放。当然其中也有清朝政府不得不答应俄罗斯要求的因素。

（三）第三次开放发生于民国

民国七年（1918），张家口正式开埠，成为华北地区对外开放的重要商埠。其基本情况已经在上文阐述，不再累述。总体看，这次对外开放是张家口转型发展中极其重要的一步，对张家口的发展起到了关键性的推动作用。

---

[1] 米镇波：《清代中俄恰克图边境贸易》，南开大学出版社2003年，第140页。
[2] 见《清宣统外交史料》，转引自《张家口历史文化研究》第15期。一说为清光绪二十八年（1902），此说见《张家口社会科学》2016年第1期。

(四)第四次开放发生于改革开放大幕拉开

党的十一届三中全会之后,确立了改革开放的发展战略,才使张家口再一次步入对外开放的城市之列,使张家口的发展进入一个新的阶段。

(五)第五次开放当前正在发生

2015年,北京携手张家口获得了2022年冬季奥运会的主办权,为张家口大踏步走向世界,创造了千载难逢的历史机遇。

目前张家口面临的开放是一种全面的开放,包括政治、经济、体育、文化,面向全世界所有的国家与地区。更为重要的是,这次对外开放,是在已经开放的基础上的进一步开放,是以体育和文化为推动的开放,这是张家口历史上从来没有过的。这就使得张家口的开放有着前所未有的活力和动力。由体育文化到经济建设全方位的对外开放,必将使张家口彻底转变发展模式,建设成为世界性体育强市、文化强市、生态强市、文明强市和经济强市。

三、结语

从张家口堡肇建以来近600年的历史看,它经历了一个由军堡到商城,再到现代城市的转变,其中最主要的推动力是不断对外开放,每一次对外开放,都有力地推动了张家口的转型发展。目前张家口所面临的又一次对外开放的大好机遇,必将成为张家口大步走向世界的最强劲推动力,我们必须以历史为鉴，紧紧抓住机遇，实现张家口新的转型发展，建设成国际休闲运动旅游城市。

2022年冬季奥运会，不但是一场体育盛会，更是一次文化盛会，将体育运动与文化交流结合起来，将张家口特色地域文化推向世界，是实现张家口新的对外开放的重要契机。位于长城脚下的崇礼滑雪场地所蕴含的长城文化，比赛时间适逢我国人民的传统节日——春节——所蕴含的民俗文化，应是将张家口地域文化推向世界的两个文化窗口，要创造一种让各国运动员、教练员和观众能够亲身参与的文化环境，让更多的人了解和喜欢中国文化和张家口地域文化。

张库商道的历史贡献与张家口的发展机遇

安俊杰[*]

在我国进入全面建成小康社会决胜阶段之际，张家口市相继迎来了"京津冀协同发展、国家可再生能源示范区和京张联合举办冬奥会"三大发展机遇。这种机遇叠加的情况，千载难逢。有人称其为历史机遇，也有人叫作世界机遇，都不为过。对于张家口人来说，牢牢抓住这些机遇，催生新的动能，实现发展升级，既是热切的回应，更是沉甸甸的责任。目前需要我们做的事情很多，尤为重要的是，不要仅仅将其看作是一个有利的时间段，而是要明察和把握这些机遇的演进与脉络，促其尽快地形成一个能够持续发展的战略机遇期，进而充分利用外生和内生的条件、资源，在确保建成国际休闲度假旅游目的地和国际奥运名城的同时，对张家口的历史命运产生长远和决定性的推助作用，得以再现辉煌。

---

[*] 安俊杰，张家口市政协原副主席，先后两次在蔚县担任县长、书记，长达8年。退休后致力于研究张家口历史文化。

前事不忘，后事之师。回顾张家口的历史，自明宣德四年（1429）建堡以来，曾经出现过几次比较重大的机遇，使这个原本只是明代长城防御体系中的一个普通戍堡，得到了迅速的发展。其中尤以张库商道为最，形成了超常的快速发展期，使张家口发生了天翻地覆、脱胎换骨的变化。以史为鉴，读史明智。我们不妨重温一下这段历史，从中得以借鉴。

一、张库商道和张家口的历史渊源

明隆庆四年（1570）十月，蒙古首领俺答汗之孙把汉拿吉，因与其祖父不和，到大同投降明军。大同巡抚方逢时、宣大总督王崇古抓住这个百年不遇的时机，和大学士张居正、高拱果断决策，同俺答言和通贡，促成了互市与和平，成为明代历史上的一个拐点。次年决定在中三边、西三边开放市口，允许蒙古人用马匹等畜产品与汉人交换所需生活用品，开展马市贸易。共设马市十一处，其中宣府马市设在张家口。史载，"此为张家口商业发展之始"[1]。"自隆庆五年北虏款贡以来，始立市场，每年互市，缎布买自江南，皮张易之湖广。彼时督抚以各部夷人众多，互市钱粮有限，乃为广召四方商贩使之自相贸易，是为民市之始。"[2]4年后即"万历三年（1575），明政府开始限定购马的数量和马价银两。若按定额交易，宣府的张家口市场仍呈现出独大局面。该市场购马数量

---

[1] 丰若非：《清代榷关与北路贸易》，中国社会科学出版社2014年，第35页。
[2] 梅国桢：《请罢榷税疏》，《明经世文编》卷452《梅客生奏疏》。

及价银分别占宣府、大同和山西三镇相应总额的53%和52%。俟至万历十一年（1583）该处市场总购马匹近3万匹，达到三镇马市总贸易数量的67%。马市交易的快速发展，为张家口成为塞北地区的商业重镇奠定了扎实基础，并提供了前所未有的商业发展机遇，并且一直延续了40多年。"[1]万历四十年（1612），右副都御史汪道亨就任宣府巡抚。正赶上宣府一些地方因6年来不断发生地震，房倒屋塌，民生凋敝的困难时期。汪巡抚下车伊始，就抓救灾，成效显著，深得民心。同时他认识到宣府的兴衰一在长城防务，二在互市。第二年，便把工作重点放到了长城防务和互市上。他四出"行边阅官塞"，敏锐地发现需要修筑一个专事互市贸易的新堡。就上疏朝廷请准修复张家口的边墙并在旧城垣的基础上建筑专门的互市之所。得准后当年开工，次年便建成了一座新堡，既有坚固严密的防范功能，又是设备完善的贸易场所。颇具深意的是他引用孔圣人"有朋自远方来，不亦乐乎"的名句起了个"来远堡"的名字，可谓远见卓识。来远堡投入使用后，《察哈尔省通志》载："宣府来远堡贡市，拓中为城，规方阮（原）地，千货垒集，车马驼羊氇布曾瓶罂之居。"从此张家口一堡变两堡，武城变商城。既促成了全面互市，又实现了持久的和平。多了商贸的功能，实现了转型和跨越，意味着张家口向古代城市的转变。后来有人为了"夸示大国之威，重物里之丰溢"，在对来远堡马市"熟睹其设"后，画了一卷长五尺宽四尺的《马市图》。流传到清

---

[1] 丰若非：《清代榷关与北路贸易》，中国社会科学出版社2014年，第37页。

康熙年间，曾任口北道道台的王鹭，欣赏之余，写了一篇《马市图序》，全方位、多角度地描述了画中的互市盛景后，感慨地说："呜呼，当嘉靖之季，（宣府）北部最强。比年深践宣大间，大入则大利，小入则小利。"实际上，更为重要的是促进了宣大、山西至甘肃一带对外贸易的发展，为以后的晋商、旅蒙商、张库商道乃至张家口陆路商埠的形成和发展打下了基础，提供了先决条件。

清顺治元年（1644）明亡清立，官方在小境门旁开了个大口子，修筑了大境门。这不但标志着北方民族关系实现了正常化，而且大大促进了与对外贸易的发展。随着全国各地来张家口做买卖商人的增多，在张家口两堡之间修街道、建商铺的越来越多，市场日益繁盛。"先年大市中贾店鳞比，各有名称。如云：南京罗缎铺，苏杭罗缎铺，潞州绸铺、泽州帕铺、临清布帛铺、绒线铺、各行交易铺，沿长四五里许，贾皆争居之。"其兴盛时，"市井驵侩，无虑数百家，佣率千指"。[1]开初，前来张家口做买卖的多是山西商人，最为著名的即王登库、靳良玉、范永斗、王大宇、梁嘉宾、田生阑、翟堂、黄云发八大家。早在清兵入关和平叛时，范、王等晋商就为之承运粮饷、采购物资，效过力、立过功，被列为内务府皇商。平叛后，他们利用已开辟的渠道与蒙古人做生意，还有宣府当地的一些商贩不断深入草原腹地做买卖，便成为最早的旅蒙商。起初不叫旅蒙商，跑漠南、漠北的称为"通事行""大外路"，

---

[1] 道光《万全县志》之十《志余》。

民间叫"跑后草地的";做漠西、新疆生意的叫"西庄业",直到清末才统称旅蒙商。而张库商道的前身,则是元朝时建立的以大都为中心的通往草原腹地驿道中的一段。当时的大元帝国,靠四通八达的驿道和站赤(驿站)把中原和草原、大都和上都、亚洲和欧洲联系在一起。到了明代,成为蒙古部族之间来往、蒙古族与明朝廷之间的通贡、互市和民间贸易的通道。清崇德四年(1639),原土谢图汗中旗的驻地"大圐圙"(围起来的大草场,即库伦),修建了寺庙,成为喀尔喀部大活佛哲布尊巴呼图克图一世的驻地。后来,这里成为颇具规模的商贸集镇,张库商道的终点。

康熙十四年(1675),蒙古族察哈尔亲王布尔尼造反,率兵南下逼近北京。清廷命多罗信亲王为抚远大将军,带领由八旗子弟组成的部队赶到张北一带迎战,激战后布尔尼北逃,被追至库伦而溃散。战后康熙命多罗信暂住库伦,稳定局势、安抚民众。康熙三十年(1691)清廷在多伦诺尔召集喀尔喀蒙古贵族和49旗王公会盟。康熙帝答应了王公贵族们关于让更多买卖人到后草地做买卖的请求,决定废"马市"、长城沿线各关隘不再设重兵防守。仅张家口一带300里间,就有9个大坝口、23个小坝口,全辟为车马小道或通行大路,商贩尽可通行。两年后,又修建了由张家口通往乌里雅苏台的阿尔泰军台,直属理藩院,供递送公文消息、因公赴蒙入京、押解人犯、输送官兵之用,成为清代官马北路三大干线之一。后来旅蒙商也走此道,实际上已经成了商道。

雍正五年(1727)中俄签订了《恰克图条约》,开通了两国间的贸易。以晋商为主体的旅蒙商便从张库商道输往库伦、恰克图茶叶、丝绸等大宗货物。他们深入到浙、闽、两广的茶区，垄断了一部分茶山、茶场和茶园，从茶叶的种植、采摘、加工、运输，都由茶庄经营。比如商号"大玉川"就在福建武夷山有茶山5000亩，茶场7个。每年把收来的茶叶，通过水陆两路运至武汉，武汉有加工厂，将部分茶叶焙制成砖茶，然后分类包装至北京。茶到北京后，由茶庄再雇骆驼运到张家口屯栈。每年茶事季节，张家口的骆驼队到了北京，从新街口到西直门，骆驼一过就是几百匹，有时还使北京交通阻塞几个小时。

茶叶在张家口屯栈加工毕，由茶庄雇用牛车经"买卖路"转运至"买卖城"（恰克图），所谓"买卖路"就是由内地至恰克图的商道。自张家口至恰克图，计程4300余里，沿途山河阻隔，地旷人稀，荒草萋萋，旅人行商风餐露宿，且行且牧，结队而行。以茶叶从俄蒙商人手里换回皮毛、鹿茸、羚羊角、水晶、麝香、蘑菇、药材等贵重物品，张家口就是这些货物的集散地。

雍正六年（1728），为实施《恰克图条约》，由库伦护军扎尔固齐带领张家口旅蒙商，与俄国人在恰克图进行了首次换货贸易。从此张库商道正式延伸到俄国的恰克图，张库商道真正成为国际贸易运销线路，张家口逐渐成为国际贸易城市。乾隆二年（1737），清廷下令，以张家口、归化为货物集散地。这样，张家口的贸易越做越大，成了商贾云集的大市。俄国学者波兹德涅耶夫对张家口的商业状况曾做过详细考察记录:"上堡的买卖城既是重要的商业区,也是中国对俄贸易的集中点。该城周约二里半,被称为'市圈'。在恰克图从事贸易活动,且在蒙古北部销售茶叶的旅蒙商通常会将从俄国进口的呢绒、绒布以及毛皮先运到买卖城自己的商行和货栈内,然后批发给下堡,最后再运往内地。……下堡是张家口的另一商业区,批发商的住宅和商行大多集中在纵贯南北的武城街。这些住宅都带有巨大的仓库,以储存货物。……还有元宝山谷地的崖坡上鳞次栉比地排列着货品充盈的店铺,多为西帮商人和北京商人所开。此外,该地集中着在张家口经商的俄国商人的住宅和茶叶堆栈,而张家口本地所需消费的肉类、面粉和燃料等日用品、食品也集中在元宝山市场之中。"[1]"这是有清一代最为繁忙的北路贸易商道。清代中后期,途经张家口的贸易额已经超过1亿两白银,晚清时,这条商路仍然不减昔日风采。"[2]同治元年(1862),《中俄陆路通商章程》签署,张库商道日趋繁盛,成为中国北方仅次于天津的繁华商业城市,被誉为"华北第二商埠"。

二、张库商道的历史贡献和现实意义

张库商道是学界公认的丝绸之路之北道和"茶叶之路"的重要组成部分,是我国连接欧亚大陆的重要通道之一。站在人类

---

[1] [俄]阿·马·波兹德涅耶夫:《蒙古及蒙古人》第1卷,内蒙古人民出版社1989年,第700—714页。
[2] 安大钧编:《大同中华民族团结融合之都》,山西人民出版社2015年,第100页。

学和国际经济学的角度看，张库商道的形成和发展，是古近代亚欧大陆不同民族和国家经济互相促进、文化相互交融，推动人类文明进步的一个重大的历史事件。是一条在地球上有痕迹、历史上有功绩的国际商路。在我国历史发展的进程中，它是我们的先人于中国北方延续2100多年前西汉张骞通西域，在亚欧大陆上造就丝绸之路的又一杰作。其作用之巨大，影响之深远，已彪炳史册，自不待言。而它对于其起点城市来说，则强力助推了张家口社会经济的发展，使之一步步地跨上"旱码头""皮都"的台阶，走出国门，进而成为"华北第二商埠"。具体讲：

（一）张库商道开启了张家口发展的新空间，使其成为中国北路贸易中的流通枢纽城市

明代隆庆和议、开设马市，是张家口军堡贸易的肇始，来远堡的修建具备了商贸城市的功能。这两次重大机遇，令张家口从九边沿线众多的戍堡中脱颖而出。有清一代，我国商品流通的范围较明代有了明显扩大。与南方沿海贸易相对应的北部边疆贸易活动也有了长足的发展。清代北路贸易包括汉蒙民族贸易和中俄恰克图边境贸易两个方面。其分野之处在于是仅仅限于国内贸易还是有从事与他国的商业活动。这就有个条件和机遇的问题。而张库商道则给张家口提供了充分的条件，形成了又一次重大机遇。明清经济史专家许檀曾指出："我国明清时期形成的城、乡市场网络体系可分为流通枢纽城市、中等商业城镇和农村集市三大层级。"丰若非教授在其所著《清代榷

关与北路贸易》一书结论中说："张家口似乎已经不单纯是全国市场网络中的中等商业城镇。就清代北路贸易所形成的中、俄、蒙大市场而言，张家口在其中扮演了极其关键的角色，它积极推动了北路贸易的向前发展。毋庸置疑，已经完全具备了我国北方城乡网络市场体系中的流通枢纽城市的功能，而这些功能的发挥从侧面印证了清代北路贸易在推动中国北部边疆社会经济发展进程中所做出的突出贡献。"[1]

（二）张库商道赋予张家口超长的战略机遇期，使其不断增长新的动能，实现了持续升级的发展

英国著名战略家托·富勒有句名言："一个明智的人，总是抓住机遇，把它变成美好的未来。"一个地方也是这样，通常都会有一些机遇，只要能够抓住这些机遇，就会取得较大的成效。但是，以什么为抓手，如何牢牢抓住机遇，既不错失良机，又能在千变万化的境况中顺势而为，催生新的动能，延长机遇的时间段，促其成为战略机遇期，却是非常不易的。应该说，张库商道就是张家口超常持续发展的抓手。考察200多年来张家口从清代至民国初年的经济史，不难发现，张库商道一直是其最主要的动因和抓手。《中俄恰克图条约》的签订，变北京贸易为边境贸易，途经张家口之路成为唯一的商道。以晋商为核心的旅蒙商不失时机地利用自身的优势，充分发挥外生条件的潜能，把边境贸易越做越大。到道光年间，旅蒙商从80

---

[1] 丰若非：《清代榷关与北路贸易》，中国社会科学出版社2014年，第274页。

多家增至280多家，及至光绪年间，猛增到400多家。这些旅蒙商的总部，大多驻在大境门，分号设在库伦、恰克图等地。有的如大盛魁，甚至在贝加尔湖一带都设有分号，而且在莫斯科还有他们的经纪人。一位西方商人曾经感叹地写道："在通往晋北的大路上，我几乎每天都遇见伴随经张家口赶往恰克图的长列砖茶驼运队的华商，用俄人话向我打招呼。"[1]张家口地区旅蒙商的迅速壮大，除了天时和地利，更重要的是靠"重德操、讲诚信、坚韧有耐心"的中华传统人文精神。张库商道旅途漫漫，险象环生，而他们所从事的贸易又是物物交换。跑"大圈圐"的经历磨炼了他们的意志和性格，"做买卖"的实践赋予他们讲诚信、求质量、一诺千金的商业精神。这种精神使他们赢得了对方的信任和尊重，双边贸易才得以超长时期的持续发展。

（三）张库商道使张家口走向世界，在19世纪60年代就进入我国由107个城镇组成的近代贸易商埠城市序列

综观张库商道的形成和发展，从边境贸易到陆路贸易，虽然由于战争、双方政府博弈等原因屡遭挫折，时有波动，但是趋势是扩大和发展。而且引发了皮毛业的大发展，"口皮"为名牌，"皮都"成美誉，贸易额大增长。在嘉庆、道光年间进入长达40多年的稳定发展期。民国初年张库公路开通，汽车运输直抵库伦。1917年，大境门外商店多达1400家。年贸易额

---

[1] 冯·里奇瑟芬：《拜伦·里奇瑟芬通信录》，第13页。

8000万两白银,输出额为7000万两,总贸易额上升到15000万两。[1]鼎盛期虽然短暂,但确为名副其实的国际贸易城市。

总之,张库商道为张家口创造了巨大的物质财富,也给予了我们很多宝贵的经验和启示,值得我们重温和记取。

三、现今的机遇和历史镜鉴

面对国家"一带一路"倡议及三大机遇,我们怎么办?历史是最好的教科书。张库商道的形成和发展为我们提供了宝贵的历史镜鉴。窃以为,应该深入解析张库商道精神的丰富内涵,从以下三个方面弘扬张库商道精神:

(一)开放包容的精神

张家口的发展史就是一部对外开放、相互包容、共同发展的历史,正是与俄国等客商的交流、交往和交融,才带来了昔日张家口的大发展。那时,张家口之所以有个较大的"朋友圈",就是得益于开放和包容。现今,我们要建设国际休闲度假旅游目的地和国际奥运名城,仍然需要秉持开放包容的精神,以期推动解决面临的一些难题。

(二)互学互鉴精神

张库商道是古、近代张家口与世界互动的纽带,我们的先人正是凭着互学互鉴的"孵化器",与各国、各地商人打交

---

[1] 韩祥瑞:《张库商道十题》,《张家口历史文化研究》2015年第15期。

道，才赢得了丰硕的利润，使张家口发展成为世界闻名的陆路商埠。今天，我们仍然需要这种精神，从中吸取经验和智慧，壮大自己。

（三）互利共赢精神

张库商道的历史证明，各民族之间可以互利共赢，各国可以共同成长、一起获益。互利共赢的精神就是张库商道发展兴盛的"推进器"。现今，我们需要向国内各地以及世界各国学习、交往，开展合作，仍然需要坚持这种精神。

从张家口考古发现看欧亚历史文化与贸易交往

陶宗冶[*]

张（张家口）库（库伦，蒙古国乌兰巴托）商道是中国近现代历史上对外贸易之路——"万里茶路"的重要组成部分。张库商道的开通源于明代末年蒙汉互市的开辟，而互市之地之所以选择在张家口，既有地理的原因，也有历史的因素。

地理上，张家口地处蒙古高原与华北平原的过渡地带，南北不同的气候与地理条件，使得这里自人类出现农业和游牧业两类不同生产方式以来，就一直是北方草原游牧人和中原地区农耕人相互交往、征战、融合的纽带。考古证实，距今8000至4000年前，这里居住的人群以农耕为主。到距今4000年左右之后，由于全新世大暖期逐步走向结束，年平均气温比以前渐渐下降了3~5摄氏度。变冷的气候导致北方地区降水量减少，干旱度加大。由此开始，北方土壤里原有的喜暖植物开始减少，

---

[*] 陶宗冶，张家口市博物馆顾问。

而耐冷的植物却大量增加。以鄂尔多斯为例，距今3550—2700年前，当地原有的针阔混交林区消失了，只剩下以蒿为主的草原植被[1]，大约同时期，北方地区古遗址里出现了家畜和狩猎业比重增加的状况，这是农牧、游牧业开始出现分化的征兆。气候的变化促使人类迁徙活动加剧，而迁徙活动又无疑促进了不同人群之间的文化交往。由于新石器时代晚期至青铜时代早期一系列气候的变化，导致了青铜时代早期以后中国北方地区原始农业出现衰落，取而代之的是农牧业和游牧业的兴起。在高原与平原交接地带以北出现了以游牧、狩猎为生的游牧民族，交接带以南较温湿的地带依然居住着以种植为业的农耕民族，处于交接带之间的张家口渐渐成为游牧与农耕民族交错混居的地区。

1965年，河北省文物工作队在张北县征集到一件青铜兽首短剑，紧接着，1966年在张家口市也征集到一件形态相同的兽首短剑[2]（图1、9、10），之后，1986年怀安县文物保管所在该县狮子口村征集到一件当地出土的兽首弯背青铜刀[3]。这三件短剑和刀一个共同特点是剑和刀的首部都铸成立体的鹿头状。由于这种铸有动物头像的短剑和铜刀具有北方草原民族的文化特点，发现的地方大多在北方长城地带，出土时往往又伴有商代或西周时期的青铜器，所以自这类型青铜器发现以

---

[1] 韩茂莉：《中国北方农牧交错带的形成与气候变迁》，《考古》2005年第10期；
邵方：《中国北方游牧起源问题初探》，《中国人民大学学报》2004年第1期。
[2] 郑绍宗：《中国北方青铜短剑的分期及形制研究》，《文物》1984年第2期。
[3] 刘建忠：《河北怀安狮子口发现商代鹿首刀》，《考古》1988年第10期。

来，学界就推断它是商代和西周时期生活在北方草原游牧民族的遗物。

引起学界兴趣的是，这种兽首短剑和铜刀不仅是草原游牧民族青铜时代里年代最早的遗物，而且分布区域远远超出了人们的想象，考古发现，这种刀剑在我国内蒙古（鄂尔多斯）、陕西、山西、河北（张家口和承德）都有出土，表明这是一种分布广泛的北方草原民族的遗存。再往南，河南安阳殷墟虽也出这种刀剑，但数量很少，推测可能是商人在征伐北方民族时缴获的战利品，因为在发达的商文化青铜器里，这种刀剑的草原民族风格与礼制森严，传统文化深厚的商代青铜器是格格不入的。除中国北方地区外，早在20世纪20年代，俄罗斯考古学家就在西伯利亚地区发现过这种刀剑，并给它起了个名字：卡拉苏克式铜器。30年代之后，俄罗斯在布里亚特、伊尔库茨克、米努辛斯克、阿尔泰、赤塔、贝加尔湖沿岸以及恰克图又相继发现了这种刀剑[1]（图1，1、5、12），另外，蒙古国也有相关的发现报道（图1，2、3、4、6），说明这种刀剑在北方草原分布很广。根据各区域刀剑形态的差别，吉林大学边疆考古研究中心杨建华教授认为："在贝加尔湖地区发现的兽首剑没有中国北方和蒙古高原的兽首剑那样写实，年代不会很早。"[2]换言之，贝加尔湖地区发现的兽首剑很可能是从中国北方传入的。俄罗斯考古学家吉谢列夫也持相同的看法：

---

[1] ［俄罗斯］吉谢列夫：《南西伯利亚古代史》上册，新疆社会科学院民族研究所1981年。
[2] 杨建华、蒋刚：《公元前2千纪的晋陕高原与燕山南北》，科学出版社2008年。

"（中国）绥远的卡拉苏克式器形是同安阳（殷墟）时期的铜器在公元前14—前13世纪平行出现的。公元前12世纪初期，绥远的卡拉苏克式器物广泛北传。与此同时，东南方的民族成分也开始进入米努辛斯克盆地。"如此看来，这种以兽首青铜短剑为特征的青铜文化，不仅是蒙古草原和西伯利亚草原的一种草原民族文化，而且他的发源地是在中国内蒙古，之后逐渐向北传播，最后抵达俄罗斯的西伯利亚地区。对传播的历史意义吉谢列夫说："无论怎样看待卡拉苏克的传播，考古学和古人类学研究无疑已经查明（这是）南西伯利亚、蒙古和绥远居民历史上的重大事件。上述地区在这个时代具有文化上的一致性，直到后来斯基泰-塔加尔时期（公元前7—前1世纪），这种一致性还很强烈。"[1]吉谢列夫的这一看法，准确地概括了公元前12世纪中国北方地区与俄罗斯草原民族之间的文化联系。这里还应该提及的是，在俄罗斯贝加尔湖地区除了兽首短剑和青铜刀以外，也发现过青铜弓形器一类典型的中国商文化遗物，证明商文化也曾传播到贝加尔湖地区。

进入公元前700年左右的春秋时期之后，一支来自关中地区名叫"狄"的族群，在张家口洋河河谷创建了具有北方农牧民族文化特色的玉皇庙文化，即代国文化。在丰富多彩的代国文化里，形态各异的青铜短剑和环首青铜刀极具特色，尤其是青铜短剑剑首和剑柄上装饰的动物纹饰，充分体现了北方民族

---

[1] ［俄罗斯］吉谢列夫：《南西伯利亚古代史》上册，新疆社会科学院民族研究所1981年。

鲜明的文化特色[1]。在分析这时期北方青铜文化时我们发现，代国文化里的环首刀和短剑除了在代国范围内有大量发现外，也在蒙古国和俄罗斯的阿尔泰地区有发现（图1，7、8、15、16），与此对应，一种广泛分布于俄罗斯北高加索、米努辛斯克、伊尔库茨克和贝加尔湖沿岸的青铜器鍑（图2，1、2、3），也广泛分布于张家口的代国文化，我国的新疆、陕西、山西一带的北方草原民族文化的遗存中[2]。张家口发现的两件青铜鍑，一件是张家口地区博物馆1980年在怀来县北辛堡乡甘子堡村征集的[3]，一件是1963年河北省文化局文物工作队在怀来县北辛堡村发掘出土的[4]。另外，与张家口邻近的北京延庆玉皇庙村一带也有出土（图2，4、5、6）。时间上甘子堡和玉皇庙两地的青铜鍑年代属春秋中期左右，北辛堡的那件年代稍晚，大约在战国中期。从这里我们得知，青铜鍑当是公元前6世纪至公元前4世纪广泛分布于俄罗斯与中国北方草原的一种青铜器。

---

[1] 张家口市文物事业管理所，宣化县文化馆：《河北宣化县小白阳墓地发掘报告》，《文物》1987年第5期。
[2] 腾铭予：《中国北方地区两周时期铜鍑的再探讨》，《边疆考古研究》第1辑。
顾志界：《鄂尔多斯式铜铁（釜）的形态分析》，《北方文物》1986年第3期。
[3] 贺永、刘建中：《河北怀来甘子堡发现的春秋墓群》，《文物春秋》1993年第2期。
[4] 傲承隆、李晓东：《河北怀来县北辛堡出土的燕国铜器》，《考古通讯》1955年第3期。

从张家口考古发现看欧亚历史文化与贸易交往　053

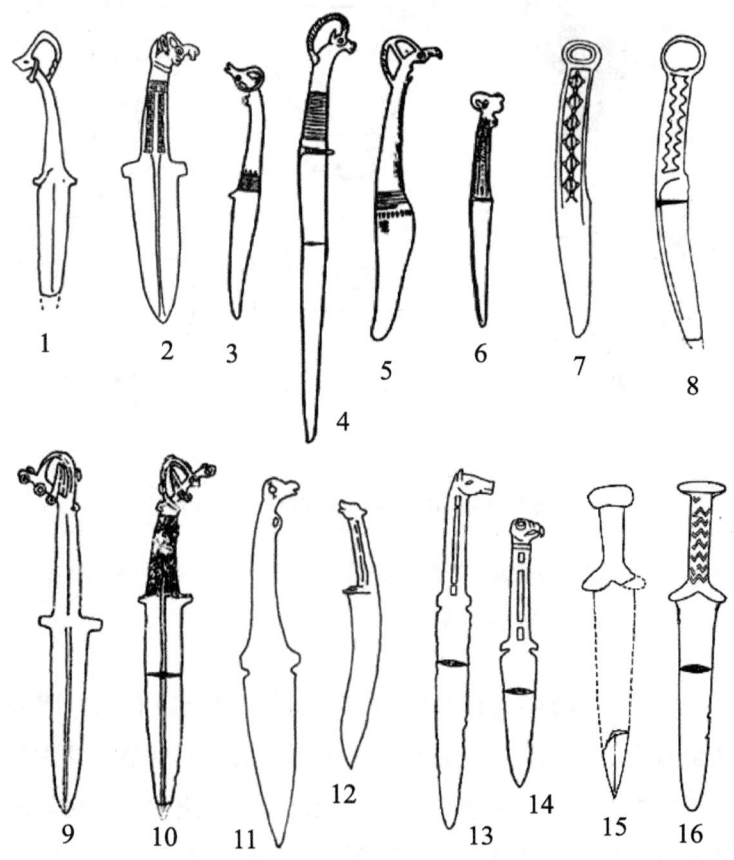

图1　张家口与北方草原出土的青铜刀剑

1.俄罗斯布里亚特　2.3.4.6.7.蒙古国　5.俄罗斯米努辛斯克　8.张家口宣化　9.张家口　10.张北　11.俄罗斯赤塔　12.俄罗斯伊尔库茨克　13.14.北京昌平　15.俄罗斯阿尔泰　16.张家口宣化

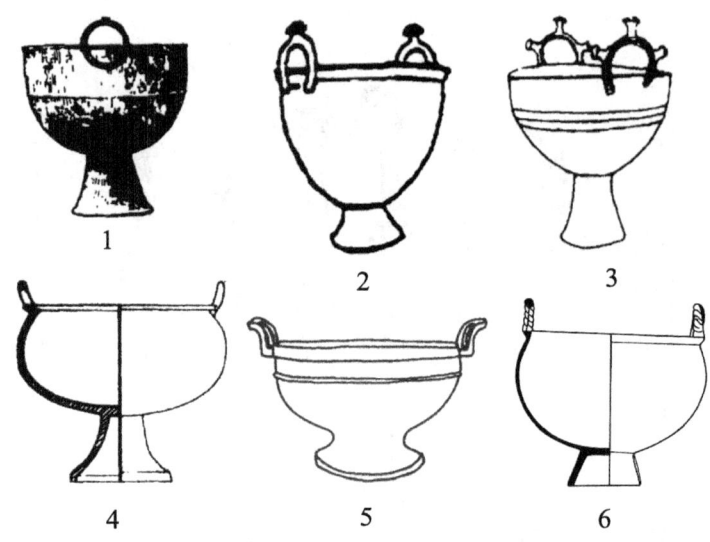

图2 张家口与北方草原出土的青铜鍑

1.俄罗斯北高加索　2.俄罗斯米努辛斯克　3.俄罗斯伊尔库茨克
4.5.张家口怀来　6.北京延庆

从外形观察，青铜鍑深腹高圈足，出土时有的铜腹外面还留有火烧后的烟迹，说明这种铜器是实用的炊器，高圈足是便于放在炭火上煮食食物，双耳既便于用手提取，也可吊起来放在火上。由于这种炊器便于携带，十分适合居无定所的游牧民族使用，所以，根据它的作用以及分布范围推测，它应该是北方草原民族创造出的符合自己饮食习惯的一种炊器。我们知道，春秋战国时期在以农业经济为主的中原地区使用的炊器主要是鼎和鬲，虽然这两类炊器也是放在火上的，但在中原发现的炊器里却不见或少见双耳圈足鍑。目前所知，春秋战国时期出土过双耳圈足鍑的诸侯国只有秦国、赵国和燕国，而当时秦、赵、燕北面和东北面曾先后是戎、狄、代、胡、楼烦等北方农牧和游牧民族，秦、赵、燕与这些北方农牧、游牧民族土地衔接人员混居，相互之间不会没有文化来往，生活习俗与饮食习俗也不会不相渗透互不影响。所以，秦、赵、燕出土几件双耳圈足鍑也就不足为奇了。

20世纪70年代到90年代，张家口宣化区下八里村先后发现15座年代从辽清宁四年（1058）到金明昌四年（1194）时期的壁画墓，其中4座绘制着"茶道图"壁画[1]。让学界感兴趣的是，"茶道图"不仅绘制生动精美，而且壁画以现实手法表现的壶、盏、瓶、夹、宗、扎等茶道工具，碾茶、煎茶的动作，都完整地展示出了一幅幅鲜活的辽代茶文化的历史画卷（图3）。

图3　下八里10号墓茶道图壁画

辽国幅员广袤，疆域面积几乎占据了黄河以北的全部，并包括今天俄罗斯的部分地区，因此，辽国在沟通欧亚地区文化与贸易往来方面曾是一个发挥过重要历史作用的帝国。据研

---

[1] 刘海文主编：《宣化下八里Ⅱ区辽壁画墓考古发掘报告》，文物出版社2008年。河北省考古研究所：《宣化辽墓：1974—1983年考古发掘报告》上下册，文物出版社2001年。

究东方茶叶贸易史的美国学者艾梅霞考证，最早将茶叶介绍给俄罗斯人的就是辽国的契丹人[1]。下八里辽金壁画墓出现多幅"茶道图"，当是辽国和出产茶叶的宋朝相互贸易往来的现实反映，如果考虑到下八里辽金15座壁画墓的年代都在公元1005年宋辽缔结"澶渊之盟"和约之后，那"茶道图"体现出的南北茶叶贸易交往的兴盛就更容易让人理解了。

下八里辽金壁画墓里，除了"茶道图"外，还发现了中原与西域乐器共同组合的"散乐图"，以及中国天文与西亚天文成就合璧绘制的"天文图"，体现了契丹这个北方游牧民族对不同地区、不同民族文化的接纳和包容，而正是契丹接纳和包容的民族特征，才使得契丹成为中国古代历史上沟通欧亚贸易，连接欧亚文明举足轻重的民族之一。

从上述分析我们可以得出这样的结论：从公元前12世纪至公元12世纪，在长达2000多年的时间里，张家口一直处于欧亚不同文化和贸易往来的衔接地带。张家口的考古发现，充分体现了张家口特有的地缘特征与古代文化的多样性。同时证实，欧亚地区不同时期、不同民族、不同文化之间源远流长的文化交往和贸易往来，是欧亚地区古代历史发展的主流。这一主流特征不仅促进了欧亚地区古代文明的进步，也为后来"万里茶路"的形成奠定了坚实的历史基础。明末至民国横贯欧亚地区的"万里茶路"，就是欧亚地区古代历史这一主流特征的继承与延伸。

---

[1] ［美］艾梅霞著，范蓓蕾、郭玮等译：《茶叶之路》，中信出版社2007年。

民间文化遗存形态

崇礼打柳子起源与发展

杨 成[*]

在河北崇礼城乡活动着一支支打柳子队伍。打柳子是崇礼民间社火的传统民俗舞蹈形式，表演由十几人或几百人一同进行，载歌载舞，气势磅礴，精湛的表现力令人陶醉。被称为崇礼民间舞蹈一绝。

图1 打柳子

---

[*] 杨成，张家口乡土文化协会主席，张库大道研究会成员。

一、崇礼打柳子起源

崇礼打柳子起源一个美丽的民间故事。康熙年间,崇礼地域属镶黄旗管辖。镶黄旗主有个女儿,叫啕赖公主,8岁时得了种病叫恐寒症,十分害怕寒冷。16岁那年春天,旗主带公主,沿着茶马古道从草原向南走来,寻找温暖的地方让女儿居住。

当走到崇礼西沟出沟口时,发现这里山清水秀,气候宜人。便在一棵杨树旁边选择一块宜居地,旗主派工匠为公主在古杨旁修了一处豪华住所,还在古树杨旁修了一所喇嘛庙,供公主修行拜佛。

图2　啕赖公主

图3　喇嘛庙

当时，镶黄旗是清朝八旗的"头旗"，旗主是皇帝的嫡系子孙，皇家又信奉藏传佛教，所以公主的住所和喇嘛庙都具有皇家气派。

自从嗨赖公主住在古杨旁，蒙汉联姻，茶马古道扩展成为张库大道，这个村跑草地的农民越来越多，这个村名也改为嗨赖庙村了。嗨赖庙村中有一条清河穿过，清河北边是嗨北营村，清河南边是嗨南营村。

图4　现在的嗨南营村

嗨赖庙很快发展为较大村庄，成为张库大道支脉的一个商品交易集散地。最繁荣时，常住商户达千家，流动人口上万人。当时最大的商号永成明，专门经营出入蒙古的物资，最高年利润白银一万多两。另外，钱庄、当铺、饮食、服务行业也相当发达。被誉为"二张家口"。

这时，为了村庄安全，村落四周建起土城墙，城南和城北各建一座城门楼。古村落摇身一变，成为远近闻名的商贸古堡。

康熙五十一年（1712），也就是康熙平定草原叛军噶尔丹后第三年，啕北营村中建起一座关帝庙。庙里供有天官、地官、水官神像。

关帝庙中的关老爷神仙，不仅司管人间风雨，又是掌控人间财富的财神。

天官是远古尧帝，是掌管天堂的神明，负责给百姓赐福。地官是远古舜帝，是掌管地府的神明，负责为百姓赦罪。水官是远古的禹帝，是掌管海洋的神明，负责为百姓解厄。

图5 关帝庙

关帝庙竖起诸位神仙，人们纷纷跪拜焚香，祭拜神灵。过春节时，在关帝庙前，一些年轻人聚在一起跳舞狂欢，以此来表达敬畏神仙，乞求福降人间。当时舞蹈没有伴奏的乐器，他们就地取材，砍来柳树枝条，做成柳棍子，左手持一棍，右手持一棍，相互击打，发出"啪啪"的响声，为舞蹈伴奏。要求打出强弱拍节奏，右手往下打为强拍，左手往上打为弱拍，相当于现在的2/4拍。

《崇礼县志》是这样叙述的：传说康熙五十一年，啕赖庙建关帝庙，农民以拜三官（天、地、水官）为名，举行庆祝活动。

从那年开始，每逢春节，打柳子队伍来到关帝庙大院，摆开阵势，跳开了欢快的民间舞蹈，以此来举行祭天、祭地、祭水的仪式。此后约定成俗，每年春节打柳子队伍都来关帝庙表演。

随着打柳子队伍年复一年的活动，队伍在壮大，由几十个人发展为上百个人。装备也在更新，奏乐的由击打柳棍变为大鼓、大锣、大镲敲打，只是偶尔拍打柳棍奏乐。打柳子队排列成不同的队形，带队的在庙前表演前，都要念些吉庆的顺口溜，随着敲打着锣鼓跳起来。也有人称这种舞蹈形式叫"打溜子"。

嗨赖庙的商贸古堡名扬崇礼后，打柳子这种传统舞蹈形式，很快传遍崇礼的村村寨寨。一些人口相对集中的大村都建起了打柳子队伍。当时打柳子最活跃的村庄有高家营、乌拉哈达、水晶屯、范家西沟、庄科等二十几个村庄。

这时，崇礼境内的打柳子队伍就有了统一的活动日期。每年的农历正月十三至正月十六，为打柳子集中活动时间。正月十三日，要举行隆重的拜"三官"仪式，祈求来年的五谷丰登和人畜平安。

各村拜三官时，有庙的，不论什么庙，将三官神置于庙内，无庙的便在村外搭盖临时的神棚，内设三官神位。届时由两个"柳头"（带队）的，装扮成"王八"。当地人认为"王八"象征吉祥如意，风调雨顺，人寿年丰。由"王八"打场子、开路，活跃气氛，带队伍到三官神位前，打柳子队伍中扮小生、老生与小旦、老旦的男女演员各列一队，立于神位两旁。除丑角"王八"是固定的二人外，其他各种行当的演员最少各四人，多则八人或十二人。祭祀时，除行跪拜礼外，由"柳头"面向神仙念诵吉庆词。如：

> 炮响三声旗旗开，
> 喜神喜神两边排。
> 三官老爷正面坐，
> 我们大家把你拜。
> 明年风调又雨顺，
> 五谷杂粮全丰收。
> 男女老少都平安，
> 神也喜来人也欢。

念唱礼毕，就地作舞。在锣鼓声中走"二龙出水"队形将场子打开，再表演"踢四门斗""八卦穿顶""九龙混水"等队形，仪式即告结束。

正月十六早晨。要举行"送三官"仪式，仪式与拜三官仪式大同小异，只是吉庆词换成：

> 正月十六社火交，
> 一班柳子送三官。
> 三官老爷回旧位，
> 过年十三请三官。

至此，整个春节打柳子队活动全部结束。

二、崇礼打柳子发展

清朝中叶，打柳子发源地的嗨赖庙村，商贸活动进入鼎盛时期。村中商贸一条街上票号、商号林立，永成明商号越做越大，张家口大兴德、天义魁、玉兴号等著名商号纷纷入驻。屠宰、皮毛、醋酱、糕点等加工业如雨后春笋。每年春季，十几个勒勒车队、骆驼队从这里出去，拉上南方运来的茶叶、布匹、绸缎、瓷器、铁器等物品走张库大道，远行到库仑、恰克图。秋天再拉上蒙古草原的牲畜、皮毛、碱盐、奶食品等特产回来。嗨赖庙自然形成了蒙汉商品交易市场。《崇礼县志》说，嗨南营袁氏家庭，从清光绪年间开始拴"老倌车"跑蒙古，开始只有30多辆，到清朝末年发展到99辆。

经济是文化发展的基础。腰包鼓起的人们纷纷集资盖庙建戏楼。嗨北营村盖起了一座奶奶庙、一座龙王庙、一座戏楼。嗨南营盖一座关公庙、一座戏楼。

图6　老倌车

随着张库大道日益繁盛,嗨赖庙跑草地的人们与日俱增,富起来的大户人家与日俱增。每逢春节这些大户人闲来无事,便张灯结彩,借以炫耀财富。打柳子队便开始转移战场,由只拜三官,改为拜完三官拜大户。

打柳子拜三官的目的是乞求神灵保佑,来年风调雨顺,五谷丰登。拜大户的目的是活跃春节期间节日气氛,顺便讨些赏钱,壮大打柳子队伍。

图7 打柳子拜三官

这时,嗨赖庙的打柳子队伍发展到上百人,春节期间,除了打柳子串户表演外,村中戏楼有山西梆子、二人台登台演唱,秧歌队沿街舞动,大户人家夜晚燃放烟火,一派繁华似锦的节日景象。

打柳子队伍今非昔比,拍打柳棍伴奏偶尔出现,更多的伴奏乐器变成大鼓、大锣、大镲和唢呐。打柳子活动时间一般安排在晚间。打柳子队形是一男一女两人一对,四人一组。男的头顶蜻蜓灯,女的手提白菜灯。那时农村妇女很少抛头露面,只能男扮女装当女角。蜻蜓又名水蛐儿,蜻蜓灯寓意河塘池水旺盛,成群蜻蜓飞点水面;白菜灯寓意勤劳致富,年年发财。灯中的蜡烛是村民自制的,他们先做一个十几厘米高的竹筒或纸筒,然后灌上加热融化的山羊油,用线绳做捻子,待山羊油凝固了,蜡烛就做成了。每逢打柳子夜间活动,总有人提上一筐"蜡烛",跟在队伍后面,随时为演员灯里添新"蜡烛"。舞蹈演员每人身背一个腰鼓,随着锣鼓音乐节奏,敲打着腰鼓起舞。打柳子演员一般都化妆,男的装扮成店小二、酒保等角色,女的装扮为绣女或丑婆娘。依据角色的不同,脸上涂上红白黄黑不同色彩。打柳队伍中配备村中土秀才,专司走村串户,为所拜人家道喜,触景生情现场编打油诗,现场高声朗念出来。然后打柳子便跳起欢快的舞蹈。打柳子还常见一位翻穿皮袄,脸涂绿油彩的"王八",他手持皮鞭,走在队伍前面负责打开场面带路。

图8 打柳子

每逢春节，打柳子不光是拜大户，也拜村中德高望重的老者，有时还在街头表演。为了迎接打柳子队伍的到来，被拜的农户，门口挂起灯笼，院里拢起旺火。打柳子队伍一到，燃放鞭炮。打柳子队伍每拜一户，都要根据所拜对象情况，现编一些有教育意义的唱词，谱上曲调唱出来。打柳子念诵吟唱的词通俗易懂，一家一个特色。前头院里如来到一个发财大户家，就念诵：

  前头院里摇钱树，
  后头院里聚宝盆。
  摇钱树上拴金马，
  聚宝盆中站金人。
  金人头上插金花，
  东家今年发财呀！

来到一长寿老人家，念道：

  寿星今年九十三，
  鹤发童颜气宇轩。
  儿孙孝敬媳妇贤，
  福寿安康一百年。
  歌颂丰收景象的如：
  场儿长，场儿圆，
  杈耙笤帚立两边。

> 磟磴上去打个滚,
> 小小儿童闹暄天。
> 规劝男人戒毒的:
> 抽大烟,真不好,
> 全副精神耗费了。
> 脑袋大,眼睛小,
> 整天披个烂皮袄。
> 规劝女人戒赌的:
> 荞麦开花一片白,
> 如今姑娘爱耍牌。
> 赢了钱买花戴,
> 输了钱把牌摔。

嗨赖庙村打柳子最红火的那几年,嗨赖庙村唱晋剧的演员也来助阵,穿着演出服装扭在大街上。秧歌、旱船、高跷队伍,也都跟在打柳子队伍后面尽情表演,把春节社火玩到了极致。

天有不测风云。民国十八年(1939),蒙古国关闭了中国所有商号,张库大道中断。盛极一时的嗨赖庙商贸古堡萧条了。村民们心灰意冷,打柳子活动一度受到影响。

三、崇礼打柳子传承

张库大道中断后,嗨赖庙打柳子队伍开始缩小,只有几个爱好者仍然坚持活动。今年87岁老秀才岳作亮回忆说,当时坚持打柳子活动有四个带头人，奏乐的陈华元、太平子（小名），念唱吉祥词王树根、喜柱子（小名）。在他们带动下，每年春节打柳子还活动，但活动场面和热闹程度已不如张库大道兴盛时期。

图9　作者（右）采访喙赖庙村打柳子传承人岳作亮

图10　87岁老秀才打柳子传承人岳作亮

这个时期,曾经学习嗨赖庙而兴起打柳子高潮的几个大村,未受商贸大道中断影响,打柳子仍然红红火火开展着。

距离嗨赖庙村只有十华里的高家营村,打柳子舞蹈表演一年比一年活跃。今年76岁打柳子传承人赵德义回忆说,从清朝末年开始,能记起的高家营打柳子传承人,第一代是大红狼(外号),第二代是八羊倌(外号),第三代是夏万宝、郝进玉,第四代是李乐天、赵德义。现在已传到第五代,传承人是年轻人赵艳淼、王飞。

图11 作者(右)采访高家营打柳子传承人赵德义

1946年农历正月,察哈尔省在大境门外"朝阳村"举行农村社火活动比赛,嗨赖庙和高家营的打柳子、秧歌在比赛表演中很突出,分别获一、二等奖。

1949年以后,老百姓把当家做主人的欢乐心情释放在玩社火上,全县213个行政村,村村都有打柳子队伍。每逢春节,从正月初五开始打柳子,一直玩到正月二十。每个街道、每个家庭院落都是打柳子队伍尽情挥洒的场所。打柳子队伍走到哪里，人群就聚集到哪里，哪里便是一片欢乐的海洋。打柳子队伍紧跟新社会新风尚，贺喜的打油诗也有了正能量。打柳子队伍来到一高考状元家，唱道：

  教子有方美名传，
  儿子争气考状元。
  为咱农民争光彩，
  前途光明不一般。

来到一个上门新女婿家，唱道：

  姑爷面貌赛潘安，
  岳父岳母心喜欢。
  疼爱媳妇度蜜月，
  来年生儿笑开颜。

《崇礼县志》上说："1949年后，经过宣传，逐步剔除了舞蹈中的迷信色彩，'打溜子'得以健康发展，至今延续下来。但取消了拜神，只举行挨门逐户拜，邻近村庄互相拜的仪式。"

群众性的打柳子活动在全县普及，促进了这一民间技艺的推陈出新。各地创造了不少新鲜而有趣的表演形式，最有名的表演形式是打柳子，队伍不光打腰鼓，有时还用扇子、手帕、马鞭做道具载歌载舞。表演的节目也多种多样，各具特色，其中"踢日门到""八掛穿顶""九龙混水""卷白菜"等节目，寓意丰富，节奏明快，舞蹈性强。

1985年，县文化馆魏凤翔将县内"打柳子"经过搜集整理，形成舞蹈材料，分别编入《中国民间舞蹈集成》的河北省卷和全国卷，1986年出版。

改革开放以来，崇礼农民中的青壮年大多外出打工，一些边远农村的打柳队伍消失了。可仍有人口相对集中的村庄保留打柳子队伍。高家营村是崇礼农村坚持打柳子活动的示范村。

高家营村距张家口市区只有10千米，高家营镇政府所在地，人口相对集中，聚集了不少打柳子爱好者。高家营打柳子的传承人赵德义热爱打柳子事业，满腔热情传承打柳子传统文化。

近些年，赵德义组建的打柳子固定演员100多人。演出场面宏大时，可装备128名舞蹈演员上场演出。加上演奏队伍，投入大型演出的演出人员达200多人。"打柳子"队的器乐、服装等装了7个大箱子。演出形式灵活多样，可组织100多人的集中演出，也可分成若干个小分队分头演出。乐队、舞蹈队的

图12 打柳子传承人赵德义

人员来自村中居住的人员，只要爱好，自愿，统统吸收到"打柳子"队伍中来。演员不要工资，如有演出收入，除购置队伍设备和日常开销，剩余收入给大家买些纪念品。

目前，高家营村的"打柳子"队是崇礼春节期间"社火"活动最耀眼的队伍。代表着崇礼"打柳子"队的最高水平。赵德义接过上一代"打柳子"传承人的班，把高家营"打柳子"玩出了新花样、新水平。

近几年，高家营打柳子主要参加区镇春节期间"社火""花会"及重大节日晚会。场面也由原来的一家一户的小院落，变成到一个较开阔的广场上表演。晚上在广场上点燃一大堆篝火，"打柳子"队随着乐队奏出的鼓乐节奏，龙腾虎跃、翩翩起舞，欢快、粗犷、豪放，不时踢起脚下的尘土，飞扬起来，被彩灯一照，光芒四射，雾气茫茫，真像安塞锣鼓宏大的场面。

为了使打柳子传统艺术发扬光大，赵德义精心培养了两位年轻的传承人。高家营"打柳子"队不仅在崇礼很有名气，在张家口市郊区一些乡村也备受追捧，有的村慕名请他们传授技艺，兴办"打柳子"队伍。

2010年，赵德义在张家口电视台大茶坊节目，向全市观众介绍了崇礼打柳子。2012年5月，高家营打柳子队伍，被河北省文化部门请到石家庄正定区艺博园，参加了全省非物质文化遗产文艺节目会演，受到了好评。

2014年6月，北京与张家口携手申冬奥"心连心"大型文艺演出在崇礼举行，高家营村与紫金矿业联合，组织了128人的演出队伍,登台演出。他们的打柳子唱词唱出了崇礼人的心声。题目是:唱唱百姓的好光景。

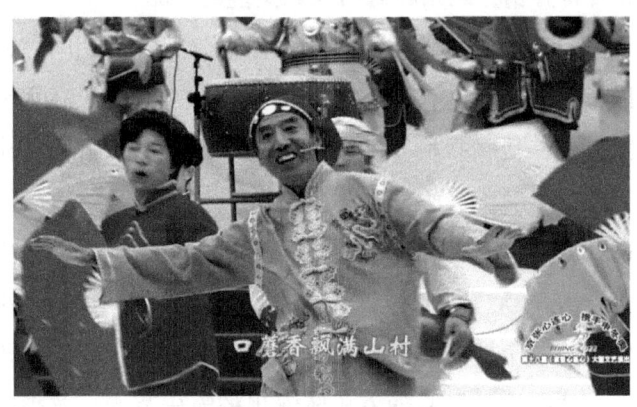

图13　赵德义在表演

2015年1月,云顶滑雪场举行盛大的迎奥运滑雪比赛,在庆祝比赛胜利的篝火晚会上,高家营打柳子队伍盛装亮相,进行了20分钟的表演,受到了国内外运动员和观众的热捧。

图14　高家营打柳子队伍在云顶表演

2018年11月，崇礼区委宣传部决定，把崇礼打柳子列为春节社火活动主要项目，在崇礼区政府所在地组建一支固定的打柳队伍，坚持常年活动。目前，打柳子队伍建起，已在农历腊月初八和元宵节隆重演出，成为崇礼区红红火火过大年的重头戏。

草原丝路民间文化探源

——张库大道手工艺创新思考

刘立军[*]

2019张库大道民间文化考察具有历史意义,从不同的关注角度研究、记述其文化的特色具有重要价值。手工艺文化是社会生产力发展变迁以及综合社会生活的缩影,从手工艺遗存视域下观照历史、当下及未来的生产发展,将助于更有力地解读张库大道上的民间文化。

一、关于草原丝路及张库大道

在国家"一带一路"的倡议下,张库大道是陆地草原丝绸之路的重要组成部分,张库大道考察活动旨在深入挖掘被誉为"北方茶叶之路"和"草原丝绸之路"的重要节点。张库大道

---

[*] 刘立军,河北科技大学副教授。

的民间文化遗存研究，为促进中蒙俄经济文化交流发展做出重要贡献。

（一）相关概念的表述

草原丝绸之路，是指蒙古草原地带沟通欧亚大陆的商贸大通道，是丝绸之路的重要组成部分。有时简称"草原丝路"。其特点是行走在高原草地上的商贸路线，其中河北商贸中心之一张家口是燕山山脉长城关口重要的节点之一，在沟通内外中西起到至关重要的作用。从大境门出发经多个草原区域节点可到达欧洲腹地，其中从张家口至库伦（今蒙古乌兰巴托）延至俄罗斯恰克图的道路是其中一支。

张库大道，有研究称："始于明末，盛于清中，衰与民初。"[1]李桂仁《明清时代我国北方的国际运输线——张库商道》中说："这条商道作为贸易之途，大约在汉唐时代已经开始。出现茶的贸易，大约不晚于宋元时代。"《张家口文史资料》记载："张库大道历史悠久，七百多年前，元朝定都北京，为了加强对岭北地区的统治，便开辟了这条官马大道，但只是用于'通达边情，布宣号令'。"这些驿站除了"钦使来往休息之用，而且还接待过往商旅"。[2]经资料研究比对，至少在元代以前已经是通畅的官驿和通商内外物资的商道了。

"张"即张家口，"库"即库伦（今蒙古国乌兰巴托），"张库大道"是指从张家口到库伦之间的古代商贸路线，其商

---

[1] 杨继先：《张家口文史资料》（第十三辑）。
[2] 王崇焕：《中国古代交通》，商务印书馆1996年，第54页。

道延伸到俄罗斯恰克图。从塞外商贸重镇张家口到蒙古草原腹地库伦，并延至俄罗斯1400多千米的古商道，见证着商品物资交换、宗教信仰差异、生活习俗交融等多元的社会文化生态。在我国北部作为连接内地与塞外高原、促进欧亚交往做出了突出的贡献，在国际上具有重要影响力，并且早在100年前即吸引国际的考察团沿此路线研究探寻。

（二）调研探访路线及角度

张库大道是草原丝路的一部分，从线路上说是分支之一。从地理位置上讲，从蒙古草原到内地有三条路可走：一是从乌兰巴托出发，穿越浑善达克沙漠边缘，经东西苏尼特旗（今赛汗塔拉）、商都、集宁，到达大同、太原。此路因途中有百里沼泽，不久便终止；二是从乌兰巴托出发，经阿巴嘎旗，穿越浑善达克沙漠，再过多伦诺尔（今多伦）、沽源、独石口到北京。此线路因路途较远，且多崎岖山路，最终也没能维持多久；第三条路线是从乌兰巴托出发，穿越浑善达克沙漠，经太仆寺旗、张北进入张家口。其中第三条路线从张家口出发，经张北、兴和县、镶黄旗、滂江、伊林、扎门乌得、叨林到库伦，再延伸至俄国恰克图、莫斯科，这是主道，绝大多数商队都走这条路。此次调研的线路"张库大道"从张家口的鸡鸣驿站及宣化古城张家口堡及大境门、万全，向北继续到崇礼、张北、康保，形成了河北地段的调查研究。内蒙古界内到达了多伦、正蓝旗，途经阿巴嘎旗到中蒙边境二连浩特的伊林驿站结束行程。

在调研区域上主要分为河北段和内蒙古段。调研的方式主要是博物馆参观交流、遗址实地踏查寻访、相关地方文化名人及普通手工艺老人的采访、到市场集市、农户与牧民家中交流、群艺馆等文化机构观摩、研讨会等多种形式的搜集资料及论证，使得获得资料较为权威准确。从考察团关注的角度看有人类学、民俗学、艺术学、经济学、新闻传播学等多方位的探寻考察，旨在从更广的领域揭示张库大道的文化意义。

图1 调研人员在鸡鸣驿城门上合影

图2 张库大道博物馆刘振瑛给考察团讲解

图3 崇礼区喇北营采访张库大道知情者岳作亮老人，并一起考察古庙遗址

二、张库大道手工艺研究意义

（一）手工艺研究的广泛性及综合性

张库大道在中外商贸经济历史上具有独特的地位，尤其在中蒙、中俄文化经济史上具有重要的研究价值。张家口作为商贸重镇，聚集很多"旅蒙商"，准备去"买卖城"的运输工具骆驼和牛车，和春发秋返的老倌车队的各色人等。尤其明清辟为官马大道以后，驿站、商贸随之发展兴盛起来，在张库大道的路程、沿线驿站及两端聚居地呈现出多元、综合的生活情态。并随之衍生出诸多商贸业态，以及丰富的实用性、装饰性，反映在衣食住行诸方面的手工艺。民国以后随着京张铁路、汽车运输的发展，改变了传统的一些牲畜运输的业态，也

导致了一些与之相关的手工艺发生了变化,这些手工艺有的传承至今、有的业态已经消失仅剩下一些遗存遗迹。

张库大道手工艺研究具有广泛性特征,涉及多业态、多门类以及多种生活方式的手工造物规范。其综合性的体现是基于多种业态及生活方式的多元交织,彼此独立又有内在的关联性。都以"跑草地"做买卖为营生,但分工很多,分类详细且各有特色。张家口及周围区域存在很多工匠作坊及手艺人。尤其蔚县、阳原等地还有一些手工艺传承至今。

图4　张北大囫囵村考察

(二)手工艺中的文化承载

手工艺承载文化,也记录历史。手工艺承载着历史记忆、文化的印迹,也代表着科技发展,手工艺的应用历史变革即是社会生产力发展的体现,具有特定时代的文化内涵、社会审美情趣的反映。张库大道作为近古以来连接中西,接通中俄商贸的重要组成部分,见证了商贸经济文化的变迁与发展。无论在起点的张家口区域历史文献记载以及现有建筑、遗存实物工艺等,无不反映那个久远时代的社会面貌。手工艺文化内涵中刻录着文明生态、人们的生活状态、信仰习惯等。

1.手工艺是文明的承载

张库大道上的手工艺记录着多种文明的表现及融合。其中既有农耕文明下的生产生活方式的手工艺,也有草原文明繁衍生息进程中的手工技艺的物证。在商贸聚集区的居家装饰用具、草原行车中的各类工具等都离不开手工艺,这些承载着定居与游牧两种文明业态的各种手工技艺,书写着不同文明的特征。例如传统织造工艺、木刻砖雕工艺等是农耕文明的重要表现,马具、蒙古包毡房的制作技艺是游牧民族惯用的手艺。

图5 康保民间文艺二人台的调研交流及座谈会

2.生活观念的物质化表现

手工艺也是生活观念表述的重要物质化语言，其中包含着特有的一种信仰和区域的风俗习惯。蒙满民族牧民的宗教信仰通过其衣冠、饮食器具、法器得以呈现，在元中都博物馆、元上都博物馆、多伦汇宗寺、伊林驿站遗址博物馆很多器物用品、工具装饰等方面表现出来。其中的装饰纹样、图案风格多流露出其特有的民族的习俗信仰。在张家口的堡子里以及多伦山西会馆等地的建筑装饰、砖雕石刻，很多都是体现中原文化中的儒家礼节以及民间吉祥寓意的纹饰。

（三）手工艺的独特性

张库大道上的手工艺调查考证中发现，此商道路线上手工艺文化具有独特性，主要表现在通过手工艺的相互联系及整体观照，彰显出了手工艺发展脉络，凸显张库大道上的贸易为主旨、旅程行进为手段，构成了"人—物—行—贸"的主线关系。

1.使用功能明确

以适应商业贸易交换为主的产品需求和运输商旅为中心的手工艺条件保障等，均较清晰地表达了手工艺的明确功能指向。勒勒车的木构设计、马鞍子的制作、商旅行进中马奶桶、马刀及茶具等均体现其使用功能性。在手工艺诸多工种中，蔚县夏源关帝庙配殿内发现的清代壁画《百工图》中就包括很多与日常生活及区域文化相关的工匠图，例如其中生活化的漂布、成衣、首饰、砖瓦、柳器等具有基础性的使用功能，另外弓箭、毡帽等又具有一定的地域文化的特色。

2.装饰审美富有特色

在张库大道调研考察中，我们既看到了传统文化中的官级等级服饰以及戏曲行头的艺术特色，民居庭院影壁、墙面、房檐等砖雕艺术之美，也感受到蒙古族特有的金属刀具、茶具独特造型特点以及唐卡绘画、首饰与佩饰的民族艺术风格。这里既有表现汉族特色的刺绣染织装饰工艺物品，也有反映蒙古族、满族特色的工艺美术器物装饰。从民族宗教文化的多元角度，呈现出手工艺审美特色。这些手工艺不仅呈现器物、装饰之美，更重要的是反映一种区域文化的交融。由于张库商道的通达则使得中蒙、中俄等的手工艺发展有了很好的交流。

三、张库大道上手工艺分类及特征

将张库大道手工艺考察过程所见，从现有的田野遗迹、文物遗存以及历史文献、交流访谈等方面进行了归纳梳理，将手工艺按照大类进行展示分析。

（一）手工艺遗存考证依据

博物馆是遗存资料最丰富的地方，其中怀来的中国鸡鸣驿邮驿博物馆、张家口的张库大道历史博物馆、张北的元中都博物馆、正蓝旗的元上都博物馆、二连浩特的伊林驿站遗址博物馆、多伦的马具博物馆收藏了大量实物遗存。在张库大道的重要的节点区域通过实地考察搜集到了一些图片资料,如张家口的堡子里、崇礼太子城遗址、马桥市场、多伦山西会馆等地方能够较客观地搜集到第一手调研资料。另外座谈会以及采访踏查也是获取信息的重要组成部分,例如正蓝旗考察座谈会上中蒙文化研究的蒙古族老专家给予了很多有价值的研究线索,文化部门的老师帮助梳理了一些脉络。考察期间无论是河北段张家口各沿线调研点地接的文化学者及协助工作人员,还是内蒙古自治区文联、文史馆以及涉及各旗相关文化学者、干部等,都能以最客观的文史信息资料给予补充帮助。

图6　调研人员在多伦马具博物馆考察

（二）手工艺主要类别及特点

1.染织手工艺

金元时期是我国染织手工艺发展最好的阶段，尤其丝织业发展至鼎盛时期，其中织金锦（纳石失）工艺达到顶峰。在今张家口万全区域曾设置官方机构"弘州荨麻林纳石失局"。金代手工业的生产中，织染业受重视程度很高。政府设织染署，金初，南宋使臣范成大入金，过河北西路定兴，写诗曰："新城迁次少人烟，桑柘中间井陉寒。亦有染人来卖缬，淡红深碧挂长竿。"诗歌反映了私人染坊在城乡兜售自己产品的情景。[1]可见民间染织较为普遍。元代丝织业受创，棉花得到推广，给染织印花发展创造了一定的条件。元代染织工艺，以金锦、刺绣、毡罽和棉织最具特点。[2]

元统治者重视工商业的发展，特别是官营手工业的生产，在生产规模和生产过程中分工协作程度较南宋有一定发展。《元史》百官志中记述官营手工业在河北的分布情况，其主要行业是丝织业、冶铁业、盐业、军器制造业等。[3]元时，官府在全国各地广设罗局和绣局，总管府下有织染局、绫锦局、纹锦局、中山局、真定局、弘州荨麻林纳石失局，大名织染、杂造两提举司，机构的性质承袭宋代。[4]

元进入中原境地后争夺劫掠，一方面诸多手工业秩序被

---

[1] 谢志诚：《河北通史·宋辽金元卷》，河北人民出版社2000年，第221—222页。
[2] 自田自秉：《中国工艺美术史》，东方出版中心2010年，第215页。
[3] 河北社会科学院地方史编写组：《河北简史》，河北人民出版社1990年，第317页。
[4] 曹振宇：《中国纺织科技史》，东华大学出版社2012年，第51页。

破坏，呈现停滞状态。另一方面元统治者对需要的手工业垄断控制，满足其私用，设许多官营匠局，"匠不离局"原则严控管制工匠。蒙古贵族实施优待工匠策略，忽必烈即位后曾多次大规模征集工匠。匠户隶属于不同的手工业局院，分别从事纺织、皮毛、毡罽、兵器、金玉、建筑等行业。这些局院大部分集中于大都及腹里各地，分属于工部、户部、将作院、中政院、大都留守司、武备寺等系统。[1]官营手工业及蒙古贵族和寺院封建主控制了手工业者。为满足贵族奢侈享用，元代织造工艺组织规模相当庞大。在手工业机构下面设立许多染织工艺生产的司、局，弘州人匠提举司有纳石失局；属于徽政院和储政院的管领诸路怯怜口诸色民匠都总管府有弘州衣锦局，昭功万户都总使司有弘州、荨麻林纳石失局（二局），大名织染造两提举司等。[2]

纳石失的织造反映出了当时生产的技术水平，属于高级丝织品。纳石失，又作纳失失、纳失思、纳克实，又称织金锦，是一种加金的丝织物。一般指以片金线或圆金线为纹纬的织金锦或织金缎以及绣金锡缎，[3]或再嵌大小明珠，十分华贵。原产于中亚、波斯地区，蒙古西征，掳来大量织锦工匠，纳石失生产技术传入国内，其产地主要在弘州（治今阳原）和荨麻林（今万全）。[4]早在元太宗窝阔台时期，弘州、荨麻林两地已

---

[1] 苑书义、孙宝存、郭文书：《河北经济史第二卷》，人民出版社2003年，第191页。
[2] 河北社会科学院地方史编写组：《河北简史》，河北人民出版社1990年，第318页。
[3] 吴山主编：《中国工艺美术大辞典》，江苏美术出版社2011年，第94页。
[4] 苑书义、孙宝存、郭文书：《河北经济史》第二卷，人民出版社2003年，第252—254页。

有丝织业的生产。《元史》卷120《镇海传》记载"收天下童男童女及工匠,置局弘州。既而得西域织金绮纹工三百余户,及汴京织毛褐工三百户,皆分隶弘州,命镇海世掌焉",同时,蒙古还"并回回人匠三千户驻于荨麻林" 即从外地移入三千多户回回工匠,他们擅长织造纳石失的技术。经20多年生产,到元世祖至元十五年(1278)又"招收 析居放良等户,教习人匠织造'纳石失',于弘州、荨麻林二处置局"。[1]此弘州和荨麻林设立的纳石失局,以专门管理这种丝织的生产。此加金织造的锦织物不仅是元代特色,并达到历史最高水平。

纳石失是一种以金线来织造纹饰的丝织物,被认为是中国元代织造工艺的典型代表。隆化鸽子洞元代窖藏出土丝织品中有4件纳石失典型标本:百纳枕顶、丝织物缀连钱纹饰片、棕色马尾环编方棋纹面罩、白色马尾环编鸾凤戏莲纹面罩。其工艺制作中所采用的金线有片金和圆金两种,具体制作方法为:先将黄金打成金箔,用纸或动物表皮作背衬,再切割成强丝线的片金;也可将片金缠绕在一根芯线之外,即成圆金。纳石失的织造技术对后世的影响极大,尤其是对明清时期流行的缎织物的产生具有重要的意义。

纳石失工艺的发展跟元代统治阶级有直接的关系,元代是由北方草原游牧民族蒙古族建立的统一政权,其民族性喜艳丽、奢华,加之上层统治者为了显示其财富与地位,故而提倡在丝织物上大面积地使用金线织造花纹,并设立织造局专门生

---

[1] 河北社会科学院地方史编写组:《河北简史》,河北人民出版社1990年,第318页。

产纳石失,以满足宫廷、王侯和百官的需要。纳石失适用范围大,用途广,因其金碧辉煌而更显富贵和高雅。据《马可·波罗游记》所述,当时元代的蒙古贵族不仅衣着满身红紫细软、组织华丽的纳石失金锦,就连日常生活中的帷幕、被褥、椅垫等都为纳石失所制,甚至连军营所用的帐篷也是由这种织金锦制成的,绵延数里,场面十分壮观。纳石失的大量使用,使得丝织物的艺术风格由唐宋时期以色彩综合为主,变为以金银线做主体装饰。[1]

张库商道是"丝绸之路""茶叶之路",因此北方丝织品及茶叶贸易占比非常巨大。由于丝织物不易保存久长,文化遗迹考察相对不易。调研中发现沿途对织锦的展示以及文字说明阐述不多见,仅在元上都博物馆见到一个织锦残片遗迹蒙元丝织品团集成的展板。中都博物馆展示了一欧洲翼狮的纳石失织锦展板,其中纹样是回首相对,身体相背的卷发站立、各自双眼呈现双狮适合纹样,此图案西域文化艺术特色鲜明。

综合看,张库大道沿线目前对印染织造方面的专项文化研究应该加强。

在考察遗存中发现清代带棉织搭袋及口袋,分析织造可以看出经纬密实程度非常高,在边沿处采用具有抱合力强的编织手法,耐磨程度高,搭袋的刺绣纹样具有符号化功能及装饰作用。在口袋上一般标记有货物所属的商家字迹。

张库商道上游走着众多具有宗教信仰的人,寺庙和驿成为商

---

[1] 孙慧君:《隆化鸽子洞元代窖藏》,河北人民出版社2010年,第198—201页。

图7 采访牧民

图8 正蓝旗专家座谈会

旅打尖休整的重要地方，商旅人们通常会做一些礼拜的仪式。其中能带走的唐卡成了他们心灵寄托的重要的承载物，尤其对于信教的人，都珍藏有唐卡。在张库大道历史博物馆和伊林驿站遗址博物馆都藏有手绘染色的唐卡，唐卡画面中心为手绘，边饰以绸缎或织锦材料为装饰，其中边饰织造的花纹多以莲花、卷草、回形、万字、八宝等纹样织成，采用庄重肃穆的藏蓝为地纹、浅蓝及深红等为浮纹。

2.服饰工艺

张库商道连接中西，贯穿蒙古高原，在蒙元时期大力的拓宽的蒙汉、蒙俄商贸交流，同时使得蒙文化为中心位置提升到极致的高度。蒙元时期的服饰文化具有独特性。

元代在大都（今北京）以及河北境内，还有来自不同民族的众多手工业者。在荨麻林（今万全境内）、弘州（治今阳原），迁入众多西域工匠，宣德（治今宣化）等地也似曾有回回、河西人匠[1]。在大都以南的河北境内各路中，都有不同民族居住，如真定路就有许多蒙古人、色目人、女真人、契丹人，如著名学者瞻思，其祖先为大食国人，太宗时便家居真定。畏兀人脱烈海牙，自祖八剌术时即徙居真定[2]。总之，今河北境内是民族成分最多、民族融合程度最深的地区之一。[3]民族融合给服饰文化的变迁带来机遇。

蒙元时期服饰具有等级性。在皇室内外都有着强烈的等级

---

[1] 《元史》卷98，《兵志一》。
[2] 《元史》卷137，《脱烈海牙传》。
[3] 苑书义、孙宝存、郭文书：《河北经济史第二卷》，人民出版社2003年，第179页。

分化表征，服饰形象较直观地呈现其特征。元朝社会分等级，此思维观念是影响其进入汉地后社会生产生活、服饰制度等诸多方面的关键因素。沈从文总结了四个特点：一如理发的法令歌诀。二如元代男女贵族衣上多着四合如意云肩，每年集中殿廷上万人举行"只孙宴"制作精丽只孙服上的云肩式样。三如全国大量织造纳石失织金锦，是否已完全失传。四如女人头上的罟罟（姑姑）冠应用情况。[1]蒙古族的衣冠以头戴帽笠为主，穿质孙服，或称只孙、济孙。汉译作一色衣，形制是上衣下裳相连，衣式紧窄、下裳较短，腰间打多折裥，称为襞积，肩背间贯有大珠。纳石失是元朝皇帝与百官臣僚质孙宴服（只孙宴）的主要原料，也是贵族妇女的时尚服饰的主要衣料。

《元史》卷七八《舆服志冕服》：

> 天子质孙，冬之服凡十有一等：服纳石失（金锦也）、怯绵里（剪茸也），则冠金锦暖帽；服大红、桃红……夏之服凡十有五等：服答纳都纳石失（缀大珠于金锦），则冠宝顶金凤钹笠；服速不都纳石失（缀小珠于金锦），则冠珠子卷云冠；服纳石失，则帽亦如之；服大红……则冠金凤顶笠；各随其服之色……百官质孙，冬之服凡九等：大红纳石失一，大红怯绵里一，大红官素一……夏之服凡十有四等：素纳石失一，聚线宝里纳石失一，枣褐浑金丝蛤珠一，大红官素带宝里一……。

---

[1] 沈从文：《中国古代服饰研究》，上海书店出版社2011年，第8页。

天子质孙冬服分十一个等级，夏服十五个等级，帽饰则用纳石失配缀珠等，百官冬服分九等，夏服十四等，多用纳石失，并且颜色丰富。

纳石失《析津志辑佚》中：

罟罟以大红罗幔之……又有速霞真，以等西蕃纳石失今为之。夏则单红梅花罗，冬以银鼠表纳石失，今取暖而贵重。然后以大长帛御罗手帕重系于额，像之以红罗束发，莪莪然者名罟罟。以金色罗拢髻，上缀大珠者，名脱木华。以红罗抹额中现花纹者，名速霞真也……

记载元代首服中也应用纳石失的织物。

在金元时期服饰考察调研中，崇礼太子城遗址出土有一些嫔伽俑造型，其中能反映金代侍者服装款式造型、装饰纹样及头饰的艺术特征。元时期服饰形象在中都博物馆及上都博物馆的俑、图片中有所列举，数量不多，其中两地都有蜡像人物复原服饰的展示。其中元代宫廷服饰质孙服、女子服饰及冠式得以整体表现，另外蒙古族日常骑服及骑兵盔甲也有展示，但对金元时期的服饰系统性展示尚没有。

张库商道沿途各个地方也形成了汉蒙文艺并置的繁荣景象。山西晋剧不仅活跃在张家口重镇，在多伦等地同样受欢迎，同时也促进了相关手工艺的传承发展，在万全旧堡还有传统戏服制作的技艺在传承，多服务于晋剧团。当前在多伦山西会馆古戏台上仍活跃有晋剧团的演出，在康保也一直传承有元曲余韵二人台的展演。在旅蒙商中跑草地的行头在博物馆也有收藏，其中耐寒抗磨的毡靴较有代表性，在张家口蔚县曾有很多做毡的作坊，不仅用于服饰，更主要为游牧商旅提供重要的保障毛毡物资。张库大道历史博物馆收藏有衣袋包，上面具有刺绣工艺的装饰，图案纹饰有宝瓶、人物故事以及莲花、鱼、鳞波、卍字、回形纹等，题材基本体现汉族传统吉祥寓意，表现一种平安、招财的民间手工艺文化思想。

3.瓷器工艺

张库商道在宋辽金元明清代及民国时期承载着一种民族文化的交融，其中通过瓷器也能反映其手工艺的演变融合。辽墓瓷器中的绿壶原本是游牧民族的皮制壶囊用以盛水酒，在进入中原后与瓷器工艺的结合，导致了此瓷质游牧壶器型的出现。元代青花和红柚的结合达到顶峰，一直延续到清代民国，此青花红柚瓷瓶成为富贵人家的一种高档摆设。

张库大道历史博物馆藏民国"恰图壶"，是烧瓷手工艺创新及文化融合的珍贵见证。据刘振瑛查证此恰图壶有独特的文化背景及工艺特色。恰图壶是欧洲生产的一种专门用来煮茶的瓷壶，虽为瓷器器皿，直接放在火上烧，即使烧干也不炸膛，不裂纹。恰图壶因具有耐高温特点而很贵重，在恰克图市场也属高档礼品。当时，俄国商人常用恰图壶当礼品，送给中国朋友和尊贵客人，中国商人也常常从恰克图带恰图壶回来留做纪念。确切地讲，恰图壶应该叫作恰克图壶。当时张家口老百姓口语中，都略去"恰克图"中间的"克"字，把"恰克图"叫作"恰图"。这种专门用来煮茶的瓷壶均来自恰克图,所以张家口人就叫这类壶为恰图壶了。在使用这个恰图壶时常搭配一种小泥炉。张家口冬季天气寒冷,人们多喝砖茶,一般人家煮茶用铁锅,讲究人家就用恰图壶和小泥炉子。这小泥炉产自蔚县,是用黄泥做坯再烧制成陶的一种小炉子。使用时,小泥炉中点燃木炭或蔚县的蓄火煤,将恰图壶置于小泥炉上,砖茶放入恰图壶慢慢熬煮。恰图壶是当时张家口有钱人家的用品,用恰图壶煮茶品茗成了上流社会的一种休闲方式。清光绪年间,张家口大境门内察哈尔都统署北边,有一家叫大境门饭庄的著名菜馆。大境门饭庄门口,挂着一副 "大境门下热火朝天烧南北,小泥炉上翻江倒海煮东西"的楹联。这联中的"烧南北"说的是张家口"口菜"菜系中的一道菜,"煮东西"说的是用产自欧洲的器皿,煮制砖茶的场景,这器皿就指恰图壶。因此此壶的文化为"一壶连东西",其深玫红色彩、纹饰以及壶底俄文推测应是产自俄国。

4.建筑砖雕工艺

"一带一路"张库大道民间文化探源考察中,遗存实物数量较多的应数建筑砖雕工艺。在驿站区、商旅聚集地的建筑群较为集中,其建筑装饰功能的砖雕数量非常多,足以构成一专项课题可进一步的整理发掘研究。诸多砖制雕刻更多反映了汉族民间文化的思想,以及求生、趋利、避害民间美术观念。[1]怀来鸡鸣驿城内很多建筑群落中,房檐、房脊、门楣、影壁墙

---

[1] 吕品田:《中国民间美术观念》,江苏美术出版社1992年。

有较为精致的砖雕造型，其中纹样题材主要为人物故事、福禄寿、万字不到头、招财等民俗题材，表达吉祥寓意。在署衙和财神庙门楣砖雕造型更丰富，雕刻工艺精巧细腻。

张家口堡子里，是古代张库大道的起点。这里集军事防御、商贸交流、文化信仰的综合聚居地。最早作为宣城城堡，城堡内建有守备署、协标署、中营署三处屯兵营房及军用粮仓、草场等。还有现存的玉皇阁、文昌阁及大批民居，均建于明中后期及清代，此堡具有多种功能和身份，例如玉皇阁等还有明显防御功能。作为政治、经济、军事、文化重镇，其集聚着中外政府办公机构、直隶和本地商贾、蒙俄的商队，同时集儒道佛等多种文化交织交融。

中外商贾聚集张家口堡，带来了繁荣稳定。吸引大量资金，投入堡子里建筑数以百计的深宅院。至今保存完好一些建筑中还依稀保存有木雕、砖雕、石雕等精美工艺，在房檐、门楣、影壁、房山侧墙、门柱、墙体等都留繁复的砖雕，其中和合二仙、骑鹿封侯、莲生贵子等类似题材众多，采用透雕手法使得造型更加立体生动。

在多伦的汇总寺以及山西会馆砖雕则明显具有文化差异，汇宗寺门口及窗口的砖雕图案具有西域文化格调，采用较密实的卷材纹造型构成了建筑门窗口的边饰纹样特征，同在多伦的山西会馆则依然体现内地文化所特有的文化符号语言，其中山西会馆议事厅外墙的房山侧"五福捧寿"砖雕雕工精美、构图饱满、富有立体感，尤其是中心"捧寿蝠"凸起设计富有创意。其屋檐角瑞兽、吉祥图案砖雕技艺似乎比内地更精致，似乎在草原深处更加彰显儒家思想为主导的民间工艺文化。

在崇礼太子城遗址和元上都遗址出土的金元皇家建筑构件，呈现霸气威猛的造型效果。有黄绿色，体现权威。

5.石刻工艺

定居方式的生活方式导致建筑的发展，张家口堡子里民居门口石刻较为突出，体现其门庭户族的地位，在"户对石"的调查中发现有不同的造型、纹饰的方面丰富变化，其中有方、圆之分外，上面的装饰纹样也很多样，多有瑞兽、人物故事等，也体现宅户人家的门第品位。在元中都、上都博物馆中藏有当时建筑遗存，元中都中心大殿遗址出土建筑构件排水口螭首雕刻，呈现卷鼻、张口露齿、怒目圆睁的浑厚古朴的造型特征，其中有臂爪攀爬的螭首造型昂扬、遒劲、蓄势待发，极其生动活现。元上都博物馆藏"永思"门石刻及汉白玉建筑角柱石刻体现皇家的恢宏简约及浑厚霸气的精美，尤其在羊群庙祭祀遗址石人像雄浑简约更加鲜明。

6.金属工艺

张库大道考察过程中金属手工艺的遗存物品较多，主要集中在几个博物馆中。金属工艺的分类主要从其所应用的生活方式方面进行归纳：驿站传递用、车马行车保障用、生活饮食用、宗教活动用；从材质特点分铁、铜、金、银、锡这几种。从文化点上具有中外多种风格，既有本土风格也有蒙古族、俄罗斯风格，很多造型别致而且有特色的金属手工艺用具及装饰品。

鸡鸣驿博物馆的明传递公文的铁质信筒，将使用功能做到方便拿取、不滑手，在通身竖纹细长、通两端大帽的设计中得以体现。张库大道中的鱼刀也将功能设计做到极简，蒙古族的铜锅上通过嵌刻呈现民族特色，清代的银质酒壶装饰纹样西域风格很强，具有艺术品品质。民国时期茶馆使用的水氽子以及商家使用的锡壶壶身肌理立体效果突出，保温茶水壶器型具有蒙俄风格，而在保温桶外装饰则是典型的中国刺绣工艺，这里也呈现一种中西合璧的工艺融合应用。在元上都遗址出土金质马鞍饰及有人物故事纹样、五子登科纹样的铜镜，则也体现了这一区域的中蒙文化的融合。

旅蒙商们在行进中需要一些必要的工匠随行，或商队懂得一些基本的手工技艺，以应对长途跋涉、艰难险阻的车马队伍的旅行。驼马队的铃、钟，行程中为驼马队车辆维修及人、畜调制修整的药具工具，以及保障生活用的基本饮食工具等。这些金属手工艺具有适应旅蒙商的功能设计特点，也保留了各自的文化印迹。伊林遗址博物馆收藏了很多实用功能强且具有民族文化元素的手工工艺品，其中铁钟、大药壶、火镰、银质马奶桶、铜奶桶、铜质茶叶盒等兼具实用性和装饰性。银香炉、喇嘛号、俄式咖啡壶等也各具特色。

7.木工艺

因材料易腐蚀、销毁等原因，张库商道上的木质手工艺遗存不多。在明清以后建筑、近代工具以及增加漆艺的手工艺品得以呈现出来。考察中多伦山西会馆古戏台上具有特色的木雕刻柱头特色鲜明，像人兽结合的面部造型，在会馆议事厅门梁上有镶嵌金的特色工艺。伊林驿站遗址博物馆中的木质香炉，外面上漆彩绘出佛教八宝纹图案，具有宗教色彩。另外张库大道的桦皮木制作的桦皮桶具有工艺的特色。

8.马具工艺

草原丝绸之路暨万里茶道之上，更多是彰显草原上的征途，马是草原的精灵，马具则是人马合一的重要载体。无论跟着运输车队还是草原上放马驰骋，马鞍是必备工具，同时也是草原人身份、财富、品格的象征。

马具手工艺的制作是一个庞杂多样的环节，其中包括了多种手工艺的集成，很多个部件是由不同的材质完成，很多个细节都有骑马人细腻的情感表达，马具有时成为一种可传递、传承的精神象征。马具从张库商道考察起止驿站鸡鸣驿到草原深处的二连浩特伊林驿站，是千万里马队的行程节点，马具在多个博物馆都有展示，但是马具工艺最集中的显现是在蒙古高原上的多伦马具博物馆。较完整的一套马具，所涉及的材料有木工、金银铜铁等金属、丝毛皮革软材等多种材质，其中的工艺技法多种多样。马鞍为马具主体，马鞍的设计是结合马背与人的臀围设计的马上座椅，符合人体工学与马的结构尤为关键，其中需要将马鞍框架设计合理，稳定且不蹾臀不挤裆，常要在木框硬鞍上增加皮革、垫子，在下方铺上织毯等，尤其马鞍的前端起翘的高度、弧度等尺寸是关键的结构设计。在马具的马肚及后鞯的带子设计方面，讲究的带子可以用金属，并且上面做一些金银的镶嵌，增加马具的华丽装饰，在马鞍座位上铆有錾刻装饰铜钉及色彩工艺装饰钉。

马凳子形态也常随个人的喜好进行工艺设计，多以铸铁居多，在镫板和脚套也常有设计，有的用嵌刻工艺装饰花纹，有的铸造成独特造型，马镫上的纹样还要有蝙蝠、寿字等装饰，应该是受到中原文化的影响。

马鞍头的设计除了造型符合人体工学以外，是体现马鞍品质的重要装饰性部位。讲究的马鞍制作，通常在木架外附上皮革，常用珍珠皮，并在鞍子外延用金属包边，并在前面下轮廓处做出金属镶嵌设计，或有的做彩色镶嵌的珐琅工艺，或有的用贝壳做些镶嵌，皮子箍上去后，并用铆钉钉牢固金属装饰和木架。鞍后挡则比前挡稍低，角度做后倾设计，工艺与前挡相同。也有的马鞍使用纯皮革制作而成，尤其近代欧洲有些采用皮革缝制的马鞍。

9.宗教塑像、神像

张库商道也是多元文化融合之道。尤其在蒙古高原呈现多元宗教特征，蒙古民族有兼容并蓄、广收博取的胸怀，对宗教采取一视同仁、为我所用的态度。元代儒释道、伊斯兰、基督教以及草原民族原始的萨满教并立，信仰自由。上都也是寺观、教堂林立，僧道、教士不绝于途，呈现出不同宗教文化交融辉映的局面。在不同时间、区域，各地所供奉信仰的佛像也呈现一些差异。在一些汉族为主的区域关帝像成为商贾供奉神，在蒙古族常信奉佛教，其中绿度母、释迦牟尼佛等成为供奉佛。在上都博物馆展示有烧制的四神像，说明了在蒙古族文化中接受了汉文化的五行之道。

四、张库大道手工艺文化当代创新

古张库大道呈现出独特的商道文化，也是集各种文化于一体的综合文化。其商道上的手工艺是记录商道的物像，同时也是彰显当今文化的符号。从手工艺创新设计出发探讨当代文化创新具有现实意义。

（一）手工艺创新的时代机遇

国家已经提出了振兴传统手工艺，倡导文化创新。2017年3月，文化部、工业和信息化部、财政部共同印发了《中国传统工艺振兴计划》，并提出了使传统工艺在现代生活中得到新的广泛应用，更好满足人民群众消费升级的需要。到2020年，传统工艺的传承和再创造能力等得到明显提升的总体目标。因此当下是手工艺发展创新的新时代，面临新的机遇。

在全国文化旅游发展创新如火如荼的今天，各省、市、县都在搞旅发大会的重要机遇期，长假游、短假游等遍地开花的时机，结合当地文化特色，利用好当地文化资源，整合出适宜文化旅游消费的文化产品是当前文化创新创意产业应该思考的问题，同时也是手工艺文化研究者值得研究的课题。将悠远的文化遗存变成适宜当下人的文化体验、消费，在对文化知识、体验等获取中收获满足感、获得感将是正确的方向和思路。

草原丝绸之路的民间文化是国家文化发展战略的一部分，张库大道的文化挖掘、梳理、记述、应用、创新将是一代学者、专家、手工艺者的使命与担当。时逢张家口2022冬奥会的契机,将张库大道的民间文化考察研究成果更好地呈现给人们,也展现给中外游客。将张家口的草原丝路文化经过提炼、归纳、加工、创新,以全新的艺术形式设计表现出来,既彰显文化实力,又具有商业经济方面的深刻意义。

(二)文旅产品创新设计的提案构想

1.文旅产品设计规划的人文主题系列

文旅产品设计规划中突出地域人文特色,可推出几个主题系列。其一,以张家口的中心"堡"文化为主,从堡的建筑、堡的历史图像出发系统地将古代的堡与当代的城市相连接,构成一连串的系列的文化图像、实物的展现,将各个时期具有符号意义的元素呈现出来;其二,从"城与门"为点延伸文化主题系列,并以"城""门""口"为细点进行平面化产品设计,平面化的实用装饰产品。其三以交通工具演变为题的主题系列设计,张家口的驿道、商道经过历史的发展演变,自牲畜车到燃煤、燃油汽车火车,再到高铁过程为题材的立体模型产品的设计。

2.张库商道相关文创产品的题材构想

作为草原丝绸一部分的张库商道,一路经历各种自然风景、跨越多种文化地域、体验多种生活方式。文创题材方面可推出几个方面。其一,自然风景系列,从山川、坝上、高原、草地、湖泊、河流等自然景致中获取题材,以真实的第一自然以及演变的设计图像效果呈现出来;其二,游牧草原生活题材系列,将张库商道上的商贾生活、牧民生活的各类实用装饰等的物品进行再现设计，以新的展现角度从体量大小、材质等方面进行创新设计；其三，张库大道上的民间及宗教文化为题材的设计，涉及民间信仰的吉祥物品、宗教文化的符号性表现的题材。

3.手工艺产品表现形式

张库商道上现存手工艺均可作为仿制的表现形式。其中可做几种艺术表现形式的提议：其一染织刺绣形式的表现，目前已经有一些博物馆在开展一些探索，但是很多局限在了服制，创新创意，尤其是和当代时尚的结合不够，甚至没有规避人们的忌讳。其中织毯设计、印染以及刺绣服装服饰品的设计、居家及室外工艺装饰品设计；其二皮革制品的创新创意设计，依托现在的传承手工艺，可与蔚县、阳原等地手工艺传承人开展合作设计产生；其三金属手工艺的创新设计，将张库商道上诸多工艺物象作为素材，设计创制游牧文化系列的实用首饰、装

图9 查干淖尔镇牧民牧场采访

图10 最后一站二连浩特伊林驿站遗址博物馆前留影

饰用具、艺术观赏品；其四传统工艺画的形式，以传统的蔚县剪纸画、桦皮工艺画等为形式，加进新的题材内容，使其变成一种新的文化形态。

五、张库大道手工艺文化研究的前景

张库大道手工艺文化将成为"一带一路"草原丝绸之路上工艺文化的一部分，她承载了多元文明，记述着多种文化业态。未来的研究一定会朝着更加细分、更加专题化方向发展。例如在其整个工艺文化的梳理中，其染织工艺文化里可进一步将织造手工艺挖掘、梳理。在金属手工艺中将饮食器具工艺做进一步的分课题研究。另外工艺文化的理论研究将要和产业、手工技艺进一步结合，使之走向"习古今用"的现实商业经济思路中来。再次，张库大道的工艺文化研究需要走出国门，将蒙俄段的相关工艺文化与我们当前的研究相衔接，构建完成真正的整体的张家口——库伦——恰克图，甚至更远的一种工艺文化研究线。同时也吸引更多的中外专家学者，共同交流、互通有无，让"一带一路"的研究更加饱满充实。

张家口的俗语民谣与张库大道

吴 桐 刘振瑛[*]

民间俗语是最贴近民众生活的语言形式，它用最惯常的生活所见来表达思想，语句短小精悍，内容涵盖广泛，趣味性强，合辙押韵，有易于传播的特性。

这些俗语能十分生动地反映一些民俗事项，传达深刻的内涵。"人们习惯于拿周围常见的事物来表达思想，就使他们的语言很自然地体现出其生活风貌。"[1]

张库大道是从张家口大境门外西沟出发至乌兰巴托（当时称库伦）并延伸到俄罗斯恰克图的古商道，是一条兴盛了数百年的国际商道。全长1400千米。它始于明，盛于清，衰于民国，被誉为"草原丝绸之路"和"草原茶叶之路"。这条商道有记载的起源时间是咸丰十年（1860）第二次鸦片战争后。清

---

[*] 吴桐，张家口市民间文艺家协会主席。刘振瑛，张家口张库大道历史文化研究会名誉主席。
[1] 钟敬文主编：《民俗学概论·民间语言》，上海文艺出版社2009年，第304页。

政府被迫与沙俄签订《北京续增条约》，条约第五条："俄国商人除在恰克图贸易外，其由恰克图照旧来京，经过张家口地方，如有零星贸易货物，亦准销售。"这是官方文本中出现的张家口正式与俄国通商的记载，而实际上这条商道早于清初便开始了，条约的签订开启了张库大道的繁荣时期。

张库大道的百年繁华，给张家口带来了多元的文化交流，也留下了丰富多彩的俗语民谣和故事，生动地反映出当时人们的生活面貌、商业状况。这些俗语民谣、俗语故事是反映张库大道历史面貌的丰富的民间佐证。

民间语言承载着大量的物质生活，真实反映着彼时代人们的生存状况。正如爱德华·萨皮尔《语言论》所说："语言的内容，不用说，是和文化有着密切关系的"，"语言的词汇多多少少忠实地反映出它所服务的文化。从这种意义上说，语言史和文化史沿着平行的路线前进，是完全正确的"。[1]

民间语言是民俗的重要载体。"民间语言不仅自身就是一种民俗，而且还记载和传承着其他民俗事象。"[2]

一、张家口民谣里描绘的张库大道

索绪尔指出："一个民族的风俗习惯常会在它的语言中有所反映，另一方面，在很大程度上，构成民族的也正是语言。"[3]

---

[1] ［美］爱德华·萨皮尔：《语言论》，陆卓元译，商务印书馆1964年，第196页。
[2] 钟敬文主编《民俗学概论·民间语言》，上海文艺出版社2009年，第304页。
[3] ［瑞士］费尔迪南·德·索绪尔：《普通语言学教程》，高名凯译，商务印书馆1985年，第43页。

流传在民间的、有关张库大道的俗语、民谣、民间故事等丰富多彩,生动地表达出当时的历史事件和生活风貌。以下列举部分俗语民谣,来说明张库大道的情况。

边墙里,边墙外,
蒙古人吃肉我吃菜。
肉换菜,真不赖,
要换就去大门外。

边墙,指长城,张家口方言对长城的叫法。民谣叙述了长城内外不同的饮食风俗,不同的风俗习惯却有着共同的贸易需求,易物交换是当时的贸易特点,并且十分清楚地写出具体贸易地点在大门外(大境门外)。这首民谣具有典型的张家口特征。

有风没风,
帐篷口朝东。

本句反映了当时在张库大道行商的汉人居住的风俗习惯。
草原常常刮西北风,所以行走在张库大道上的人们即使搭帐篷时没有风,帐篷口也要朝东南方向。有文献描述,突厥牙帐东开,蒙古则门朝南,这里除环境因素选择外,还有一些习俗因素。

  车行店脚牙，
  无罪也该杀。

  这句俗语反映出了当时的商业服务行当。车行，是指常年搞运输的老倌车；店，指的是旅店和店家，也是指车马大店、牛羊店、骆驼店、老倌车店的人；脚，就是脚夫，指搞运输的驼帮车帮的人；牙，指的是牙纪、牙子，有马牙子、牛牙子、羊牙子、斗牙子等，是各行各业市场交易中的经纪人。
  在过去的民间文化中认为，"万般皆下品，唯有读书高""无商不奸"，所以这些从事服务行业的人们常被人轻视，这是世俗的偏见。
  "这些行业的人是除了行商、坐商以外，张家口当时最能挣钱的人，其实也正是这些人支撑了大境门市场的兴盛，所以人们之所以说他们无罪也该杀，除了他们在某种程度上的行帮技艺垄断外，更多的还是出于人们对这些能人的妒忌。"[1]

  上至绸缎，下至葱蒜，
  无所不营，无所不贩。

  这句民谣反映出当时碎销商贩们的行为习俗和经营范围。跑草地的碎销商贩们经营范围极广，资金雄厚，没有他们不做的买卖。

---

[1] 刘振瑛：《品味大境门》，研究出版社2010年。

图1　张库大道上的老倌车

牛非草长不行，
驼非毛长不走。

这是行走张库大道必须掌握的一条谚语，传达出跑草地必须遵循的行程规律。

因为牛与骆驼的生理功能不同，所以张家口去往库伦的商队有"春房子"和"秋房子"之分。春天，草原牧草旺盛，适宜牛车运行；秋天驼毛生长的茂密，骆驼耐寒性增强，骆驼可以出行。所以一般情况下，春天，春房子老倌车（牛车）出发，秋冬季节，秋房子骆驼队出发。

家有千万，
不如有个货栈。

背手瞎转，遛鸟看院。

　　这是一段十分生动地描述民间事项的歌谣。张家口是张库大道贸易枢纽，各路商人都会在张家口停留、交易，所以开货栈是十分挣钱的买卖。平日里十分轻闲，遛鸟转悠就能把钱轻松赚到。

　　蒙古人实在，
　　买量捎口袋。

　　这则民谣体现出了蒙古人豪爽的性情和生活习惯。

　　大境门外的贸易市场中，粮食交易是大宗。当时，粮食的包装是线口袋或毛口袋，包装的价格甚至比粮食还高。蒙古人购买粮食时从来不自带包装，只要看好粮食，连口袋一起要，所以谈粮食价格时，要把包装钱算在里面。

　　另有一种说法，有的米牙子在交易过程中，用斗称量时，趁机捣鬼克扣粮食，所以蒙古人与汉人进行粮食贸易时，为免上当，不用斗量，看中粮食就以口袋论价，连装粮的口袋也一块儿要。

　　张家口三件宝，
　　山药莜面大皮袄。

　　这是反映饮食风俗和服饰风俗的民谣。这三种都是张家口的特产。山药、莜面是具有张家口当地特色的食物。莜面产自坝上寒冷地区，食用做法多样。最简单的是"搅拿糕"，就是将莜面粉倒入滚开的水里，一边倒一边搅动，慢慢被开水烫熟凝结成团，蘸上菜汤就可以食用。跑草地的人们常常随身背些莜面，路上开火做饭省时省力，是最常见的饮食。

大皮袄是张家口典型的装束。过去张家口社会上的三教九流，无论什么人，都有一件用口皮制成的老羊皮袄，这是非常平民化的装束。尤其是老倌车拉骆驼的，人人一件肥肥大大的白茬皮袄。尤其是赶老倌车的，既不吊布面，也不钉纽扣，一条布腰带，腰里一系。白天是衣服，晚上当被窝儿，保暖挡风，方便利落又实惠。这是行走张库大道十分实用的装束，是当时生活条件下的特色产物。

> 出了大境门，
> 一半牲口一半人。
> （异文：出了大境门，只见牲口不见人。）

张家口是张库大道的起点，是重要的贸易场所。大境门外的正沟、西沟一带是当时很大的牲畜交易市场。这句俗语在张家口当地流传最为广泛，生动地阐释了交易市场的繁华和运输车队的壮观景象。

> 吃饭大伙房，
> 伙计查账房；

牛车没法数，

只听铁铃铛。

这是老百姓对张家口大境外南天门一带热闹的车马大店的场景真实描述。

据康保县郭义有讲述，70年代还有很多车马大店保留着过去的习惯。跑草地的旅者，除了可以去饭店吃饭，当时车马大店也有灶火，供很多自带食物的旅客自己做饭。大家用自带的灶具，把随身带的莜面蒸熟食用。车马大店里有很多大型的、拴马桩与饮马槽一体的装置，便于人们拴马、饮马，一个桩子可以拴多匹马同时饮水。

图2　拴马桩与饮马槽一体装置

据当时跑库伦而发迹的殷氏家族后人描述："当时南天门牛车近七十顶（一顶百辆），大户人家有殷氏、董氏、石氏、张氏、陈氏家族。还有三十、五十辆牛车的小户人家，顺队而行。一个人只赶二十辆牛车，几千辆牛车就有几百号人，再加上骆驼队结伴而行，想想那个场面是多么壮观。据老人们讲，头牛已到张北，末牛还没上套，真是一列浩浩荡荡绵延几十里的运输列车。"[1]

---

[1] 殷效诚：《南天门人与张库大道》，《张家口晚报》2015年12月14日载。

火车快，出不了大境门外；
牛车慢，能到大圈圐。

圐圙，指用蒙古包围起来的草场、院子，现多用于村镇名称，大圐圙这里指"库伦"。

1909年，由中国人自主修建的第一条铁路——京张铁路全线运营，张家口跨进了一个辉煌的时代。火车的通行促进了张家口对外贸易发展，但是火车却没有通往张家口北部草原及库伦，因而，跑草地做生意的依然得依靠牛车。这里既包含着张家口跑张库大道老倌车人的自豪，也含有无奈与企盼。

张家口火车北站是个百年老站，在站舍正门门楼上有詹天佑亲笔题写的"张家口车站"匾额，匾额上张家口车站下标注的英文名为KALGAN。

泥哨哨，砂吊吊，
金元宝上睡觉觉。

张家口蔚县自古出手艺人和能人，他们凭借手艺养家糊口，是行商和游艺人，足迹遍及大江南北。尤其在张库大道这条繁华的商道上，到处留有他们的身影和他们的手艺。泥哨哨，是蔚县民间艺人做的一种哨子。据说，一个蔚县人外出谋生，生意赔了，连回家的路费也没有了。于是，心灵手巧的他就地取材，用黄泥捏了许多泥哨，一边走一边吹，走一路卖一路，不仅挣足了回家的路费，蔚县泥哨哨也名扬晋冀蒙。现在，蔚县依然有泥哨这种民间工艺品。

砂吊吊，指蔚县青砂器，是蔚县传统手工艺制品，省级非物质文化遗产项目。青砂器采用蔚县西北山一带丰富的天然瓷土，当地俗称"矸子土"为原料制作而成。此土带有黏性，是制作青砂器的唯一原材料。矸子土可塑性强，具有单一配方成型的特点，细碾、过筛后，用此土捏制成型，再经1400摄氏度高温烧制，制成砂锅、砂壶、砂吊等各种生活器具。以物美价廉、用途广泛、性能特殊而久负盛名。明清时期，皇宫里用蔚县砂壶熬煎中药。

这首民谣不仅阐述了蔚县人心灵手巧、生存能力超强的一面，也是蔚县手艺人和手工制品在张库商道上能够占有一席之地的重要注解。

图3　蔚县青砂器

　　　晋泉源，晋泉源，
　　　不给利息也存钱。

晋泉源银号位于张家口堡二道巷1号，也称大德成钱庄。大德成是山西祁县乔家设在太原的大德亨总号在张家口的分号，后此院改为晋泉源银号。晋泉源是个百年老字号,在市面上信誉很高。张家口商人依托晋泉源存款办汇者甚多,人们把钱存进去放心,有利息无利息都无所谓。因此,民间有了此民谣。

> 有儿住碱店,
> 强如做知县。

  这是《万全县志》中记载的一首民谣,说明做口碱生意的人十分富裕。《万全县志》里还记载着张家口理事同知的年俸为"岁支俸银80两",七品县令的"养廉银"有800两,是其工资的十倍。如果家里子孙做了碱店生意,比知县挣得钱还多,可见当时口碱的利润是相当高的。在张家口从事口碱生意的人十分多,至今张家口还有碱店巷等街巷名称。

> 腰里一根鞭杆,
> 四季肚皮绷展。

  这句话里包含有两个民俗事项:
  一是,"牲口押运是张库大道的挣钱行当,押运人员被称为鞭杆。鞭杆们就是凭着一根鞭杆儿吃喝不愁发财致富,有的还成为名门大户"[1]。
  二是,"鞭杆公会"。据老人们回忆,清末张家口牙纪已

---

[1] 刘振瑛:《品味大境门》,研究出版社2010年。

经有了自己行帮组织，叫作"牙行"，后来还成立了"牙纪公会"，因为这些牙子以牲畜交易居多，腰里常别着一根鞭杆，民间也称之为"鞭杆公会"。这个公会地址在现今张家口大境门外西沟21号院，鞭杆公会门外就是交易牛的牛市。牙纪行凭借做经纪人，十分挣钱，

图4　2019年7月23日张库大道考察途中，作者（左）与张北马桥女马牙子学"袖里吞金"

四季吃喝不愁，历史上曾有牙子在桥上"一天挣五百银"的记载，所以才有了这句"腰里一根鞭杆，四季肚皮绷展"民谣。

　　　武城街的黄土能变金，
　　　武城街的石头能变银，
　　　武城街的掌柜能成精。

　　清末时期，张家口的规模不是很大，但是武城街的商品吞吐量却远远超过了当地的消费能力。武城街的生意与张库大道息息相关，是以大圐圙市场为主的一条商业金街。武城街位于堡子里外，与多家洋行、钱庄、大商号毗邻，这是这条商业金街得以繁荣的重要依据。

大圐圙的金子簸箕撮。

大圐圙，即库伦（今蒙古国乌兰巴托）。据《蒙古人民共和国史纲》记载：1888年，中国清政府开始向蒙古大量移民。当时，大圐圙有人口10万余人。大圐圙最多时汉人达几万。他们多数是从张家口来这里做生意的商人和小手工业者。据资料记载，"早期来到大圐圙的商人，几乎全部都是从张家口过来的晋商。康熙初年，有12家规模较大的商号常驻于此。他们每家选一名商董组成商会，称为'十二甲首'。在东营子造屋办公。恰克图中俄贸易开通之后，中原商人也越来越多，仅常年驻在东区的晋商就有1634人之多，驻在西区的京帮和直隶商人也不在少数。此外，还有大批俄国商人"。从张家口过来的晋商多是山西汾阳等地，张家口阳原、蔚县、怀安、万全等地，也有不少人到大圐圙做生意、开荒种地。

在东营子的商人以茶庄为多，以经营砖茶、生烟、绸缎、布匹等大宗货物为主。碎销商（经营小商品的商贩）在大圐圙习惯于用砖茶、生烟、哈达等物品作为市面交易。跑草地的碎销商贩争相进入大圐圙，有的占地经营成为坐商，有的以遛草地的方式成为行商。另有一大批人是来大圐圙当学徒的张家口人，学习马鞍、马镫等马具用品的制作技艺。

有文献记载："每当甘珠尔庙会期间，大圐圙成更是热闹非凡。"运往大圐圙的茶叶、布匹绸缎、瓷器、大黄等货物，俱来自张家口。商人们自用的日用品和米粮"向在张家口采办"。据1918年大圐圙税官统计,当年从张家口运货到大圐圙的骆驼和牛车数就高达18万峰辆。张家口商人几乎成了漠北草原市场的主角。在大圐圙从事经营的张家口商贩做着各种生意,因此来闯大圐圙的张家口人也越来越多,他们抱着发财梦想来到了这里,这里到处都是商机。

> 钱鬼子,皮贩子,
> 碎销疙蛋子,
> 挣钱发财一串子。

这是句俗语里包含有经商行当的事项。"钱鬼子",指开设钱庄票号,从事金融业的人;"皮贩子",指经营皮毛行业的人;"碎销疙蛋子",指在张库大道上从事货物销售的经营者。[1]

张库大道兴盛时,张家口商号云集,银行、票号、钱庄最多时达42家。张家口的银钱制造业是当时张库贸易的产物。俄商用做工粗糙的银花瓶、银盆罐及圣像等与中国商人交换,这些粗糙的银器运回张家口,被冶炼翻模制成了流通一时的"口平银",因为张家口金融业的发达,这里诞生了一批被称为"钱鬼子"的金融家。

"皮贩子"是当年对张家口大大小小皮毛业掌柜的统称。张家口以皮都著称,至90年代初期,张家口皮都称号都在全国

---

[1] 刘振瑛:《品评张库大道》,国家行政学院出版社2012年。

享有盛名。1928年前后,张家口粗皮行业兴盛时,曾有90余家作坊。张家口的新华街是当时粗皮作坊的集中地,裘皮制作是张家口一大支柱产业,直到90年代,张家口还有一皮厂、二皮厂等皮毛加工厂,后因体制改革,张家口皮都的盛名才衰落下去。

"碎销疙蛋子"是张家口土话,是清代和民国时期张家口人对所有出长城贸易的行商的统称,之所以"碎",是指销售的商品杂七碎八,全面烦琐,经营范围宽泛。他们在张库大道从事买卖,活动范围很广,经营种类繁多,拥有资金雄厚。

张家口老百姓把张库大道叫作"碎销道",在这条路上行走,也叫作"碎销","碎销"又称为"遛草地、出拔子、跑后草地"等,所以,从旅蒙商中的皇商、官商、豪商巨贾到货郎小贩,都属于"碎销"范畴。

从事这三种行当的,都是资金雄厚的商人,因此,都是挣钱发财的行当。

二、民间俗语故事里的张库大道

张库大道兴盛时期,在张家口经商的不仅有张家口本地商人,也有晋商,晋商在张家口发迹的十分多,因此,人们习惯把他们分别称为"口商"和"晋商"。有关张库大道的商业故事十分丰富,这些俗语故事用简短的语句,便概括出一个商业背后的故事。

李玉玺的嘴，

大黑狗的腿。

李玉玺生于1856年，张家口人。他生长的年代恰是清朝末年，当时张家口除了有日本、美国等国领事馆外，还有40多家举家而来的洋行。

据李玉玺的第四代堂侄孙李维华介绍："李玉玺家住在大境门外洋人聚集的元宝山。由于家境贫寒，李玉玺的母亲靠给洋人家当保姆维持生活。因此，李玉玺从小就和德国、俄国、意大利、法国、日本、英国等国的孩子们一起玩耍。长大后，他凭借多年的外语环境的熏陶，加之天资聪明禀赋过人，熟练掌握了多国语言，并逐渐成为驰骋张垣的著名翻译家。李玉玺长大后，专做中外贸易的经纪人。他主要参与张库大道的经营，成了张家口多家商号的专职翻译。"[1]"还承担皇家通事，和洋人谈判，与西方列强进行过多次唇枪舌战。"

李玉玺13岁时被大玉德商号掌柜梁威收为学徒。大玉德商号是专做对俄贸易的大商家。一天，商号来了两个法兰西人，掌柜梁威不通法语，就请恒立洋行的法国商人莱恩斯帮忙从中翻译。不料，莱恩斯为人奸诈，想把这桩生意拉到自家洋行，欺负梁威不懂法语，故意在价格谈判过程中，把对方出价翻译低，把梁威的还价抬高，结果双方谈不妥。莱恩斯便借机要把法国人拉到他的洋行。这时，正在斟茶的李玉玺用法语稳住了

---

[1] 刘振瑛：《品评张库大道》，国家行政学院出版社2012年。

两位法国商人,并婉转指出莱恩斯翻译过程中,把数字翻译错了。莱恩斯没料到一个小学徒能说流利的法语,便尴尬告辞。李玉玺顺利地为大玉德把生意谈成了,梁威十分高兴,对他倍加器重。后来,便给李玉玺在大玉德顶了一份股份。李玉玺凭借自己的口才顶了股份,成为张库大道上著名的翻译,被称为"万国通"。

大黑狗指的是大盛魁商队的一条护卫犬,曾奔波千里传递商业信息,让大盛魁赚了大钱,并顶了股份(后有详解)。

这句民谣在告诉人们只要有一技之长,就能发大财成大事的同时,也真实地反映出张库大道商战的精彩故事。

张大门瞎胡遭,
三年挣了钱两吊;
齐小门弯弯绕,
三年挣了个蓝呢轿。

这是两句劝解人们不要铺张浪费的民谣。来源于两位张家口商人的故事。

咸丰年间,张家口堡鼓楼西27号院,是北京一个八旗子弟开设的裕丰行杂货店。裕丰行有两个跑街的小伙计,一个是张家口人叫张玉成,一个是山西代县人叫齐平。张玉成平时大手大脚,遇事耍大样,花钱没谱。齐平做事低调很节俭,从不乱花钱。这一年裕丰行的东家撤资回京,临走时,给张玉成和齐平一人一笔散伙银。二人靠着这个散伙银也在张家口做起了小生意，成了小东家。当时张家口大境门外是一个大市场，所有的大小生意都围绕着这个市场转，所以生意人几乎天天都要进出大小镜门。

据说清朝时，人们从张家口的大境门和小境门出入都得向门关交钱。男人过大境门交两文，女人过大境门交一文；男人过小境门交一文，女人过小境门交半文。张玉成学着大商号的样子掏两个子儿，出入图个省事儿，讲究气派。齐平不嫌麻烦，总是多绕几步路走小境门，省点钱。时间久了，人们就叫张玉成为张大门，叫齐平齐小门。有一年，俩人商议着办一批货物，雇驼队去了大圐圙。到大圐圙转了个手，又置办一些年货去了恰克图。到恰克图后，他们看到了繁荣的市场和无尽的商机，于是就留了下来。这一留就三年，三年间挣了不少银子，只是张大门能挣也能花，回来时所剩无几，还是个小商人。而齐小门处处节俭，积累了不少银两，回来后做成了一个自己的商号，成为养得起蓝呢轿的大掌柜。所以张家口人说："张大门瞎胡遭，三年挣了钱两吊；齐小门弯弯绕，三年挣了个蓝呢轿。"

你别兴，你别抖，
你比不过大盛魁的一条狗。

这是一条劝诫人们不要得意忘形，要低调做人的民谣。故事来源于大盛魁的护卫犬在柜上顶了生意股份的故事。

大盛魁商号是清代山西人开办的最大的贸易商号，极盛时有员工六七千人，商队骆驼近两万头，活动地区包括内蒙古、新疆，以及俄国等地，其资本十分雄厚，各处分号众多。大境门外正沟也有大盛魁分号。分号王掌柜有一条狗，平时常跟随商队来往于张家口至库伦的商道上。据说那年康熙驾崩，蒙古各部王爷为表忠心，要买白布戴孝，一时间库伦白布货源奇缺。王掌柜在库伦得知消息后，想让张家口这边组织货源，但因为时间紧急，如果自己返回必然会错过商机，于是他把信件挂在狗脖子上，让随队的大黑狗返回报信。通人性的大黑狗千里奔跑，回到大境门分号，成功传递了商业信息，大盛魁分号也因此大赚了一笔。为纪念这条忠犬，便给了狗股份，称为狗股（也有其他相似传说，但都说明了大盛魁有狗股一事）。

    范家大门，范氏贩铜，
    出了国门，毁了家门。
    范氏贩铜，越贩越穷。

  这两句俗语是对八大皇商之一范永斗家从兴盛到衰落的感慨。

  范氏是指的八大皇商之一的范永斗家族。清康熙年间，范氏家族抓住了军中市场的商机，创造了财富传奇。到康熙、雍正、乾隆三朝，范氏家族多次"力任挽输，辗转沙漠万里，不劳官吏，不扰闾阎"，为清王朝输送军粮百万余石。范氏家族还为清政府提供军饷，做出了巨大贡献。后在随军贸易的过程中,他们没有放弃张库大道的生意,沿途贩卖与蒙古人进行交易,用日常生活用品换取牲畜及畜产品。

康熙末年,范氏家族利用皇商特权,一面经营着对疆贸易,一面扩大了经营范围,增加了铜、盐的运销和其他商务。随着清初社会经济的恢复和发展,社会货币流通量大幅增加,作为当时主要货币的铜制钱出现严重不足。于是清政府允准各地铸造铜制钱。由于铜原料有限,于是清政府批准商人到日本购买铜斤。当时承办这种业务的人称为"洋铜商"。

范家也由内务府批准承担了一部分贩运洋铜的业务,从此范氏在贩铜行业中占有了相当大的比重,拥有洋船六七只,成为洋铜商中的大户,获取了巨大的利益。但是,随着清政府政治环境的变化,对外商务也日渐衰落。到乾隆四十八年(1783),范氏铜业亏损日深,以致"上年误运误课,拖欠官项累累","亏损至一百五十多万两之多",范氏家族被革职、查抄,昔日世袭皇商一夜之间成为阶下囚。因此说,范氏家族是因为把主要经营放在对日本的贩铜贸易上,导致了家族辉煌历史的终结。

> 啕赖庙两千七,
> 又领工钱又坐席;
> 石匠窑子多了四十九,
> 赔了工钱白磨手。

这是当年开筑大境门制作大门扇留下的民谣。其意思,可以理解为聪明反被聪明误。这里面包含城门制作的民间工艺技术。

张家口开筑大境门工程,是为了与草原蒙古部落表示友好,朝廷专门派了名叫哈利的重臣来监督。哈力听从地方官的建议,把制作大境门的工程交给了当时的西沟石匠窑村和崇礼嗨赖庙村造老倌车的两个修车匠。

嗨赖庙修车匠叫田运旺,石匠窑村的修车匠叫董德。哈利把制作门扇的尺寸规划安排后,约定每个门工钱50两银子。田车匠问铁皮用什么钉钉嵌?哈力说,你修牛车的钉子就行。董车匠又问,门钉数量有没有限制和要求?哈利随口说,从你们家门口算起,到圐圙营子有多少里,就钉多少个钉子。于是,工匠们开始加班加点地做工。但到结工钱的时候,监工的王汉文专管钱财,却私吞了千两银子,所以他就想对工匠们进行克扣。石匠窑和嗨赖庙的工匠们把两扇大门做好,运到大境门安装。王汉文左看右看挑不出毛病,突然想起了门钉数量,就问工匠们钉了多少个钉子。嗨赖庙的工匠说2700个,石匠窑的工匠说是2749个。王汉文然后问嗨赖庙为什么钉2700个?工匠说,往返我们村子到圐圙营子不多不少正好2700里。石匠窑工匠说,他们村到圐圙营子比嗨赖庙远了50里,所以钉的是2750个钉,但是钉到后来,他们想留下一个当个念想,所以就钉了2749个钉。这下,王汉文逮着理由了,说你们为什么少钉一个钉子?工匠们一愣,王汉文说少一个钉子就是没有按规矩办,别看你们多钉了49个。结果石匠窑的工匠尽管比嗨赖庙的工匠多钉了49个钉,却因为少钉了一个而被扣了工钱。后来人们将他们的故事编成了俗语，警示后人。

三、结语

2019年7月，我跟随中国民协专家组对张库大道进行了实地考察，不仅对这条商道的辉煌历史有了清晰的认识，更挖掘出许多鲜为人知的历史故事。迷雾散开，这条商道不再是模糊的概念，而是以真实的面目铺陈眼前。如果再进一步探讨下去，或许会有更多的惊喜等待着我们。

附：张库大道考察中的惊喜碰撞

大境门内市台庙大蒙靴之谜

在张家口学者刘振瑛老师主编的《品味大境门》一书中，记载着这样一个谜："在来远堡北城墙上的关岳庙中，除供奉关帝和岳飞外，东边一个偏殿还供奉着一双大蒙靴。笔者（刘振英老师）小的时候（大约20世纪50年代），曾经在市台庙见到过这双一米多高的大蒙靴。但供奉大蒙靴的是何人？为什么要供奉一双大靴子，却一直是个谜。初步推测供奉大蒙靴可能有几层含义：一是来远堡祝愿从远方来的穿着蒙靴的蒙古族兄弟一路顺风；一是跑后草地的汉族商人祈祷生意顺利，路途平安；一是张家口上堡十几家蒙靴铺子祈求生意兴隆。除此之外也可能还有其他不为人知的含义。"

当读到此处时，我心里不禁一动，既然是蒙靴子，那一定与蒙古族有关，于是我马上给正蓝旗民俗学家、旗正协文史委主任特古斯发去微信，请他从蒙古族文化研究角度来分析一下，这是何意？没想到特古斯立刻说，他知道这个靴子的故事，于是他找出了蒙古文版的《蓝旗民间故事》一书，其中《搏克手毕力格图的传说》正与张家口市台庙中的供奉靴子的事情相吻合。他将故事翻译成汉语发来，我惊喜不已，原来很多的传说都是有它真实的出处，只是等待我们从多角度论证。这是张库大道考察中的惊喜碰撞。

搏克手毕力格图的传说故事

清朝时期张家口居住着一位叫毕力格图的搏克手（摔跤手），他长得体魄健壮、高大魁梧，力大无比，曾与俄罗斯大力士比力气获胜，承蒙皇恩，成为皇家搏克手。

有一年，张家口爆发大水灾，大水从山上滚滚而来，淹没了大街小巷和百姓房屋，搏克手毕力格图见势不妙，到塞头坝上抬起一个蒙古包大的巨石堵住了那个发水口，挽救了不少生命，从此得到百姓们的爱戴。

搏克手毕力格图去世后，人们为了纪念他，在大境门内市台庙上供奉起了他的一只靴子和其他遗物。据说那靴子非常硕大，常人穿着靴子都能穿进去。据传说在居庸关上还悬挂着他的一只肩胛骨，想增加力气的人，把那个肩胛骨啃一啃就能增加力气成为搏克手。

当年供奉的遗物里，还有他的武器，铁套、木棒子等，笔者认为他或许也是当时大境门的守卫。

[布仁毕力格供稿（蒙古文），格·特古斯译]

论张库大道对康保二人台艺术的影响

郭义有*

我国民族艺术璀璨瑰丽，戏曲形式丰富多彩。康保二人台就是戏曲百花园中秀丽的一支。起于元、行于明、盛于清的康保二人台，经过历代民间艺人及文艺工作者的不断加工、提炼，到现在已成为弥足珍贵的民族民间艺术珍宝。自元代以来，在蒙古高原的边缘地带，流传着诸如"蹦蹦儿""戳古董""烂席片"等广受百姓喜爱的民间小戏，即成为康保二人台的前身。在其流传嬗变的历程中，受社会环境、地理区位、民间习俗及方言习惯的影响，形成了独具一格的地域性特性。康保二人台在演唱时人物塑造生动、化入化出；曲调悠扬高亢、行云流水；舞蹈淳朴粗犷、生动而富有活力；节奏明快，朗朗上口。从而也使康保二人台具有了短小活泼、花样繁多、结构紧凑、幽默诙谐、朴实健美等艺术特色，具有浓厚的乡土气息。2006年被国家文化部纳入首批国家级非物质文化遗产保

---

* 郭义有，康保县非遗保护中心主任。

护名录。康保二人台的百年兴衰，书写了历史年轮的沧桑，记载了坝上人民的喜乐，见证了时代的发展，也与张库大道的漫漫征程有着紧密的关联。

一、张库大道的形成与二人台艺术的渊源

张库大道是从张家口大境门外西沟出发，经张北、康保、宝昌向北至库伦（现蒙古国乌兰巴托），并向北延伸至俄罗斯恰克图的古商道，是一条兴盛了数百年的国际商道。在张家口以南则又分成数条支线，分别通向福建武夷山、山西运城以及中原粮仓河南等地，每年都有大量的茶叶、粮食及生产资料和生活用品，从内地运往草原深处。可见，这是一条连接内陆与外界商埠的要道。因此，大量的闽商、晋商、冀商，常年往返于张库大道，不仅打通了贸易通道，也将内地的道情、社火、秧歌带到了张库大道的沿线地区。生活在社会底层的穷苦人，为了讨一口饭吃，便纷纷出口外，跑大圐圙（库伦），人道是"大圐圙的银子簸箕撮"，所以吸引了很多人，这其中不乏有许多民间艺人，他们或行走江湖做生意，或跑龙套跟帮，或开店养家，还有的干脆就以卖艺为生。

（一）会唱二人台的老倌

行走在张库大道上的有相当一部分是来自山西的晋商，山西是二人台发源地之一，当地百姓对二人台十分钟爱。生意人自己赶着老倌车，或者驼队行走在茫茫草原，辽阔空灵的蒙

古高原，使他们心旷神怡，于是亮开嗓子喊两声二人台"抓口曲"："太阳一出哟红艳艳，赶着马儿上草原，卖掉了货物换回了钱，老少家人好过年……"

老倌车出口外，多以秋冬季打了丰收以后出发，过年时（年根底前）返回。我的父亲就是赶老倌车的，从19岁执鞭走口外，到65岁时歇手，干了46年。他是跑短途，从万全洗马林、怀安北沙城一带收购小米、瓜子、辣椒、木料、席子、犁铧等生产、生活用品，用三套马车运卖到康保邓油坊、商都黑沙土、化德朝阳一带，换卖成莜麦、胡麻籽，然后再加工成莜面粉，拉到口里售卖。如此周而复始，往来反复。我很小的时候就随父亲跟车打眼（用特制木滚在马车上坡时支住车轮，防止下滑），一趟单程走三天，那时的气候比现在的恶劣，每到冬天滴水成冰，为了御寒父亲总是带一壶烧酒（有背带的水壶），冷得不行了就喝上一口。一壶酒能坚持喝一天，即便是这样恶劣的环境，父亲仍时不时地喊一嗓子二人台，一来打发漫长的时光，二来给车队的其他伙伴解闷鼓劲。

（二）附和的跑龙套伙计

常年奔波在张库大道上的人很辛苦，晓行夜宿饥餐渴饮。为了便于搬运，他们运送的物品大多装成大袋或者木质箱柜，十分笨重。每辆老倌车的标配，是一位老倌（赶车的），另加一个跟车的。两人搭档装卸车，减轻搬运货物的劳累。跟车人可以是合伙人，亦可是家人、亲戚，实在没有帮忙的，就得花钱雇用一个人来，但前提是必须诚实可靠。这些跟车的人，往往与车倌关系很好,在长期相处中配合默契,车倌喊唱二人台时,跟车人也会附和接上下句,这样一辆车就是一个小戏班。在辽阔的草原上,漫长的旅途中,嘹亮的二人台"抓口曲"成为张库大道上一道别具特色的风景线。"抓口曲"又叫"烂席片""戳古董",即没有固定格式,没有固定唱词,用的是二人台曲调,自编自演自唱,看到什么唱什么,想到什么唱什么。正所谓:"眼前景心中事,梦回故里想家室,父母兄弟手足情,邻里坊间长短知,信手拈来谱新曲,都是旅人好歌词。"

(三)雇戏班的车马大店

据《张家口文史资料》记载:"张库大道历史悠久,这条商道作为贸易之途,大约在汉唐时代已经开始出现茶的贸易,大约不晚于宋元时代。"从中可以看出,早在明朝之前,中原地区与北部草原就有了商业往来。而张家口是中原地区与边疆少数民族贸易的必经之地,忽必烈建立元朝定都大都(今北京),将统治中心从漠北蒙古高原迁往中原地区。为了加强各民族之间的友好往来,以及对广阔疆域的管理,元政府在全国设立驿站1500多处,单是岭北行省所属的驿站就多达119处,从而形成了以大都为中心通往全国各地的驿道交通运输网。

除了官方驿站外,在张库大道上还星罗棋布着各具特色的车马大店、牛羊大店、骆驼大店。这些店家为了招揽生意,八仙过海各显神通,有的店家就在院墙外边建起了戏台班道,俗称"班道",也包含戏班子的意思。这些班道的出现,极大地推动了二人台艺术在坝上地区的繁荣和发展,知名的有:叶禄班、二老板班、丁五子班、游八子班、徐家班等。他们活跃在沿坝头以北的数百千米内，为往来客商和当地居民演唱。到清末民初已逐渐形成集化妆、表演、舞蹈为一体的二人台雏形，被称为"打玩意儿""平地楼"。

康保二人台形成的确切年代并无历史记载，据老艺人乔发旺（乔七子，93岁）回忆，他听师傅水上漂讲述，清光绪初年就有了业余性质的二人台演出"班道"，距今有130余年的历史。康保二人台是张家口地区最具代表性的剧种，早期被人们称为"玩意儿"或"蹦蹦儿"，在其发展过程中，无论是曲牌剧目、音乐唱腔，还是表演技巧，都走出了一条独具特色的艺术之路。康保二人台剧目大多表现的是坝上地区普通民众在平凡而艰苦的环境中，对生活和情感的追求。诙谐幽默风趣的语言，和质朴活泼的表演风格，与张库大道生生不息的进取精神一脉相承，深深地植根于民间的土壤之中，呈现出不朽的生命力。她不仅给张库大道上孤独寂寞的商旅带来欢乐和愉悦，也给后世传承奠定了良好的基础，并具有极其深远的影响力。

（四）民间草台班的兴起

随着时间的推移，二人台艺人由兼职小唱、自娱自乐的形式逐渐转化为专职艺人，并由单人卖艺发展为组班演出。据《二人台艺术通典》记载：清宣统年间，叶禄（艺名拆散人家，1886—1973）与一些民间艺人自发组织唱"蹦蹦儿"，常年活跃于张库大道沿线张北、康保、化德及周边地区。同班艺人有：刘德堂（艺名霍拉里，原为毡匠）、屈进山、卒万村

（艺名麻到底，1880—1960，麻到底有两个徒弟，艺名六宫卯、七富卯，是兄弟两人，同唱旦）、王玉梅（艺名一点红、闪断腰，拆散人家的徒弟，1885—1953）、朱二骡（绰号狼儿子，拆散人家的徒弟）、三娃子（奶名，约生于清光绪十一年——1885）等。乐队有：曹丕玉（四胡，艺名锯倒山）、冯子存（枚，艺名吹破天）。他们均是山西阳高人。原本从事的大多是毡匠、毛毛匠或其他行业。由于有二人台表演的特长，逐渐由业余转向专业，并开始收徒弟传承技艺。

同时期出现的草台班还有：

二老板班。二老板，原名不详，山西天镇县人。民国九年（1920）来张北县，后在馒头营新地坊落户，无后代。20世纪20年代在馒头营教过一班二人台徒弟，其中有二毛旦、四贺喜喜、武佃义、张文（均已故）、劝玉（现住张北县单晶河）、孟四秀（现住张北郝家营乡树根营村）。二老板班在张北县的公会镇、馒头营、庙滩一带演唱35年左右，也曾在康保县南部和尚义县东部一带演唱。到日本侵略军侵占时期又在庙滩教过一班二人台，当时二老板已近60岁。二老板教戏认真，被誉为多才多艺的教师，生旦丑都能教，而且在艺术上有很高的造诣，也可以说是张北二人台班的班主之一。当时演出的剧目有《要女婿》《聘闺女》《串河湾》《后继母打孩子》《害娃娃》等共50余出（此时并无完整故事戏出现）。

丁五子班。班主丁义祥（艺名丁五子），民国十七年（1928）组建。搭班的有孙廷高（四朵花）、吕宝善（水仙花）、冯子存（吹破天）、王义（吹塌天）等人，主要在康保一带演出，一般是农闲演出，农忙打短工。剧目有《走西口》《回关南》《送情郎》《打金钱》《挂红灯》《小寡妇上坟》《后继母打孩子》《要女婿》等。1936年，康保县伪公署在县城建俱乐部，丁五子戏班进入俱乐部演出，一度成为职业班社。

游八子班。班主游占奎（艺名游八子），民国二十三年（1934）组建。搭班的有：大肚五子、武生子、高八子等人。初期为季节班，闲时演出，忙时务农。康保县伪公署在县城建俱乐部后，进俱乐部演出成为职业班，人数最多时18人。常演剧目有《妓女告状》《大烟鬼卖老婆》《抽洋烟》《老爷爷骚媳妇》《小叔子挎嫂嫂》等。在《钉缸》中首创"打摔子"，开康保二人台武打之先例。该班社1952年解散。

徐家班。班主为徐有、徐瑞兄弟，民国二十三年（1934）组建。搭班的有邓子平、李发、玻璃旦、冰糖旦、十二灰、白三子、蒙古丑等人。演出剧目有《走西口》《回关南》《后继母打孩子》《害娃娃》《四大拉杆》《大烟鬼自叹》等。1936年，曾进入康保县俱乐部演出，1940年解散。

二、张库大道的故事与二人台剧目的前世今生

康保二人台艺术的最基本特征是民歌化的小戏曲，发展到今天有四个不同的存在形态，即民歌形态、说唱形态、秧歌形态、戏曲形态，张库大道上的二人台表演多以打地摊的形式表现。表演者用地方方言，加表演动作的说唱来交代故事情节，表演者时常一人饰多种角色，演唱时人物化入化出，模拟各种

人物形象、介绍环境、渲染氛围，一般以叙述为主，代言为辅，借以秧歌、舞蹈等夸张动作烘托气氛。后经过艺人们数年的摸索、糅合，逐渐形成了以化妆、表演、说唱为一体的民间艺术形式，俗称"蹦蹦儿""戳古董"。在内容上将发生在生活中的真实故事、重大历史事件、节庆活动和社会传闻等反映出来，包容了人民群众的喜怒哀乐、生活情趣、爱情故事和美好愿望。

（一）《挂红灯》

唱词：

哥：正月里来是新年　妹：纸糊的纱灯挂在门前
哥：风刮纱灯陀螺转　妹：越刮越转越好看
哥：曾吧伊巴曾吧曾　妹：红花一花红
哥：红花一花红花红　妹：绿呀绿圪茵茵
哥：那红灯　妹：那绿灯
合：红灯绿灯真呀么真袭人
哥：二月里来刮春风　妹：三妹妹站在门前就把三哥哥等
哥：我有心上前去提亲　妹：只羞得三妹妹满脸脸红
哥：曾吧伊巴曾吧曾　妹：红花一花红
哥：红花一花红花红　妹：绿呀绿圪茵茵
合：送一只手镯表一表心
哥：三月里来桃杏花花开　妹：情意相投口难开
哥：桃花杏花我不爱　妹：绣一只荷包送给三哥哥戴

哥：曾吧伊巴曾吧曾　　妹：红花一花红

哥：红花一花红花红　　妹：绿呀绿圪茵茵

哥：那红灯　　　　　　妹：那绿灯

合：红灯绿灯真呀么真袭人

哥：八月里来月儿圆　　妹：西瓜月饼供老天

哥：西瓜沙来月饼甜　　妹：不如三哥在眼前

哥：曾吧伊巴曾吧曾　　妹：红花一花红

哥：红花一花红花红　　妹：绿呀绿圪乜茵茵

合：不如我三哥哥在眼前

哥：十月里来进了冬　　妹：我和三哥配成婚

哥：终生相爱心连心　　妹：白头到老永不分

哥：曾吧伊巴曾吧曾　　妹：红花一花红

哥：红花花红花红　　　妹：绿呀绿圪茵茵

合：白头到老永不分

　　故事通过正月十五挂红灯展开，妹妹把对哥哥的纯真爱情，全部寄托在红灯上，再用绿灯、春风、红花、手锤，桃花、杏花、荷包，月儿、西瓜、月饼，逐渐加持铺垫，引向深入，表达了穷苦大众淳朴而真挚的感情。反映了当时社会环境对青年男女婚恋的束缚，只有自己不懈地努力，才能最终"我与哥哥配成婚……白头到老永不分"。冲破束缚，有情人终成眷属，这也是生活在社会底层的人们对美好生活的向往和愿景。

（二）《走西口》

唱词：

哥哥你走西口
小妹妹地那个实难留
有几句痴心的话
哥哥你记心头
走路你走大路
不要走小路
大路上的人儿多
拉话话解忧愁
哥哥你走西口
小妹妹送你走
手拉着那个哥哥的手
妹妹我泪长流
走路你走大路
不要走小路
大路上的人儿多
拉话话解忧愁
哥哥你走西口
小妹妹送你走
手拉着那个哥哥的手
妹妹我泪长流

《走西口》讲述的就是一个新婚男子被生活所迫，不得不离家别妻，踏上张库大道，走口外讨生活。西口即杀虎口，东口即张家口，商旅从不同地方出发，最终汇聚到张库大道通向库伦（今蒙古乌兰巴托）的方向。故事通过妹妹对哥哥临行前的嘱咐，表达了妹妹的一生痴情，以及对爱情和美满幸福生活的笃信，以"大路上人儿多，拉话话解忧愁"，"手拉着哥哥的手，妹妹我泪长流"两组生活细节，深刻刻画出了女主人公的内心世界，真诚、细腻、刻骨铭心。反映了当时千千万万个家庭为了追求幸福，所面临的艰难选择，通向草原的万里茶路就是他们的希望和改变命运的途径。

（三）《拉骆驼》

唱词：

> 一出大门扬了一把沙双手手擦泪我上不了个马
> 马蹄蹄踢来铜铃铃响我把哥哥的心揪上
> 走三步来退两步我把哥哥的腿抱住
> 你看一看我来我看一看你呀难说难道咱们两个难分离
> 长脖颈骆驼细毛绳绳拉不知道哥哥你游活在那儿
> 你好比十月的沙蓬无根根草那儿哪刮住那哪儿好
> 长脖颈骆驼细毛绳绳栓哥哥这一走妹妹我好心酸
> 再不要想来再不要哭谁家的亲亲常守的

一曲《拉骆驼》，道不尽的心酸无奈，说不完的离愁别苦,每一次出发都双手挥泪,每一次马蹄踢踏,都揪在心上……《拉骆驼》就是张库大道上拉骆驼人的真实写照。他们一人拉数峰骆驼,驼峰载着沉重的货物,前进时以驼铃为号,前后照应。每一次远行短则二三个月,长则半年左右,也有特殊情况的一走好几年。我母亲的老姨夫就是一个拉骆驼的,老家河北阳原,做皮货生意,说去海拉尔卖皮货,一走就是12年。这种案例并不鲜见,留下家中的孤儿寡母苦苦坚守,每遇外出回乡的,就赶紧去打听消息,问见没见到自家男人。这个剧目充分反映和记录了张库大道上生意人的生存环境与生活现状,给后人留下了几多唏嘘感叹。从侧面为华侨多为阳原、蔚县人的历史史实,提供了佐证和可靠依据。

(四)《刮野鬼》

唱词:

人在外头心在家家里头留下一朵牡丹花
有心我出去把哥哥你拉刮野鬼的哥哥不知道你游活在吃那
为人找不下个好女婿倒不如跟上哥哥刮野鬼
有心和你把野鬼刮,出去和哥哥说上两句知心心话
为人找不下个好男人,不如出去卖凉粉

《刮野鬼》开场即"人在外头心在家,家里头留下一朵牡丹花",表达了奔波在外的男主人公对家的思念,对妻子的深

情眷恋。这个故事取材于张库大道上的商旅人家,经民间艺人二度加工提炼,用简洁明快的语言,寓意深刻的比拟,大胆豪放的道白,淋漓尽致地刻画出了男主人公的内心世界,人物形象鲜活灵动、触手可及。通篇不长,但将人物生存环境的不容易,内心世界的纠结,男子的深情眷恋,女子的幽幽哀怨,都交代得十分清楚。此剧流传盛广,影响深远。时至今日,仍是漂泊在外人们对家的寄托,茶余饭后久唱不衰。

(五)《五哥放羊》

唱词:

正月格里正月正,正月(那个)十五挂上红灯,红灯(那个)挂在哎大来门外,单(那个)等我五哥多会儿上工来。

三月里刮春风,五哥放羊转周村,羊群在前五哥人在后,只瞭见黄尘瞭不见五哥的人。

五月里五端,阳江米粽子撒白糖,白糖红糖你给哥哥都撒上,问一声五哥香不香。

七月里豆角白,我给五哥做上一对鞋,你给哥哥做上一对牛鼻鼻鞋,五哥穿上兜根儿兜根儿,叠叠劲劲眈小妹妹来。

九月格里秋风凉,我给五哥做上衣裳,小妹妹拿出一件件花衣衫,改来一改(那个)领口里面穿上。

十二月一年满,我给五哥算工钱,算盘一响卷铺盖,

我与我（那个）五哥咋能离别开

张库大道的兴盛，使许多人发家致富改换门庭，实现了人生的梦想。《五哥放羊》讲述了一个致富后财主家的姑娘，爱上了放羊的五哥哥的故事。从正月里等五哥哥来上工，三月里刮春风，瞭见黄尘瞭不见五哥的人，五月端阳吃粽子，七月九月做鞋做衣裳，以叙事的手法渐次铺陈，真切而温暖。然而转眼"十二月一年满，我给五哥算工钱，算盘一响卷铺盖，我与我（那个）五哥咋能离别开"的纠结跃然纸上。一段美好的爱情，却因为身份地位的差异，面临离别的挑战，但又呐喊出"咋能离别开"？给人留下了无尽的悬念，令人遐想发人深思。

透过这个故事反观历史，张库大道的兴盛和繁荣，给中蒙俄沿线老百姓带来了巨大利好，对经济、文化、社会进步都起到了极其重要的推动作用。

三、张库大道的精神对二人台器乐风格的渗透

传统的二人台伴奏乐器有枚、四胡、扬琴、翁子（二胡上弹簧钢丝码，演奏时有马头琴味道）。打击乐有鼓、锣、镲、莲花落、四块瓦、梆子等。枚、四胡、扬琴被称为"三大件"，是二人台文场戏使用的主要乐器，在二人台唱腔伴奏音乐中，三大乐器互相依托，互相弥补，发挥各自的长处，紧密配合，形成了特有的二人台音乐伴奏风格。这些乐器弹奏出的音乐，铿锵有力生生不息，其中渗透着张库大道上流淌着的那

种坚强不屈、永不言弃的精神。其制作都源于生活用品，就地取材、即取即用，简单实用方便，发音洪亮明快。

（一）文场

文场，即音乐伴奏。康保二人台艺术早期主要乐器有枚、四胡、扬琴，后不断增加乐器，如三弦、琵琶、唢呐、二胡、贝司、大提琴等，现代曲目中还增加了铜管乐器（小号、长号、长笛、单簧管等）、电声乐器。

1.枚

即笛子，艺人们称为"哨枚"。康保二人台的笛筒比较粗，演奏时需要气息运用得当，气要冲，使气灌足笛筒，才能发音准确。因为是平均孔，给转调带来一定困难，全靠气息的控制、运用，配合指法的运用来共同完成。因此，二人台笛子指法变化多，艺人们各有自己的习惯吹奏法。传统的康保二人台笛子，使用的是民族固定的调指法，即筒音为A，第二孔为调式主音位置。调式变，指法不变。

2.四胡（四股子）

四胡是由琴杆、琴筒、轴子、弓子构成。轴子用黄杨木制成，琴杆用紫檀木或红木制成，弓子为78.5厘米的藤条，弓毛用白马尾。四胡定弦，本调一、三弦为下调2，二、四弦为下调5，五度定弦，里空弦为C，调式主音固定在"里空弦"这个位

图1　四胡

置上，调式变，基本指法不变。在康保二人台传统牌子曲中，四胡用相当于现代中胡用的丝弦，后改为钢丝弦，现在用中胡弦。

3.扬琴康

康保二人台也称扬琴为"打琴"。传统康保二人台伴奏，使用的是两排码的小扬琴、八路琴弦，所以叫八音琴，也有九路琴弦的。扬琴定调，下调是基本调。八音琴是清末民初活跃在张库大道上的主要乐器，现在很少见到，仅从老艺人的口传中找出它的形制。由于八音琴只有两个八度，转调十分困难，一般较少奏旋律，只奏骨干音的八度音、属音、下属音等几个和音，艺人们称"垫底"。因而，就要求琴键不过河、不越档，左手奏左档，右手奏右档。随着时代的发展，二人台扬琴逐渐变为十四路、十六路、十八路，发展到今天，已成为转调扬琴。

（二）武场

武场，即打击乐器。最先使用的打击乐器为梆子、四块瓦、竹板，后将其他剧种的打击乐也引入，如板鼓、手板、镲、锣、二堂鼓、碰铃等。现在将这些打击器共同使用，形成了"康保二人台"戏曲完整的武场伴奏。

1.梆子

梆子，是康保二人台传统乐队中常用的一件打击乐器。当初老倌儿车唱二人台时，用鞭杆敲击车辕，感应配合唱腔音乐节奏。后发展为红木制成，一粗一细，粗的称为"木梆"，细的称为"子梆"。梆子在乐队中主要是根据乐曲的板眼变化，在有"板"处敲击，以强调板式变化，同时还掌握着乐队演奏中的速度变化。

2.四块瓦

四块瓦是康保二人台音乐中很有特色的打击乐器，它是由四块长15厘米、宽5厘米、厚1厘米的竹片制成，弯状如瓦片，故名四块瓦。四块瓦这件乐器，最初是二人台抓口曲演唱者使用，就地取材找两块儿瓦状竹板，一头缀上红绸条，边打边唱边舞，用肢体语言体现乐曲和演唱内容的情绪起伏。后来，二人台艺人打土摊演出时作为道具使用，慢慢地成为康保二人台伴奏乐器的重要组成部分。四块瓦发音清脆响亮，它掌握乐曲的情绪，轻重缓急，抑扬顿挫的发展变化，是一种节奏明快的乐器。

3.其他打击乐

锣鼓是传统的康保二人台所独有的打击乐器，最早民间唱二人台替代锣鼓的是瓷碗、铜盆，即取即用，用后回归原位。演出前为了招徕观众用锣鼓打通儿，演出中则用锣鼓击节伴奏造气氛。打击乐除了锣鼓外还有莲花落、镲，由于人手少演出中锣也很少使用，经常用的是鼓、镲和莲花落，它不像其他戏曲剧种那样有成套锣鼓经，而是随着唱腔曲调节拍在过门中敲击，鼓点儿基本上是从高跷调、武社火中演变来。打击乐只有鼓和小镲敲击，还有一些专用锣鼓配合的场面如《大钉缸》的开打等，是从晋剧等剧种搬来的锣鼓点儿。

这些二人台乐器均为干货，没有花架子，追本溯源都是来自生活用品，后演变为舞台道具或器乐。比如：舞蹈用的霸王鞭，当初就是自身护卫的打狗棍；耍手绢，当初是老倌儿们为了烘托气氛随手把玩的帽子；彩带绸条，是防寒系皮袄的腰带。二人台是穷人的艺术，她的根脉、她的精血来自张库大道上数代亦商亦艺老倌儿的浇灌、哺育和传承，可以说南北融合、农牧融合，造就了康保二人台艺术的特殊体质和坚强的生命力。

四、结语

康保二人台是张库大道的衍生文化现象，其不断发展壮大、传承延续，得益于张库大道南北文化大交流、大碰撞、大融合、大贯通，形成了夺目的文化结晶。虽然张库大道历经历史的衰落，但是随着"一带一路"倡议的实施，必将为沿线人民群众的生产生活、经济文化带来新的生机和发展机遇。康保二人台也迎来了新的春天，正在迎着朝阳舒筋展骨，唱响更加广阔的天地大舞台。

保护古堡文化遗存　展现"一带一路"风采

陶立璠[*]

2012年6月，本人有幸参加了在河北蔚县召开的"晋冀鲁豫辽五省历史文化名村名镇村镇长论坛"，来自五省的131名村镇长参加了会议。按照会议组织和主持者河北省文联副主席、省民协主席郑一民先生的话说："村主任是基层的代表，名村名镇的保护离不开村民，请代表村民的村长镇长参加，就最有意义。何况，保护好了，最受益的也是他们，只有他们重视了，古村落的保护和发展才能真正落到实处。"这段话的意义在于，确认了传统村落保护的主体，即传统村落的保护离开了村落居民，离开了村落事物的主持者——村主任和镇长，就有可能流于形式，传统村落自然也就得不到有效的保护。

我不止一次参加过郑一民先生组织的村主任、镇长论坛，获益匪浅。2012蔚县论坛对我而言，最大的收获是参观、考察了蔚县的村堡及村堡文化。在当前全国展开的传统村落保护

---

[*] 陶立璠，中央民族大学教授。

中，中国北方地区的古村堡保护具有非常特殊的意义。因为它不仅分布地域广阔，而且在中国传统村落建筑中，是一种独特的建筑空间和文化空间。如果保护得好，它和福建地区的土楼建筑一样，同样具有世界文化遗产的意义。

一、村堡文化是古老坞壁文化的延伸

河北张家口地区的村堡建筑数量之多、保存之完整，在全国村堡文化中是十分罕见的，它已经引起许多建筑学家、民俗学家和旅游部门的关注。河北属于中原地区，村堡遗存如此之多，如果将中国西北地区的村堡文化进行综合考察，将会使中国传统村落的保护出现新的局面。

中国的村堡建筑始于何时尚无定论。但从其建筑传统而讲，无疑是古老的都城建筑的延续。考察村堡建筑，我们会看到这一建筑，无疑是吸取了都城建筑的防御功能，缩小规模，用于传统村落建筑之中。从村堡的分布地域来讲，主要是在中国的北方地区，尤其是古老的长城沿线。河北、山西首当其要。这一地区不仅长城建筑最为雄伟，而且村堡建筑星罗棋布。如果我们沿长城向西行进，直到甘肃的嘉峪关，会发现村堡建筑是北方边陲地区最古老的村落建筑之一。我的老家在甘肃河西走廊，这里几乎村村有堡。我家所在的村落就叫源泰堡子，附近还有萧家堡子、马家堡子等。源泰堡子是杂姓居住的村堡，而萧家堡子、马家堡子是同姓居住的村堡。这一地区还有以古代烽火台命名的村子，烽火台又叫"墩子"，兰州新区就有叫山子墩、四墩子、五墩子、六墩子的村子，这些村子中同样建有村堡，供人们休养生息。

谈到古堡的形成，不能不联系到古老的坞壁建筑和坞壁文化。

早在秦汉时期，社会的基层组织是乡、亭、里，它们既是行政组织，也是民众的生产和生活单位，一般都要设置栅栏，其功能设计是为防止野兽和盗贼侵入。而在社会动乱时期，这些乡亭里往往成为敌寇掳掠财富与人口的目标。因此百姓便在乡里大族率领下，逃往山林陂泽，聚众凭险自卫，从而形成"坞壁"和坞堡建筑。

坞壁，又叫坞堡、坞垒，是起源于汉代的一种住宅形制，即平地建坞，围墙环绕，前后开门。坞内建望楼，四隅建角楼，略如城制。坞壁是古代建有围墙的防御设施，又称坞、营坞、坞候等。汉武帝时，为防御匈奴，在北方及西北边塞上筑有大量坞壁。后世的军堡便是这种坞壁的延续，可称之为军坞。军坞分内坞与外坞，出入口置门户，有军卒把守。坞内有屯兵和居人的房舍。除军坞外，地方豪强也可以营建自己的庄园，这种庄园实际上是地主建造的坞壁。周围有高墙，门上有门楼，四角有角楼，有的还有高层的楼橹建筑。门楼、角楼和楼橹乃至墙垣高处开有镜望孔或射孔。坞内有坞主居所、卫士和奴婢、仆隶、乐队等的居处，还有仓廪、手工业作坊等。魏晋南北朝时期是坞壁建筑的高峰期。由于社会动乱不止，为躲避战乱，民间的坞壁，多选择山林险阻之地，宜守宜农是坞壁建设的根本目的。这种坞壁往往以宗族与乡里作为团聚的纽带。世家大族或地方豪强自为坞主，或称宗主。他们以宗族乡里关系组织地方割据武装，被控制的宗人乡亲实际上是坞主的私人部曲。当然也有以流民结集的方式建造的坞壁，其坞主由流民公推有才能或宗族势力相对强大者任之。一般来讲，坞主多为豪强地主，他们组织私家武装，借助坞壁加强防御。东汉晚期和魏晋时期，著名的坞壁就有许褚壁、白超垒（坞）、合水坞、檀山坞、白马坞、百（柏）谷坞等。可见秦汉时期为避战乱，就建有大大小小的坞壁。

坞壁之所以大量出现在魏晋南北朝时期，这和当时的社会动荡直接相关。魏晋南北朝时期，国家处于分裂状态。战争对城市乡村的破坏不可胜数。而每一个新的政权上台，都不可避免地修复和建设都城。在中国历史上，这一时期是都城建设最多的时期，留下了许多新的王城，前后共计有20多座。都城的兴起与毁灭代表着一个朝代的兴起和结束。由于特殊的历史原因，在国家分裂的格局下，这一时期也是士族形成、发展达到鼎盛并逐渐走向衰落的时期。

士族是指魏晋南北朝时期地主阶级中部分享有政治、经济特权的家族所构成的一个特殊阶层。他们都是世代为官的名门望族。士族庄园是政治、经济特权与隐逸文化相结合的产物。不仅占有大量土地，而且有众多的依附农民和隐逸之士。士族在政治上位高权重，在生活上寄情山水，通过构筑仿照自然的庄园工程，享受山林野趣。世族庄园建筑起于东汉，不同的是东汉时期的庄园大都是私人园林，它的建造受皇家园林影响很深。如《后汉书·梁统传·附玄孙冀传》载，东汉权倾一时的梁冀"广开园囿，采土筑山，十里九坂，以像二崤，深林绝涧，有若自然，奇禽驯兽，飞走其间。……又广拓林苑，禁同王家"。而在战乱时期，这些士族又借宗族势力，为躲避战乱，逃往山林陂泽，建设坞壁，聚族而居，从事生产和生活。

魏晋南北朝时期的坞壁，伴随历史已经消失。从出土的陶城堡略知其建筑梗概。陶城堡为有墙围绕的方形城垣建筑，如城制而规模甚小，城内建有住宅，是百姓生活的方式之一。甘肃嘉峪关魏晋墓葬中出土的砖画，画面上有一个建有望楼的小城堡，堡墙上有雉堞，旁边题一"坞"字，这大概就是坞壁的形象再现[1]。

图1 嘉峪关出土的砖画坞壁

其实，在北方的长城沿线和山西、陕西、甘肃、青海等地的乡村，还存留许多城堡和村堡式建筑，这些村堡都是四面有高高厚厚的围墙，墙的四角建有炮楼，用以防御。堡内街道胡同纵横有序，也有寺院等公共设施。南边开门，街道两旁是住户或商铺。大的村堡可以容纳上百户乃至千户人家。有些村堡

---

[1] 甘肃省博物馆：《酒泉、嘉峪关晋墓的发掘》，载《文物》1979年第6期。

图2　广州东郊麻鹰岗出土的陶坞堡

图3　魏晋画像砖·封建主的士族庄园

图4　汉墓壁画坞壁图

同姓居住,有些村堡杂姓居住。村民平时在此居住和从事农业生产,战时或遇到土匪侵扰时,村堡又便于防御。这种村堡式的聚落,正是秦汉乃至魏晋南北朝以来的"坞壁"建筑和坞壁文化的遗存。

古村堡在北方许多地区有不同的称谓,一般叫作"堡",或"堡子"。按照《新华字典》的解释,堡是"有围墙的村镇"。可见"堡"的空间范围至少是一个自然村,大的堡子建筑群也可以构成村镇。村,分自然村和行政村,堡子一般作为自然村存在。中国的传统村落按其成员构成来讲,可分为同姓村落和杂姓村落。北方地区的堡子就兼有这两种性质,如张家口的堡子里,在最初建造时,虽属于军堡性质,实际上渐渐变成杂姓村落,而以姓氏命名的村堡,如马家堡子、梁家堡子等一定是同姓村落的村堡。

自古以来，中国北方村落的"堡"，是村落建制的一种。它的流传地域遍布全国，但主要在北方边陲地区。而且和边陲地区的防御体系有着密切的联系。这种村落建筑样式，在北方长城沿线地区分布很广。河北蔚县历史上曾有"八百庄堡"之誉，有村则有堡，遇堡便是村。这些庄堡中既有村堡，也有军堡和城堡。据实地调查，1985年前后，保存有300多座；2010年前后保存有200多座。形制基本完整的有100多座，保存较完好的有40多座。[1]经历岁月的沧桑，尽管古堡消失的速度惊人，但留下的仍然是一笔丰厚的文化遗产，应该倍加重视。

二、村堡的文化史价值

在村落建筑样式中，堡的建筑以其分布地域的广泛，建筑样式的独特，在中国传统村落文化中独树一帜。因此具有很高的文化史价值，这种价值突出表现在如下方面。

（一）堡的种类表现出不同的功能

堡，根据功能的不同，一般分为城堡、军堡、屯堡、村堡数种。城堡，一般意义上指中世纪欧洲的建筑物。当时的欧洲贵族为争夺土地、粮食、牲畜、人口，不断爆发战争。密集的战争导致了贵族们不得不修建越来越多、越来越大的城堡来守卫自己的领地。城堡除了这种军事上的防御用途外，它还有

---

[1] 林胜利：《找寻蔚县古堡》，北京大学出版社2011年。

政治上扩张领土和控制地方等用途。中国关于这种建筑不叫城堡，而叫城池、城邑、城郭、都城等。

城池，原指城墙和护城河，由城隍（护城河）和城郭组成，包括城墙、城壕、月城、城门、城楼等部分。从这种意义上讲，中国古代的城池，一般代表国家，至少它是国家的地标性建筑。中国古代的王朝，都建有国都。诸侯封地、卿大夫采邑，也都建有城垣构成的都邑。都邑是诸侯国统治的中心。这种都邑建筑的传统在中国延续了几千年，并且直接影响到村镇建筑。村堡就是缩小了的都邑建筑。

军堡，顾名思义是一种防御性建筑，由军队把守。长城是最大的防御体系，无论秦长城还是明长城，都是为了防御北方游牧民族入侵而修建的边墙。以长城为界，区别内外。为了防御的需要，长城沿线都修建军堡，供军队驻防之用。如明代的宁夏，位于黄河河套地区，此处自古乃兵家必争之地。《读史方舆纪要》称其为"关中之屏蔽，河陇之上嗓喉"。宁夏长城位于黄河之东，所以被称为"河东墙"，每隔30里修筑一军堡，每隔60里筑一城，构成严密的防御体系。河北张家口的堡子里建筑，又称张垣、武城，自然属于军堡建筑。

此外还有屯堡，屯堡不一定建在边陲地区，只要有军队驻扎屯垦的地方，均可以修建屯堡。最典型的是贵州安顺地区的天龙屯堡。它是明代消灭元军势力，平定西南边疆之后，为了巩固边疆，朱元璋下令在云贵高原建立卫所，屯田守边。形成如今独具特色的屯堡建筑和屯堡文化。

民堡，或称村堡、堡子。一般指平民百姓居住的自然村落，兼有生产和生活双重功能。和一般村落不同的是，堡是带有围墙的村落。这在北方地区，特别是长城沿线各省，随处都可见到。以往河北、山西、陕西、宁夏、甘肃、青海诸省，都是村堡星罗棋布之地。直到20世纪四五十年代，村堡还是村民生产和生活的主要空间。而到了20世纪五六十年代以后，随着社会的发展，村民生产方式和生活方式的改变，加之社会稳定，村堡防御功能消失，村堡文化随之逐渐衰落。目前在许多地区，村堡不是拆毁，就是变为残留物。保存比较完好的，当属河北张家口一带的村堡。蔚县自古有"八百村堡"之誉，现在保存完好的村堡尚有200多座，对待如此丰厚的文化遗产，应该对其进行普查，并建立村堡志，使村堡文化得到延续和保护。

（二）独具特色的村堡建制

无论是军堡、村堡，都是根据实用功能规划建设的。军堡一般既是军事机构又是行政机构，所以规划比较完整。张家口堡子里原来是以军堡的需求建设的，所以又称"武城"，具有城堡的性质。堡分内堡和外堡。堡内当时就建有守备署、协标署、中营署三处，此外还有屯兵营房及军用粮仓、草场等。据道光《万全县志》记载，"张家口下堡城，县东南30里，高三丈二尺，方四里有奇"。据《品读张家口堡》作者刘振英测量结果，张家口堡南北长374米，东西长550米，四周建"堡墙"（垣墙），墙基厚二丈七尺，堡墙高约三丈二尺，素土夯筑。堡墙上是宽阔的马道，四角建有戍楼。四周是护城河。

根据古城建设的规制，为城者辟四门，为堡者辟二门，所以堡子里修建时，在东边和南边开门。东门叫永镇门，南门叫承恩门。而且为了防御的需要，东门和南门都建有瓮城。这只是城垣建筑。至于堡内道路、住宅分布、公共建筑的布局，在《万全县志》所载张家口下堡图（图5）中可见一斑。不仅堡内，就连堡外的设施也一应俱全。如堡内有守备署、中营署、协标署、理事署、户部署、粮厅、仓廒、义学、万寿寺、真武庙、城隍庙、关王庙、圣庙等；堡外设有税务署、驿传署、教场、关帝庙、火神庙、东岳庙、龙王庙、三清宫、财神庙、药王庙、马神庙等。如此众多的神庙，构筑了堡子里军民的信仰空间。

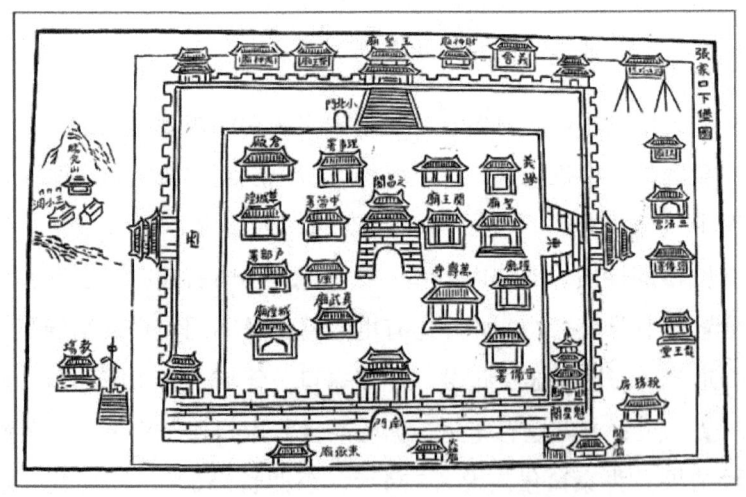

图5　清·道光《万全县志》载《张家口下堡图》示意图

军堡和村堡的建筑在规制上大同小异，所不同的是村堡是居民居住的空间。这种空间同样要有堡墙相围，以便防御。堡内根据需要规划道路、分布住宅，建造公共设施，如圣庙、广场、戏楼等。大的村堡住户可达上百户。这种村堡既是生产单位又是生活空间，农业、手工业、商业一应俱全。也有些大户人家，独自建堡，供同姓家族成员居住。许多以姓氏命名的堡子，大都具有这种特性。《找寻蔚县古堡》的作者，走访了所有的蔚县古堡，并向我们展示了20多座古堡的风采，就其各类古堡的规划建设而言，就具有很高的文化史价值和认识价值，让我们穿越时空，体验到了古人在村落建设中的聪明和智慧。

三、村堡造就了多姿多彩的文化空间

村堡具有建筑空间和文化空间特色。就建筑而论，一方面集中了中国城池建设的特点和规制，比如为城者辟四门，为堡者辟二门，所以大的村堡辟二门，小的村堡只开一个门。城墙用素土夯筑，讲究一些的村堡，堡门的建筑雄伟壮观，堡门宽大厚实，有的用铁皮包裹，施以铁钉，不仅可以抵御兵燹匪祸，而且保证日常生活的安定。堡内的建筑布局上因地制宜，精心策划，建造了规模不等的各类大小庙宇、戏楼，民宅和街巷规划也是错落有致，衬托出浓厚的地方文化气息。如蔚县地区有城有堡，城大于堡，一般在北墙不开门，在城墙上都建设玉皇阁；堡小于城，一般北堡墙上盖真武庙。玉皇是诸神之尊，而真武大帝是玄武之神，预示可以镇守一方，保护村堡居民的安全。特别值得一提的是，蔚县村堡的庙宇之内都会有精美的壁画，不仅绘有《佛本生故事》《三圣图》等神仙故事，而且绘有《百工图》一类反映民间生活场景的图画。这种信仰空间，是堡民的精神家园。

村堡内的民宅建筑，充分继承了河北、山西民宅建筑的风格。山西民居是汉族传统民居建筑的一个重要流派。它和皖南民居齐名，一向有"北山西，南皖南"的说法。

张家口市蔚县暖泉镇西古堡的民居建筑，具有明清民居的建筑风格。据专家考证，暖泉古民居具有非常重要的历史文化价值、民俗研究价值和建筑艺术价值，是蔚县众多古民居的缩影，是我国北方汉族民居的代表，特别是它的建筑艺术价值尤为突出。这里的民居全部为砖木结构，青条基石、白灰青砖墙体、板瓦筒瓦双层覆顶，层顶起脊吻兽，富于变化。迎山、春棚、单坡、屋顶巧妙结合；色彩、门窗、门楼精雕细作，油饰彩绘。建筑布局分为连环套院型、里外套院型和单四合院型三种。连环套院型有"九连型""六连型""四连型"等，主要是有钱的大户人家居住。各房院尊卑分明，功能齐全，建筑舒适，豪华气派。里外套院型和四合院型都是中等富裕人家居住，用材考究、工艺精细，大门楼、二门楼、砖雕影壁等配置齐全，集精巧的建筑结构和精湛的雕刻艺术于一身，精美的石雕、木雕、砖雕是暖泉古民居的一大特色。走进这里的古民居，犹如走进雕刻艺术博物馆，大门口的上马石、抱鼓石、雕花基石、木制雕花门头、兽头、雕花木柁头、雕花窗格和房顶上的各样砖雕等,充分显示出了建筑师们的精湛技艺[1]。

如果走访张家口地区的古村堡,每个村堡都有自己的文化特色。如一年四季的生产习俗、节日习俗、人生仪礼、民间信仰、民间传说、神话故事异彩纷呈。每个村堡都会有自己的故事讲述给你听。比如蔚县南留庄堡的人们会向你诉说,相传明清时期有位南方商人来到北方,住在此地遍访能工巧匠,历时12年建成一座华贵村堡,取名"南留庄",意即南方人留下来住着的村庄。南留庄堡最突出的建筑特点是,此堡内有东西三道街、南北六道巷,沿正街南有六个出入口,北有三个出入口,共18进院落连环相扣,构成一个九连环门的大院。

由此看来,村堡既是一个综合性的建筑群,又是一个时空文化的博物馆,历史的沧桑与文化的演变融为一体,为我提供了畅想的空间和无尽的文化享受。

四、保护古堡文化遗产,展现一带一路风采

堡子里向来被认为是张家口的"原点"和"根"。先有堡子里,后有张家口,是历史的定位。史籍记载,堡子里建于明宣德年间,至今已经有600多年的历史。作为军事要塞,张家口堡子里无愧于"北门锁钥",战争中从未失守,故有"武城"之誉,雄冠北疆,发挥了稳定边疆的作用。明代隆庆、万历年间,堡子里又成为中国北方"茶马互市"的商埠。使其由

---

[1] 资料来源:百度,"蔚县古民居建筑技艺"蔚县人民政府网站。

单纯的军事要塞演变为兼有贸易功能的边境城市，开始了新的旅程。据《张库通商》记载，辛亥革命之后的张家口堡子里，对蒙古开展贸易的商号就有1600多家，年贸易额达到1.5亿两白银。民国时期，张家口堡子里的票号、钱庄多达42家。张库大道的兴盛，吸引了为数众多的国外资本和公司入驻张家口堡子里。联系到古代的丝绸商贸之路，张家口堡子里无疑也是丝绸之路的要冲之一。今天国际奥委会又批准2022年北京和张家口联合主办冬季奥运会，这无疑为张家口增加了荣耀。在冬季奥运会举办时，大批不同身份的人会云集堡子里，他们除了观看体育比赛，必然还要体验盛会举办地的历史及人文风采。而军堡、村堡是张家口的地标性建筑，包含历史的沧桑。张家口堡子里以其历史文化的厚重著称于世，更有特色的是在张家口地区星罗棋布的村堡和堡子里形成众星捧月之势，是难得的文化景观。在保护古堡文化遗产的同时，还要弘扬古堡文化的辉煌历史和深刻的文化内涵。

从口口相传到约定俗成

——张库大道上的"口"字招牌

刘 喜[*]

在草原丝绸之路张库大道考察中,我们随时感受到"口"字招牌的历史记忆:口马、口皮、口毡、口蘑、口茶以及口碱、口芪、口平银等,这些土特产或者商品都是来源于张库大道上的口口相传,后来又渐渐约定俗成,流传至今。

这里的"口"就指的是东口张家口,张家口是伴随着张库大道而兴起的陆路商埠。也可以说,张家口是张库大道催生起来的城市,使他由一个边境军事防御小镇,发展成为一个繁荣的边贸城市。

张库大道的兴盛,也促进了张家口地方工业的发展。皮毛业、制革业、蒙靴业、茶业、碱业等等应运而生,并形成自己的品牌,在国内国际市场成为抢手货。

---

[*] 刘喜,张家口电视台原台长。

这些品牌产品或者商品，有的是本地出产，有的是外来商品的加工，有的并不是一种商品，但是都以"口"字招牌扬名国内外，这种经过口口相传而约定俗成的现象给我们以启示，值得我们思考。

一、历史的机遇

张库大道是指张家口通往蒙古高原库伦城（今蒙古国首都乌兰巴托）的贸易运销路线，它南起张家口，北至库伦，直到俄国的边境城市恰克图，在历史上是内地与边疆的一条重要商品流通渠道，也是我国北方连接蒙俄的一条国际商品运输线。

张库大道的起点是张家口，当时活跃在这条路上的主要是山西商人，他们从山西中部和北部出发，一条向西，经杀虎口出关，进入蒙古草原；一条向东，过大同，经张家口出关进入蒙古。往西的杀虎口称作"西口"，往东的张家口就称作"东口"。从事贸易的商人，一方面将从内地贩运来的茶叶、丝绸和棉布等大宗商品，输往俄国和蒙古草原，另一方面又将俄国的呢绒、蒙古的皮毛和牲畜等输入内地。使张家口日益成为中蒙贸易，特别是中俄贸易的核心城市之一。

有一位外国人这样写道："张家口这种极为活跃的商业往来，甚至在中国本部也是罕见的，街上挤满了人、大车、骆驼、马匹和骡子，因为有着据说是数万的流动人口。故这里经常进行着无数小额的物质交换、交易、行装配备和粮食供应。"[1]

俄国人科瓦列夫斯基作为监护官于1849—1850年间伴送以巴拉第为首的俄国东正教第13届驻北京传教士团来华时所写的游记《窥视紫禁城》中记载：

> 张家口是个相当大的城市。据来拜访我们的官员称，这里有将近3.7万人。它同时也是边境的关口，这里还住着察哈尔军团的统帅。离我们的客栈不远有一排房子，那就是满洲士兵的营房。除此之外，张家口还是运至恰克图所有货品的出关之地，那里专门有一个宽敞的大院子，很多店铺的仓库都设在里边，用以储存俄国的货物以及要运往俄国的茶叶。这里白银的汇率与北京不同，却与恰克图、库伦相同，看起来张家口好像是这些地方的补充和延伸一样。那些地方跟这里一样，到处都是商人、山西人，还有就是关于理藩院所行的贩茶通关的茶票以及棉丝绒和呢子价格的无休止的理论。有许多商人讲俄语，但这种俄语只有在恰克图住久了才能听得懂。在这里，我终于在茶号亲眼见到了在俄国驰名的毛贡、科木普、毛峰和其他名茶。"哈勒嘎"（Kalgan）是蒙古语，是"大门""城门"的意思，我们从蒙古人那里知道了这个词，然后把它改成"卡尔干"、汉语里叫作"张家口"。城市分两个部分——外城和内城，内城有自己专门的小要塞，里边住着副都统，是察哈尔军团统领的助手。

---

[1] 姚贤镐：《中国近代对外贸易史资料》，第2册。

1892年来过张家口的德兹波里耶夫这样记载，当时"上堡（张家口来远堡）这个长不过二百俄丈，宽不过一百俄丈，形同一个大院子的城堡内，东西两侧是两层楼的商行和货栈，南边则是一幢幢大石头房子，全是货栈……而从大境门起沿着上堡的整个城墙，是一个挨一个的小铺子，大多是住在张家口的汉族手艺人开的，……下堡的大街上除了大店铺以外，还有许多小铺子，……下堡的小街上，也分布着经营各种各样货品的店铺"。[1]

出大境门向西，近十里的狭长沟谷中，曾商号店铺鳞次栉比，交易市场人声鼎沸。这里有经营苏杭绸缎的绸缎庄；有经营曲沃生烟的生烟庄；有专门经营牛马皮、老羊皮的粗皮行；有经营珍奇兽皮和麦穗羔皮的细皮行；这里有牛马羊大店，专门转运草原来的牲畜；这里还有山货铺、点心铺、酒作坊、麻绳铺、茶叶铺、瓷器店、杂货店、米面店、瓷器店、铁器店……真个是百货俱全，包罗万象。过去人们常说："出了大境门，一半牲口一半人。"就是形容张家口牲畜交易的繁荣。参加交易的有汉、回、蒙古、满、哈萨克等民族和美、英、法、德、意、日等国的商人。这里的交易公平合理、秩序井然，无尊卑之分，无欺行霸市，大家相互礼让，呈现的是祥和繁荣的景象。

张家口的繁荣使"口"字招牌的产品和商品应运而生。

---

[1] 《蒙古及蒙古人》。

二、"口"字招牌

（一）口马

在明清之前，口马是指北出的马，泛指良马。《北齐书·李密传》："高祖频降手书劳问，并赐口马。"《隋书·王韶传》："以功进位开府，封晋阳县公，邑五百户，赐口马杂畜以万计。"《新唐书·食货志一》："州府岁市土所出为贡……异物、滋味、口马、鹰犬，非有诏不献。"

明代，张家口开马市以后，"口马"指来自张家口马市的马。明隆庆五年（1571），经过长期的战争，明朝与蒙古鞑靼部首领俺答汗实现和议，化干戈为玉帛，决定在宣府镇张家口、大同镇得胜堡等11处开设马市。在这11处马市中，张家口是成交马匹最多的，最多时一年成交马匹达4万匹。张家口马市的开设，也是张家口由军堡向商城转变的关键一步，明万历四十一年（1613）为了适应马市的需要，又在张家口建筑了来远堡，张家口实现了"一堡变两堡"的历史性转变。张家口马市一直延续到明朝末年。

到了清代，"口马"就指专自张家口以北的蒙古马了。朝廷在察哈尔设左右两翼牧厂和两处御马厂，全盛时期养马达10余万匹。朝廷对采购军马有一定的制度规定，每年采买时，"每旗委派官一员，领催、披甲各七员前往购买"。八旗采买军马是这样规定，而绿营各部采买的流程就要复杂得多。康雍年间，江南绿营中只有京口将军、两江总督、巡抚与提督治下的各营,委派官员前去各口处买马。采买的时候,"督提等标分委备弁、兵丁,给以咨批,至兵部挂号,前赴张家口采办。口上商贩人等俱先以货物换回蒙古马匹,成群牧放。差员到口,即向商贩交易"。除此之外,苏松、狼山镇标"尚或另请购买,其余各协营并无赴口买马之例,亦不附各标营带买,或就当地购觅,或从行贩转买"。《清实录》中有大量从张家口采办口马的记载,口马既有当地牧场养殖的马,也有口上商贩以货物换回的蒙古马匹。由于口马好于其他地方的土马,所以在当时,口马十分紧俏。

民国时期,经营马业的主要是回族陕西坊(即在上堡清真寺附近回民),每年夏秋之际外地客商纷纷来张,住宿于市内上堡古宏庙街与西沙河一带各马店中,由马店经理代客到蒙古各盟采购马匹,或由客人亲自去"草地上"以物易物做交易,马店充当经纪人及代客押运事宜。当时主要马店有"光文店""连升店""原台店""天德店"等。以马、戴、于、梁等姓为主。根据押运队老人赵玉书回忆:当时每年张家口进口马匹2万~5万匹,主要运到河南、山东、山西、河北各地供农耕及骑乘用。一部分运到湖南,四川等地供军马用。还有一小部分运到汉口、上海及香港等各大城市赛马场上供赛马用。

自明代开马市到现在,张家口一直保持着马市交易的传统,现在张家口张北县马桥依然是华北最大的牲畜交易市场。

图1 昔日张北马桥马市,今日为华北牲畜交易市场

(二)口皮

随着张库大道茶马交易的繁荣。张家口皮毛加工业迅速兴起,当时从草原运到张家口的皮张,大多是在张家口制成半成品,然后向外转运。1783年左右,张家口上下堡、永丰堡等地开始有皮毛作坊。有记载称,"上下堡皮行,亦厘有赖焉,羔羊之皮,濯以清泉",是说永丰堡水母宫的清泉,水质较硬,冬温夏寒,皮张经此水浸泡,鞣制效果极佳。人们以为皮毛业的兴旺全靠水母娘娘所赐,于是在乾隆四十七年(1782),经皮行募化,修建了水母宫,并请了住持。

1860年(咸丰十年),清政府与沙俄签订了《北京条约》的续约,俄国商人开始在张家口出现。1884年(光绪十年)英、美、法等国商人纷纷来到张家口收购皮张和羊毛。自此,张家口的毛皮在国外的影响日益扩大,口皮成为抢手货。天下皮裘在这里聚集，各皮市在此定价后再行交易。张家口成为天下闻名的"皮都"。

1925至1929年这五年间，是张家口皮毛贸易和皮毛加工业的一个鼎盛时期。每年输入张家口市的皮子约800万张，毛、皮1000多万斤。仅察北年产马2万匹，牛1万头，驼0.3万只，羊25万只。据《张垣市皮毛业调查》统计，当时有皮裘业360户，从业人员2.5万人，年购皮量210万张，产皮衣10.5万件，粗皮业96户，2.7万人，年需皮50多万张，产军用、民用皮袄、裤1.1万件。

口羔皮是"口皮"中的一颗闪光的明珠，其皮板质地轻柔，色泽光润，绒毛舒展，并具有细致的配路、水花、剪花等工艺特点，是制作高级裘皮服装的上乘材料，在国内外市场畅销不衰。

现在张家口阳原县是中国毛皮碎料加工基地，阳原皮毛市场是中国北方市场设计最先进、功能最完善的皮毛市场之一。

（三）口毡

张家口毡业也很发达。特别是绒毡，做工精细，样式美观，柔软轻巧，在外商采购单中是紧俏货。据说当时英国人对这种"口毡"十分青睐，女儿出嫁，能有一块这样的中国口毡相陪，甚感体面。

据记载，当时仅康保县的制毡业就有七八家。产品种类多，质量上乘。按种类分有毛毡、绒毡，按用途分有炕毡、地毡，还有蒙古包、车马鞍屉专用毡，雨披毡，被套毡，鞋、帽、袜毡等。

蒙靴是用毡最多的物品。蒙古牧民经年穿用皮靴，一是骑马摔下来不挂镫，安全；二是在草地露水中行走不怕潮湿。外面是皮，里面是毡，以适应草原和沙漠的生活环境。张家口生产的蒙靴为香牛皮制作，样式美观，结实耐用，能满足各种人的需要。有呼伦贝尔市、通辽市（原哲里木盟）一带牧民爱穿的皂样靴；东、西乌珠穆沁旗人常穿的大扁圆靴头的"喇嘛样靴"；有东西苏尼特、阿巴嘎旗一带牧民喜欢的小尖板靴、皂样靴；有正白旗、镶黄旗、蓝旗、太仆寺旗人都穿的花口云子靴；还有蒙古王爷和大牧主们穿的各种高级皮靴。

张家口当时有靴铺80家，从业人员2000多人。大多是前店后厂，地点大多分布在西沟、正沟、朝阳洞大柳树底、后堂巷、碱店巷一带。出名的有德盛元、大顺魁、公和盛、天盛长等，年销20多万双。蒙靴料是香牛皮，用丝线缝合。有代式、皂式、乌珠穆沁式，还有大小爱登式，工匠们先制成大样，然后用鹿皮镶边，用金丝线绣出云纹。鹿皮镶边的习俗，缘至蒙古族7世纪前，在大兴安岭渔猎时穿鹿皮靴的习俗，所以镶有鹿皮边的蒙靴比一般蒙靴的价格要高出一倍。一双镶有鹿皮边的蒙靴，在当时可以换20头牛。

到80年代初，张家口还有规模很大的蒙靴厂。

（四）口茶

张家口不产茶，却是茶叶贸易的大都市。从福建到恰克图的茶叶之路上，张家口是北方一个最重要的中转站。据有关资料显示，1802—1807年清代中国输往俄罗斯的茶叶，占全部货物的42.3%，而到1841—1850年，其占比就高达94.9%。张家口作为输出俄罗斯货物最重要的枢纽和中转站，茶叶贸易的比例也大体反映了当时的实际情况，根据档案，同治三年（1864）2月到8月仅仅半年之内，经过张家口往恰克图转运的俄国茶商有20人次，运砖茶2764箱，计184200斤；白毫茶1740箱，计133083斤。可见张库大道其实就是以茶叶贸易为主的大道。另据《察哈尔省通志》记载，1918年张库公路修通后，张家口运往蒙古地区的砖茶达30万箱，盛极一时。

所谓"口茶"，也叫"东口茶"，主要指砖茶，一种是在张家口屯集、加工、分类、加固包装的砖茶，当时张家口有"东口茶"茶庄茶店100多家，加工"东口茶"茶叶的工匠人员近千人。另一种是在湖北、湖南加工的青砖茶，以张家口为集散地，销往内蒙古，出口蒙古国、俄国等地，也叫"东口茶"。经水路运至襄阳起岸运至北京，再由张家口驼队接运。

当时张家口有四大茶庄：（1）大裕川茶庄位于堡子里鼓楼北街。清廷曾为其经营的茶叶赐予红色"双龙票"，使其购销畅行无阻。清乾隆帝曾赐予茶庄"双龙石碑"，上面镌刻着大裕川茶庄对发展茶叶贸易的贡献，石碑现保存在张家口市堡子里鼓楼北街茶庄故址。（2）大玉川茶庄，属清廷御贴备案的茶商。创立于清朝康熙、乾隆年间。（3）长盛川茶庄，持清廷赐予的红色"双龙票"。于清末关闭。（4）长裕川茶庄，持有清廷赐予的红色"双龙票"，于清末关闭。

（五）口蘑

口蘑本名白蘑，是生长在张家口以北草原上的白色伞菌属野生蘑菇，味道异常鲜美。后来因为名气大了，集散地汇集起来的许多蘑菇，比如青腿子、青腿蘑、马莲杆、杏香、香蘑、鸡抓磨、黑蘑等，也都统称为口蘑。

因为市场需求比较大，经营蘑菇的商行也逐渐增多。据记载，20世纪20年代，张家口有蘑菇店13家，店员300多人，每年要从草原进蘑菇50万斤到60万斤，加工后销往全国各地。

现在张家口的蘑菇业依然生意兴隆，有口蘑加工厂近百家。

（六）口碱、口芪、口平银

蒙古高原的湖泊中盛产碱土，是提炼纯碱的原料。每年都有老倌车队把碱土拉运至张家口，在这里提炼制成每块百斤（工业用）或半斤（民用）的块碱转运外地。这些碱因为在张家口提炼加工，所以叫作"口碱"。曾来张家口的德兹波里耶夫在《蒙古及蒙古人》中详细记载了10家碱店，现在张家口桥西还有碱店巷。

黄芪是一种常用的中药材，《中国药典》收载的黄芪为豆科植物蒙古黄芪或膜荚黄芪的干燥根。因内蒙古一带盛产黄芪，而这些黄芪都要经过张家口加工集散，所以称为"口芪"，也叫正口芪、正芪、口黄芪。

由俄国运回的粗糙银器，在张家口冶炼翻模，制成银元，叫"口平银"。当时恰克图的俄国人急需中国货，但用来交换的俄国货却不能满足中国商人的需要，俄商只好用白银补平贸易逆差。在交换中发生逆差，沙俄政府又限制白银流入中国，俄商便用银子浇铸成粗糙的银碗、银酒壶、银灯座等银质工艺品器皿，同中国商人做易货贸易。对此，双方商人都心照不宣，谁也不把这种银质器皿当成工艺品，而只以白银的价值来对待。制造此类工艺品的白银，大部分来自汉堡或莱茵河的法兰克福，因此被称为"汉堡银"。汉堡银的成色很高，适用于加工各种制品。这些银器被运到张家口后，被翻模制成银锭称为"口平银"，全国70多种银元，它比库平纹银每千两重3.59克。在全国95%的银元都轻于库平纹银，只有张家口和周村银元（周村为5.23）重于库平纹银，由于成色好是当时的硬通货。

三、商人的努力

因张库大道兴盛、张家口市场繁荣而兴起的"口字"招牌，主要是因为历史的原因，但是也和当年张家口商人们的努力分不开的。

在考察中我们发现，在张家口坐地经商的大部分是山西籍商人，榆次常家就是这许许多多山西商人中的一员。到八世常威时，常家在张家口开设了"常布铺"门店，主要经营丝绸、棉布等。中俄贸易拉开帷幕后，紧临京畿的张家口商人，得近水楼台之便，成为对俄贸易的先行者。常家经营的丝绸、棉布是蒙古少数民族最需要的商品，也是俄罗斯民族最需要的商品。因此，常家也跻身于对俄贸易先行者的行列。常家九世常万达就是这时携巨资北上恰克图，占据有利地形，专事对俄茶贸的。他们抢先占据茶叶之路的前沿，以张家口为中枢，在江南茶叶产区和恰克图之间买茶山、办茶厂，遍设商号，在南起苏杭，北到恰克图，西至重庆，东到沿海，东北到奉天（今沈阳市）的大半个中国范围内形成了商业网络。在中俄茶叶贸易中，常家占到40%。

蔚县手艺人王朴在张家口做皮毛生意，他所加工的绵羊皮袄、山羊皮褥算得上货中上品。而且王朴还精于生意经，白天辛勤劳作，夜晚趁各地客商落店之机，携带成品串店推销。王朴和他的产品渐渐有了名气。当时，外国人也常来张家口做皮毛生意，其中有一位收购羊皮制品的德国人，想在当地物色一位内行助手，就选中了王朴。于是王朴一边经营自己的企业，一边为德商收购。由于自己的皮张销售顺利，又可以从德商手里得到厚酬，经过十几年的苦心经营，王朴日渐发达起来。光绪二十六年（1900），义和团运动在北方蓬勃兴起，迅速波及张家口，那个让王朴收皮毛的德国商人遭此大变，惊恐万分，于是来到王朴的皮坊请求避难。王朴冒着风险把他送到涌泉庄自己的家中隐藏起来，风头过后，德商厚报救命之恩，帮助王朴扩建了张家口皮毛厂，正式取名"德和隆"。王朴头脑灵活，很有胆识，他扩建张家口皮毛厂后，还把英资"仁记洋行"的头衔私加在厂牌"德和隆"三字之上，借以抬高自己在同行中的地位与身份，以后又换为德商"惮成洋行"的头衔。这一招果然有效，一些工商厂家立刻高看王朴，争相与他往来。王朴明白，经营皮毛生意，如果不打通出口渠道，仅在内地搞加工、当捎客，终难获大利。只有以皮都为基地，总揽货源，径直出口，才能获取大的利润。而北方出口商埠首数天津，于是王朴把四弟王槐推荐给德商到天津历练。王槐在天津，除了为德商代购皮毛外，还从德商手里获得一笔巨额无息贷款，自收自销起来。随着需求量的不断扩大，张家口德和隆的年收购量很难满足需要。王朴很快又在宣化办起分号，后来，又向大同、归化城、包头、卓资城、大青沟等地派出大批常驻人员，随时向他通报行情，就地收购。这样，王朴就在内蒙古、坝上、京绥沿线建立起星罗棋布的信息网、收购点，消息灵通，行动迅速，自成体系，一般厂家望尘莫及。大量皮毛产品通过火车源源不断地被运往天津，滚滚而来的利润则被汇向内地。同时，王朴还在城乡广开店铺，大量收购土地，经营粮食，广置房产，事业日渐兴旺，财力日趋雄厚，终于成为富甲一方的巨贾。

历史的机遇、商人的努力，促使"口"字招牌口口相传并约定俗成，这些商品和产品是张家口的宝贵财富。

民间文化内涵与思考

张库大道的乡土遗存与文化意象

柴秀敏[*]

张库大道是一条古商道，贸易之道，全长1400多千米，有"草原丝绸之路"之称。从张家口出发，途经蒙古库伦城（今蒙古国首都乌兰巴托），一直通往俄罗斯边境城市恰克图。发端于明代，兴盛于清代，衰落于民国，是一条民族融合、民族团结、商贸繁荣之路。曾引起马克思的高度关注，他在《马克思恩格斯全集》（第50卷第2册第81页）《资本的流通过程》中谈到这条路："俄国和中国的茶叶贸易可能是1792年开始的……茶叶陆续由陆路用骆驼和牛车运抵边防要塞长城上的张家口（或口外），距离约252俄里，再从那里经过草原或沙漠、大戈壁，越过1282俄里到达恰克图。"在国内外具有重要的历史地位。"少小胡姬学汉装，满身貂锦压明珰。金鞭骄踏桃花马，共逐单于入市场。"[1]这首诗就是对当时的张家口最真实

---

[*] 柴秀敏，河北省民间文艺家协会副主席，石家庄学院教授。
[1] 赵占华：《可爱的张家口》，花山文艺出版社2015年。

生动的写照。

通过对这条大道主要节点的实地考察调研，本文运用实地考察调研、查检文献和索引旁证相结合的方法，从其今天的乡土遗存入手，对其民间文化的内涵与意象进行探讨，以求对其文化内涵进行全新地理解与构建。

笔者这里所说的乡土遗存是指活态与固态两个层面。活态层面主要指现实生活场景与文化学者的追忆与口述；固态层面主要指历史遗存下来的现在保存在博物馆等场所的实物、照片、资料等等。试从以下几个方面进行论述：

一、民众原始崇拜与民间宗教信仰——多元化

张库商道我们一路走来，庙宇众多，反映了民众原始崇拜与民间宗教信仰的多元化。以鸡鸣驿与堡子里为例：

鸡鸣驿城占地面积22.5万平方米，最早大约有17座庙，现在保存完好的有7座庙：文昌庙、龙王庙、泰山庙、财神庙、白衣观音殿、城隍庙、永宁寺。

据相关史料记载，堡子里历史上有50多座庙宇，隶属佛教的有30多座，隶属道教的有六七座，隶属伊斯兰教的有3座，属民间泛神崇拜的有10多座。堡外四周东有太王庙、三清宫，南有关帝庙、东岳庙、火神庙、弥勒寺，西有清真寺，北有财神庙、药王庙、马神庙；堡内有千佛寺、玉皇阁、城隍庙、关王庙、文庙、瓮城寺、文昌阁、奶奶庙、草城隍庙、真武庙、三皇庙、五道庙等等，大多已不复存在，现在保存下来的有玉皇

阁、财神庙、文昌阁、草城隍庙、清真寺等重要庙宇。

两座城隍庙：堡子里这些庙宇中特殊的是有两座城隍庙，一座叫城隍庙，建于西城墙底；另一座叫草城隍庙，建于马道底街，一个"草"字道出了区别，草城隍庙中供奉的是草原之神，专管草原事务，因张家口有大批"跑草地"的人，所以草城隍庙得以修建，大凡跑草地的人都要事先到草城隍拜祭，以求顺利平安。

马神庙：马神庙的修建也反映了马在草原文化中的重要地位。

商道众多庙宇的出现与其特殊的社会生活、经济发展、政治历史文化背景有着密切的关系，商道是一条经济贸易之道，众多的民族不同的人群源于生活生存、经济贸易的需求，汇合聚集在这里，必然带来原始崇拜与宗教信仰的多元化。人们祈求平安顺利美好，寻找精神寄托，以求实现美好的愿望，而必然以修建众多的庙宇为具体表现形式，而人们在商道充满艰辛与苦难的贸易途中通过到庙宇中祭拜来祈求寄托自己美好的愿望。

二、鸡鸣驿博物馆里的瑞兽与"好"字

在怀来的鸡鸣驿博物馆里，保存有一头瑞兽的砖雕照片（图1），来源于怀来县新保安镇一大户民居的影壁墙。今天的当地居民对于这只兽的感知简单朴实到只用一个"好"字表达。对于这只瑞兽笔者有如下感知（按：仅代表个人观点）：

头部两只角,像鹿角;面部像人面或熊面,两只眼睛突出,嘴巴占据整个下颚,微微张开;头部、脖颈处以及脊部有翼或是鬃毛;马蹄;身上有花纹像鱼纹或是龙纹,腹部偏后部分仔

图1 鸡鸣驿博物馆里的瑞兽

细看像是龙的脚,只是身体相对于龙身过于肥实与饱满,像虎身或是豹身,尾巴上扬像龙尾末端呈祥云状。影壁左上角有喜鹊有梅,呈喜鹊登梅状,瑞兽后侧左蹄旁边像是有"仙鹤"有松,呈松鹤延年状,如果从整个影壁构图与构思看,寓意是喜禄福寿或是喜禄寿,民居主人祈求吉祥美好,也符合民居砖雕的总体构思与寓意。这样看来,中间的瑞兽像是隐含了"禄"这一寓意。"鹿"性情温驯,在古代为祥瑞之物,寓意吉祥,又与意为官爵、俸禄的"禄"谐音,所以一般民居砖雕表达"禄"这一寓意往往雕刻出"鹿"的形状,头上两只角,身上是鹿的花斑,称为"天禄"。也可以说是"画谜""字谜"。而此处的砖雕只取了鹿的两只角,但身体的全部却是集合了人们喜爱的马、鹿、龙等诸多动物的特征,俗称"四不像",明显是麒麟的特征,画出"麒麟"却又寓意"禄",可证实麒麟起源具象母型是"鹿形"说。同时又不拘泥于"禄"意,也取自麒麟瑞兽诸多美好之义。

有关麒麟起源的具象母型有鹿说、马说、牛说、虎说等

等,后不断演化加入创造者的思维与愿望圣化为灵兽,后又走进世俗生活并逐渐增加细节。无论世人如何演化其形象,它始终没有脱离动物的特征,所以它是一个灵兽,象征神、仁义、吉祥美好。古人常常把五灵与五方相配,龙配东方,虎配西方,凤配南方,龟配北方,麟配中央,于五行中属"土"是中央保护神兽,可以护宅,所以民间习俗中有在家宅中雕饰麒麟纹饰的传统。而鸡鸣驿民居把麒麟的形象雕刻在进门的影壁墙上,可见居民祈求麒麟保护家宅平安兴旺的愿望。

今天的当地居民对于这只兽的感知简单朴实到只用一个"好"字表达。居民的解释为:"麒"是雄,为男为子,"麟"为雌,为女,所以合起来为"好"字,先不说当地居民对"子"与"好"字古义解释的科学性,但其真切地反映了随着时间的推移,社会生活的发展,当地民间文化对神兽意象的重新构建与诠释。笔者认为这种构建与诠释并不是凭空的,而是有其理论依据的,只是百姓把它变成了通俗易懂的大众解释。其理论依据是:《说文解字·鹿部》:"麒,仁兽也。麋身牛尾一角,从鹿其声,渠之切。"[1]严可均较议:麋,当做麇形近而误。《说文解字·鹿部》:"麟,大牝鹿也。从鹿粦声,力珍切。"[2]"牝"指雌性的兽。《宋书》等文献也有相关记载。可见析言之雄性称"麒",雌性称"麟",也可以不论雌雄牝牡统言之"麒麟"。当地百姓通俗易懂地用自己的语言把"麟"解释为女,"麒"解释为子,"麒麟"合起来简单

---

[1] 许慎:《说文解字》,中华书局1963年,第202页下。
[2] 许慎:《说文解字》,中华书局1963年,第202页下。

到不能再简单为一个"好"字，却表达了所有美好的愿望。

麒麟形象可以说是人造出来的，它的形成与演变绵历岁月，受人类社会的政治生活、宗教信仰、自然崇拜、民间习俗等诸多方面的影响，形象异彩纷呈。参考考古出土的文物以及有关文献记载，这一变化过程大致反映了古人的生存愿望与观念。

当地居民创作者依据传说中麒麟的形象再加入自己的想象与认知"造像以尽意"，造像过程中，人们集合了诸多美好动物的特征，造的是自己认知中的形象，表达的是自己心中所要表达的意。民间文化自成体系，所以怀来居民在造麒麟像的过程中不追求惟妙惟肖，只追求他们自己认知中的像，又要结合砖雕的特点，他们可能想雕刻成狮子或是什么动物的头，却造成了我们今天看上去像人面、像熊面的头，可能想雕成灵异的龙身却雕成了我们今天看上去略显肥美的身子，所以就造成了我们今天在博物馆里看到的淳朴自然的民间麒麟形象。但根据其集合诸多动物为一身的特征，它明显是麒麟而不是其他。有学者也依据角去判断，认为两角者为天禄，独角者为麒麟，无角者为辟邪。鸡鸣驿博物里的瑞兽虽然是两角，但身体却是人们喜爱的诸多动物的集美实现，诸多动物集美于一身是麒麟的典型特征。

总之，这一瑞兽构图巧妙，栩栩如生，呼之欲出，形象饱满，憨态矫健苍劲，大美若拙，凝铸了先民的心血、智慧与创造，表述了人们祈求福祉的美好愿望。

三、一人巷——军巷深深深几许

图2 鸡鸣驿的一人巷

鸡鸣驿和张家口堡子里的巷子古老又悠长（见图2），有其鲜明特征。我们可以用"窄"字和"深"字来描述，窄到只有一人宽，当地人俗称"一人巷"，却又长又深。今天我们初遇深深的小巷子首先跳出脑海的是戴望舒的《雨巷》以及那个撑着油纸伞像丁香一样结着愁怨的姑娘，也会感受到"众里寻他千百度，蓦然回首，那人却在，灯火阑珊处"苦苦追寻与磨难后的惊喜和"回眸一笑百媚生"的浪漫情景。

实则不然，全国多地有一人巷，可这里的巷子最早却是军巷，因为鸡鸣驿站和堡子里最早是单纯的军驿和屯兵军堡，如此巷子最早就用来防御外来的侵犯。巷子很深却只有一人宽，不是死巷，两端都有出口，鸡鸣驿整个驿站四通八达，完全是一种战争的需要。可以想见当时战争的激烈与硝烟的弥漫，据说如有外侵便只用一辆勒勒车堵住巷口，正所谓一夫当关万夫莫开。在当时的生存条件下又需要抵御外来的侵犯，所以人们便利用一人巷的地形优势作为简单有效的防御手段，所以这又窄又长的巷子有街巷与抵御两重功效，而居民的住所则也自然而然充当了这一人巷的屏障。

四、"祭牛"仪式与蒙古人的"骨卜"习俗

(一)"领房人"的牛鞭子——至高无上的权力

据张库大道博物馆学者刘振瑛先生口述:他的五舅爷是张库商道驮帮的"领房人"。因为跑草地时垛在牛、骡子、骆驼背上的茶垛像房子,所以茶垛称为"房",因此赶这种驮队的帮头,就称为"领房人"。

驮帮上路几多艰辛,所以每次出发前,都要在大境门西北口的一块空地上举行隆重的祭牛仪式,祭品有酒、馒头、鞭炮、黄裱纸等等,神秘而又神圣。

这个祭牛仪式特殊之处在于:只许男人参加而不许女人(妻子)进去。但祭祀的时候女人总想进去,于是,领房人便会把自己的牛鞭递给她,女人拿着"领房人"的牛鞭便可以进去。女儿也想送父亲,领房人只好把鞭再给女儿……如果不拿牛鞭拿"艾草"也可以进去。驮帮路途艰辛,"领房人"责任重大,是连生命都交给驮队的人,驮队人之所以拥戴他做"领房人",必是"领房人"具有非凡的本领、胆识与担当,而其手中的用于驱赶头牛的牛鞭子就象征了至高无上的权力,它可以冲破男女的界线,带女人走进神秘与神圣。而"艾草"早在《诗经》时代就是很重要的植物,在中国传统文化元素中又被赋予祈福美好平安与驱毒辟邪的的意义,所以我们也就不难理解为什么女人拿着"艾草"便可以进去祭牛了,终究是希望驮帮一切顺利平安美好!

（二）羊的肩胛骨——预知吉凶祸福

1."腋下生"与动物的"肩胛骨崇拜"

在中国古代民间很早就流传有腋下生子的神话，即人类是从人的两个腋窝下出生。"腋下生子"是民众民间口头俗语言的说法，古代文献典籍中则用胁（脅、胁）生来表述，又衍生出肋生、胸生、背生、肩生、腰生等等，如夏禹产于其母修已的背部或是胸部（按：文献表述为"背剖""胸坼"）；商契出生于其母简狄的胸部（按：文献表述为"胸剖"）等等，除此之外我国壮族、普米族、彝族等许多少数民族也流传有人类出生于人的腋下的神话与传说，不只是中国，人类腋下生子的神话同时也是一个世界性的话题，如佛祖释迦牟尼产于母亲摩耶夫人的右腋下等，这些神话来源于人类原本超凡圣洁的原始信仰，也不同程度地反映了男权对人类生育权的争夺。今天看来其宗教意义已然淡化甚至消失，但却流传甚广，记载于文献典籍同时也存在于人的活态口头语言传说。

笔者认为民间关于腋下生的神话传说与动物的肩胛骨崇拜有密切关系。正是因为民间有腋下生的人类生命观，所以先民便又有了胛骨崇拜。"姓，人所生也。古之神圣母感天而生子，故称天子……春秋传曰天子因生以赐姓……"[1]古人认为姓的来源是女祖先感受了某种动植物的精灵而怀孕繁衍后代，故称天子，因生以为姓。所以常常把某种动植物作为民族感生

---

[1] 许慎：《说文解字》，中华书局1963年，258下。

神加以崇拜。从而也认为动物的胛骨不是普通的骨头，是"王骨""第一骨"，而客观上胛骨也是动物身上最大位置最上最靠近腋下的骨头，人类生命长于斯生于斯，于是因了先民的敬畏生命便像敬畏生命一样地敬畏胛骨崇拜胛骨，用它来占卜人间的吉凶祸福甚至记录神圣的汉字，同时又因了先民对胛骨的崇拜而更加敬畏生命与永恒。

2.蒙古族骨卜习俗的遗存

早在新石器时代，人类就有骨卜的习俗，即采用牛、羊、鹿等动物的骨头主要是肩胛骨来进行占卜。首先对骨片进行清理、刮磨、整治，占卜方法主要是"灼烧"。然后根据灼烧后骨片出现的裂纹方向以及形状为卜兆来判断人世间的吉凶祸福。

到商代继承了"灼烧"骨片来占卜的方法。对生活中的天气、疾病、灾害、农业种植以及军事战争等都要事先占卜。祭祀动物取骨，对骨片进行整治工作，然后依然根据"灼烧"后裂纹的爆裂形状来判断吉凶祸福，事后会将占卜的过程以及最后结果的应验与否写上，称为"卜辞"。

这次草原丝绸之路民间文化探源工程一路有中央民族大学蒙古族学者宝山研究员参加，再加上其他蒙古族众多文化学者的加入，根据学者们的口述并亲自演示，得以了解蒙古族至今保留有用羊的肩胛骨占卜的习俗。并且方法有别于骨卜通常意义上的"灼烧"，而是合并右手的食指和中指进行敲击使之出现裂纹现出卜兆，堪称张库商道很重要的民间文化遗存。

过程方法主要是：吃手把肉前要净手以示对生命、对肩胛骨的敬畏，对于肩胛骨肉，是不能一个人吃的，如果是一家人，要一家人分着吃，如果有客人，要让客人先吃。吃时由一个人用专用刀具将肉一点点儿小心翼翼地细细切割，然后分享给客人和家人吃，客人和家人应用双手捧接或是一只手呈不同角度叠放在另一只手上恭恭敬敬地接过羊肉，然后再放入口中入食。用于占卜的肩胛骨上面的肉是不能直接放进口里用牙咬下来的，要用专用的刀具一点点儿小心地切割刮剔到干干净净，点上香火围绕肩胛骨转三圈以示祛污，然后由大力士用右手食指和中指合并使劲敲击现出裂纹，再根据裂纹的斜出纹状判断吉凶祸福。

特别之处在于骨卜兆的出现不是通过"灼烧"，而是通过手指的敲击，从这一点上来看这一遗存弥足珍贵。（见图3、图4）

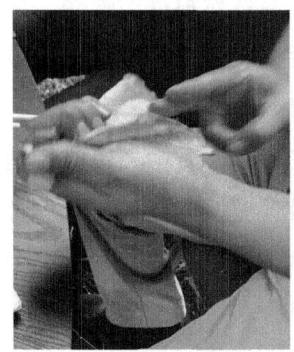 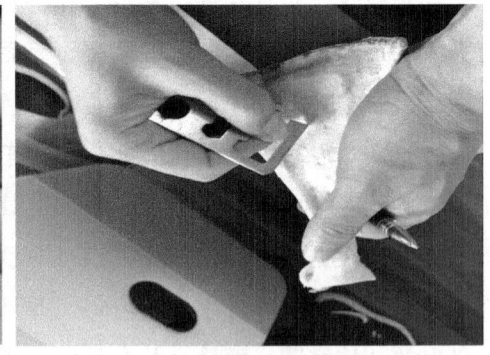

图3　敲击羊的肩胛骨使之现出卜兆　　图4　在羊的肩胛骨上刻写"吉"字

五、草地商道人们的恋爱婚姻状态

（一）跑草地意象——山菊花开

从我们一路采集到的顺口溜、歌谣来看，草地人更多的是对婚姻家庭幸福生活的等待与祈盼。

文化学者刘振瑛口述：

顺口溜一：走胡地，吃炒米，三天喝不上干净水，老婆躺在睡梦里。歌谣二：（女人盼勒勒车快回来时）山菊花你快开，勒勒车快回来，如果你明天能回来，我和你准备酒和菜。（这时娃娃哭了）娃娃娃娃你别哭，妈妈给你买豆腐。奶豆腐，真香甜，宝宝吃了真喜欢。

文化学者杨成口述：

歌谣三：菊花开开，勒勒车来来，女人抱孩怀怀，男人挣钱揣揣。

商道漫长而又艰难，一般勒勒车要走半年，春天走等到秋天山菊花开的时候才能回来，所以流传在商道的顺口溜、歌谣里都盼着菊花开开，因为山菊花开的时候，跑草地的男人就回家团聚了，而平时有半年的时间对于丈夫来说，妻子只能躺在睡梦里，对于妻子来说只能抱孩怀怀和给孩子做奶豆腐还有无尽的思念。草地上小小的山菊花没有梅花的凌寒独自开，没有牡丹的雍容华贵，也没有荷花的出淤泥而不染中通外直，却有着草地人对爱情的等待与祈盼，正是待到草地山菊花开遍时，家人团聚笑看菊花。此时最是草地绝美之时。

草地山菊花开遍——夫妻恩爱团聚、幸福生活的象征。

(二)走西口与夫妻恩爱中的"没（mo/me）办法呀！！！"

7月23日，考察组走进康保县二人台艺术团，听二人台省级非物质文化遗产传承人王世美以及艺术团青年演员苏日娜、祈富演出《走西口》等地方小戏二人台传统剧目。王世美与苏日娜声泪俱下的倾情演唱把在场的每一位人带入戏中，唱碎了凄苦、唱碎了生命、唱碎了人们的心，跑草地的心酸与艰难洒了一路碎了一地……极具深度的感染力。

一对新婚不久的恩爱夫妻，迫于生计，不得不分离，丈夫无奈之下外出走西口，面对生离死别，"妹妹"眼泪如注，不止一次地叮嘱"哥哥"要记住眼前的一切：土窑洞、热炕头……而由王世美扮演的"哥哥"却不止一次地用当地方言唉声叹气地说出"没（mo/me）办法呀！！！"，表达感情自带民间的深情朴实，却又不失新婚夫妻情爱的凄婉缠绵，面对离别的是牵肠挂肚，更多的则是无可奈何，夫妻恩爱温柔苦情，再加上极具穿透力跌宕起伏的音律，更是将这种离情别绪渲染演绎到极致。执手相看泪眼，却只有"没（mo/me）办法呀！！！"。同时也反映了波澜壮阔的移民史上饱含时代悲情与沧桑的婚姻状态与爱情生活。

(三)嗨赖公主下嫁——婚爱不分等级贵贱

7月21日，考察组来到崇礼的嗨赖庙遗存地，嗨赖庙已经消失不见了，只有原庙址旁一颗具有800多年树龄的古杨树枝叶茂壮繁茂，据说这棵神奇的古树见证了嗨赖公主下嫁平民的爱情。

据杨成与众多当地学者口述：嗨赖是蒙古镶黄旗王府中的公主，18岁那年，下嫁古树脚下一农家小伙子。蒙古公主下嫁山村，因此村民们开始跑库伦、恰克图等地，与蒙古草原进行商贸往来与交易，山村很快成了远近闻名的商贸集散地。清朝嘉庆末年，村子先后建立三座古庙：龙王庙、关老爷庙和喇嘛庙。其中喇嘛庙就建在古杨旁边专为蒙古镶黄旗嗨赖公主而建，取名嗨赖庙，因为有了嗨赖公主的下嫁，才有了这个山村的贸易兴旺，所以人们把嗨赖公主当成神来供养祭拜。嗨赖公主仙逝后就葬在庙旁。后来，这个山村为纪念嗨赖公主改名为嗨赖庙村。

从嗨赖公主下嫁山村平民来看，爱情两相悦终没有高低贵贱之分。

"山菊花开遍"与"没（mo/me）办法呀！！！"这两点儿反映了民间爱情苦于生计不免凄苦与无奈，公主下嫁平民则反映了爱情婚姻喜结连理没有等级没有贵贱之分。

六、草原牧歌——挤马奶歌

7月26日，考察组来到内蒙古自治区阿巴嘎旗查干淖尔牧民乌其日拉图家考察当地的民俗风情，一杯酸酸的马奶沁人心脾，而女主人乌仁高娃的挤马奶动作娴熟优雅，独创的挤马奶歌更是响亮草原，再加上小女儿迪格木载歌载舞、童心烂漫，真是草原民俗风情盛宴尽在此行中。

挤马奶是草原牧民传统的生活生存技艺。一般挤马奶需要一男一女两个人完成，传统的方法是用小马驹诱奶，方法是男牧民把小马驹带到母马跟前，让母马给小马驹喂两口奶，这样母马的奶便会下来，然后再把小马驹绑在母马旁边的橛子上，这时女牧民趁势蹲在母马的左边，将盛马奶桶放在膝盖上，在三五分钟的时间内挤完马奶。

乌其日拉图家的挤马奶工作不同于一般牧民的方法，有其独到之处，首先挤马奶工作由女主人一人便可完成，也不用牵小马驹诱奶，女主人乌仁高娃独创了自己家的挤马奶歌"呜噜噜噜噜——呜噜噜噜噜——呜噜噜噜噜——"并驯养母马，使母马在挤马奶时逐渐熟悉自己的歌声，每次当母马听到女主人飞扬在草原上的歌声便会有马奶产出，而女主人这时也在自己的歌声中用三五分钟完成挤马奶。

乌其日拉一家一共养有200多匹马，每2小时挤一次马奶，早上7点开始。一匹马一次最多挤2斤，一天最多能有12斤。

贤淑智慧的女主人乌仁高娃，创造了一曲美丽的草原牧歌——挤马奶歌。跌宕起伏，悠扬婉转，久久回荡在一望无际的阿巴嘎大草原上，使这片草原充满神奇。

结语

古老的草原丝绸之路演绎着岁月的痕迹，留给人类的文化遗产越来越重要，今天我们追寻、挖掘、唤醒文化记忆，寻找活态遗存，用科学的方法保护传承尤其显得弥足珍贵。

旅蒙商的反思

邢 野[*]

旅蒙商，泛指晋陕冀宁津（山西、陕西、河北、宁夏、天津），特别是唐山、张家口、大同等地区北出塞外从事商业活动的个人与群体。

旅蒙商，曾经为内蒙古地区乃至蒙古、俄罗斯等国家经济与文化的繁荣发展注入了活力，起到积极的促进作用，是特定历史时期经济发展的产物。其中，大盛魁是由晋商王相卿、张杰、史大学三人在归化城自发组建，后发展为跨行业、跨省份、跨国籍的大型商号，系旅蒙商诸多商号中之佼佼者。

游牧民族，是一个勇敢、剽悍、豁达的民族。但由于游牧与生活及其他方面的局限，经济一直处于缓慢发展状态，而且往往受制于时代的局限甚至较长时间还在维持着肩挑驼运商贩叫卖的经营秩序。

---

[*] 邢野，中国民间文艺家协会会员，内蒙古文史馆馆员，内蒙古国史方志研究会会长，内蒙古通志馆馆长，高级编审。

从清代至民国年间，每年都有十几万农民、商人、艺人、匠人等北出塞外谋求生机。而只有草原上的游牧民族，才有如此博大的胸怀，接纳这些人，且能和睦相处，共同熔铸文明发展与民族团结。

旅蒙商的商业行为，在某些方面产生的负面影响也是不能回避的。特别是清代、民国年间旅蒙商在草原上的经商过程中，通过各种手段获取的巨额利润，在世界经济史上也是罕见的。他们的经济行为在某种程度上是掠夺性的。

乔家大院的每一块砖瓦下面，都压着草原上的一只羊。

一、旅蒙商的成就与特色

明、清以及民国时期，一代又一代旅蒙商人，在长城外辽阔的草原上，面对逐水草而居的游牧民族，以敢为人先的商业胆识，不畏艰辛的创业精神，万里行商、勤俭为贾。尤其在封建社会重牧轻商、重农抑商的经济环境中，建立起一种秩序井然、自由顺势的庞大经济模式，形成卓尔不群的自身文化特色，蕴含着广博的商业文化与商业文明。而且，在经商的过程中滋生着具有一定的文化理念和素质与道德观念的精神产物。它是由物质文化产生的非物质文化，是一种宝贵的值得后人借鉴的文化遗产。

旅蒙商不畏艰辛，牵驼拉马，千里走沙漠；冒风雪，犯险阻，开辟踏勘出一条以山西、陕西、河北等地区为基地的商业之路。他们越阴山，横贯蒙古戈壁大沙漠，抵乌鲁木齐伊、犁乃至印度等地；北出塞外，到库伦，再至恰克图，进而深入俄境西伯利亚，达欧洲腹地彼得堡、基辅。这是继中国古代丝绸之路衰落后，在清代兴起的又一条陆上国际商路。山西商人到归化城（今呼和浩特市玉泉区老城）、包头经商，杀虎口是必经之路。有民谣称："杀虎口，杀虎口，没有钱财难过口，不是丢钱财，就是刀砍头，过了虎口还心抖。"但是旅蒙晋商并不因此退缩，而是人越去越多，势如潮涌，还有一些商人，为防不测，自己练就一身好武功，或有保镖随行。

地域辽阔、物质富集、经济落后、民风淳朴的塞外草原，多少年来就是晋陕冀宁津等地区众多商贾储心以跃跃欲试、趋利而铤的理想境地。最终，旅蒙商利用各种商业手段获取了巨额的利润。从积极与进步的方面讲，旅蒙商讲信义、求实效，特别是创立的票号，对边疆乃至全国经济的发展与社会的进步起到积极的促进作用。

对旅蒙商而言，草原上一座座蒙古包与蒙古包背后散落在草原上的羊群、马群、牛群，有着像磁铁一样的吸引力。康熙中叶以后，清廷对进入草地的商人采取鼓励和保护的政策，发给他们部票（龙票），其上用满、蒙古、汉三种文字写有保护商人生命财产的条文，同时还给部分商人封官授爵，尤其是赴蒙经商所获取的高额利润对他们具有很强的吸引力。蒙古地区交通闭塞，市场物资缺乏。旅蒙商利用地区差价，进行不等价交换，靠着以物易物的落后交换形式，获取丰厚的利润。在强烈发财欲望的驱使下，越来越多的商人相继来草地经商。旅蒙商人在登记领取部票时，必须注明人数、姓名、货物的品种和起程日期。在蒙古地区，须在当地盟旗札萨克衙门监督下进行贸易。旅蒙商人不准在蒙古地区建筑房屋，不准携眷定居，不准娶蒙古妇女为妻。清廷对旅蒙商携入蒙古地区的商品种类也有限制，商品中除粮食、布帛、茶叶、烟酒、生活用品、佛器、铸铁锅等外，严禁武器和铜铁等金属输入蒙古地区。凡违反清廷规定者，分别处以罚金，没收货物，逐出蒙古地区并严禁再进入此地区经商，甚至依法治罪。

清代对旅蒙商贸易的种种规定，有限制其发展的一面，也有保护和鼓励其发展的一面。蒙古牧民和王公贵族对旅蒙商的贸易，虽憎恶其对蒙古人的重利盘剥，但是，当发生清廷驱逐旅蒙商人时，在牧区却出现"蒙民仍复私行交易"[1]的行为。可见蒙古人对旅蒙商依赖之程度。由是，尽管清廷对旅蒙商的活动进行种种限制，但是民族间互通有无、互相交往的趋势是禁止不了的。

二、旅蒙商的"生财之道"

旅蒙商鏖战商场的精神动力，皆为利起，崇商重利是他们的职业选择。所谓"天下熙熙皆为利来，天下攘攘皆为利往，夫千乘之王、万家之侯、百室之君，尚忧患贫，而况匹夫编户之民乎"。另则，把商业作为一项终身崇高的事业来对待，是旅蒙商人经商取得成功的重要因素。

---

[1] 《军机处录副奏折·民族事务》那彦宝折。

蒙古族以畜牧为生，单一粗放的畜牧业经济占主导地位。生产的单一性决定他们对其他民族和其他地区各类物资需要的迫切性。清代"（蒙古）风俗随水草畜牧而转移，无城郭，常居耕田之业，以肉为饭，以酪为浆，无五谷菜蔬之属，衣皮革，处毡庐，凡中国茶叶则宝之，而金银非其好也"[1]。蒙古的贸易活动，多为以物易物，"蒙古自昔未尝通货币，商业以是而困。然其以货易货，习以为常"[2]。当他们看到中原迅速发展的经济与各种规格、款式、颜色的生活必需品与生产用品后，乃至目瞪口呆。在迅速发展工业经济面前，游牧民族似乎表现得无所措，有些茫然。于是，他们用最真挚的热情迎接来自中原的商人，用在草原上牧养的牛、羊、马去换取自己的生产与生活用品。牧民对于商品的渴望与需求，以及对远道而来的旅蒙商的热情与忠厚，感动着一批又一批、一代又一代的旅蒙商。正是这纯真、善良、热忱的民族心理与民族性格，感召着来自各地的旅蒙商。

从利益上讲，凡商人从商的过程中不乏欺诈、哄骗的行为，不乏对异地资源存在破坏性采掘的事例，不乏为获取更高利润而在同行、同乡之间尔虞我诈、相互倾轧。当然，他们只是诸多旅蒙商的一部分。

在塞外偏远的农村牧区（包括半农半牧区），旅蒙商用5包钢针（缝衣服的针，每包10枚）与一把五色彩线（每把10支），可从牧民那里换得一张羊皮。如果把这张羊皮运回，最

---

[1] 张鹏翮：《奉使俄罗斯日记》，载《小方壶斋舆地丛钞》第三帙。
[2] 姚明辉：《蒙古志》卷三。

少可在归化城换取25包～30包钢针或10把～15把线（扣除其成本及所有费用）；如果运到太原府，可换取50包～60包钢针或20把～30把彩线。周而复始，把这批钢针和彩线再运往牧区，换回羊皮后再倒腾几次，如此往返三二年，得到的可能就是一群羊、若干头牛。在此，特别强调：这不只是一个故事，或者说是"一个鸡蛋的家当"，而是实实在在的事。

再如：一块约4斤装的"川"字牌砖茶，在牧区可换一只中等肥瘦的成年羊。而一只羊运往归化城后，扣除其本钱，可换五六块砖茶。如此以物易物，不难测算出其中惊人的利润。诚然，从民国年间上溯至清代、明代，那个时期民间的互市是双方自愿，我有针和茶，你有牛马羊，以物易物。但是，在偏僻落后、交通不便、工业生产极度落后的牧区，这种"仅此一家，别无分店"的近乎掠夺的交易方式，利用了蒙古人的弱点占其便宜。

旅蒙商还将在牧区收购的牛、马、羊等打上商号的烙印，交给牧民放"苏鲁克"(畜群)，到七八月膘肥肉满时才收走。放牧期间牧民只能得到一些奶食、羊毛等。牧民辛勤劳动的剩余价值全部被旅蒙商剥夺掉了。其中最大的一个秘密是，代替旅蒙商放苏鲁克的牧民所付出的体力劳动，这只是很小的一部分报酬，却不知索取作为生产资料的草场、水、盐、冬季取暖的柴草以及应付各种灾异所付出的劳动所占有的较大份额的费用。牧民认为草场是"苍生天"赐予的，谁家的牛羊马都可以任意觅食。旅蒙商留给我来照看的畜群，只要不丢失，并按比例产下仔畜，就可以得到茶叶与布料，至于饲草、水则不属于我的份额。而旅蒙商恰恰看中了这一点，并无偿地占有了这个份额。于是，第一年交给牧民100只羊，第二年则可得150只甚至更多的羊，付出的只是极少的一部分酬金，十几块砖茶足矣。

来过草原的人都知道，牧民爱喝酒，尤其好饮烈酒。每当牧民赶着羊群到庙会上与旅蒙商交易时，商家即以酒食待之。牧民们高兴之余的买卖，殊不知其"羊毛出在羊身上"的道理。在内蒙古西部的阿拉善盟民间有一个流传百年之久的故事：某牧民用肥羊换了旅蒙商的白酒，因天寒地冻，不小心打碎瓶子，结果掉在地上的是一个圆柱形的冰棒。那牧民很是惊奇地说："这个酒真厉害，瓶子碎了酒还这么结实！"这个故事，一方面反映出牧民的忠厚与质朴；另一方面，大概天底下的人都知道，烈酒即使在零下40摄氏度也不会结冰。阴山以北达尔罕、茂明安、四子王、苏尼特等部的牧民，那驮到归化城的三五十张皮子，最终只能喝一顿酒；三五匹马，只能换一极普通的镀铜的鼻烟壶的事不乏其例。

《明史·俺答列传》载："生锅破，百计图之，不得已至以皮贮水煮肉为食。"可见，五金百货用品在工业极度落后的牧区是急需品。阿勒坦汗之所以用武力手段胁迫明廷互市，多出于百姓之生计。他的臣民连煮肉熬茶的锅、吃饭的工具都没有，而是用皮子盛着水，下面用火焖烤着煮肉，或在石板上烤肉。明廷不开市，他就只好率领骑兵去抢、去打，管他是乔家、渠家、王家，管他是私人还是官家，掠来先用着。旅蒙商的一口铁锅就可以到牧区换回8只～10只肥羊，甚至1头牛。可知道，一峰骆驼一次可以从归化城驮到牧区40口锅（直径约50厘米，每口锅重约7斤~8斤），略加计算，不难看出从中又可以获取多么丰厚的利润。特别是在牧区遇上白灾或黑灾时，许多牧民把所剩无几的牛马羊全部抵押给旅蒙商，也换不回一年所需的生活用品。

三、甘草商与发菜商

《保德文史资料》之《保德第一大财东杨家风云》载，创业者杨怀祯，原本家境贫寒，硬是靠"自强不息"的拼搏精神，白手起家而成大业。初去口外（今内蒙古自治区鄂尔多斯市）谋生时，是一名普通的掏甘草工，经过几年的苦干，积余下一点钱，开始自产自销，后发展壮大，在王爷地（今伊金霍洛旗境）上开设义成远商号，专门经营甘草。杨家一般雇佣的大多数是穷苦的本县（即保德县）老乡。掏草、铡草，春天走、冬天回，系典型的"雁行客"。春天出发走时支付3个月的安家费，用以安顿家中老小一年的生计。出口后利用挖甘草所得工钱偿还。当时杨家的草场最多有二三百名铡草工人，约10名掏草工配备1名铡草工，所以掏草工人就达两三千人。铡草是甘草加工的最后一道工序，即将所收下的草铡、剁整齐，分类包装，以便起运。甘草按粗细分类，粗者截面直径为3厘米左右，成捆的草一般都铡成50厘米~70厘米长短，名目有天粉、奎粉、河草、通草、毛草、节子、圪垯头等。在杨家经营义成远号的80余年间，每年从保德带出2000余人的掏草大军辛苦劳作，不仅延续人稠地窄、贫穷落后的"男人走口外、女人掏苦菜"的保德人雁行式走西口谋生的历史，而且从经济效益和社会效益看，是很可观的。由杨家带走的这支掏甘草的大军的收入，养育着保德约五分之一的人口。

杨家（当年保德县甘草商）掏甘草的地点，是今内蒙古自治区鄂尔多斯市的准格尔旗、乌审旗、伊金霍洛旗、鄂托克前旗等地，也就是今毛乌素大沙漠的中南地段。甘草系多年生草本植物，茎有毛，花紫色，荚果褐色。根有甜味，可入药，具有解毒排毒、清热祛火、补脾健脾以及调和的作用。甘草根有甜味和香味，可作烟草、酱油等产品的香料，素有"药王"之称。毛乌素的甘草系天然野生且多年生成的植物，这里光源好、水质好、空气好，土质适于甘草生长。在这块尚未开垦的处女地上，甘草的生长期达几年、几十年，直径最大者达4厘米~6厘米，根须长达6米~10米，属于上品，为国内各大药店所称著。毛乌素沙漠属于干旱草原，可以说遍地都是野生的甘草。其他中草药材和草种也有生长，这里是一座天然的绿色资源宝库。

甘草生长在土地里，所谓"掏甘草"，就是要顺着甘草生长的方向与深度把甘草的根系掏出来。这就需要挖开草原地表，再向周边扩展，挖出来的土要堆放并压盖在原来的植被上，人为地形成对草原生态的破坏或损毁。掏挖1米长或1市斤的甘草，大约相应要掏挖2平方米的草场，一个人一天最少要掏挖20斤甘草才能维持生计，才值得"走西口"到塞外谋生。按《保德第一大财东杨家风云》文中所言，每天有2000余名保德人掏甘草,就是说每天要开挖8万平方米原始草原。凡是掏挖过甘草根的地方,一两年之内即沙化,再不可能或极少能生长其他植物。杨家掏草大军只是保德县一家或几家,尚不包括与鄂尔多斯相邻的河曲、府谷、神木、盐池等地人也有北上掏草者。幸亏尚未被挖尽的甘草根自己还会发芽,再度生长,加之旗王爷的马队与牧民前往阻挠,保德县的掏草大军才不可能向北发展。

在阿拉善草原的戈壁滩上与四子王、苏尼特等旗的草原上,贴着地皮生长着一种很稀薄的植物——发菜,俗称地毛,呈黑褐色,状若毛发,属于菌类植物。其营养价值很高,且具有一定药理作用。又因"发菜"与"发财"谐音,故很受人们的青睐。但发菜的产量极低,故其价格昂贵,是牛羊肉价格的10倍以上。

发菜有着特殊的生长习性,它贴着地皮生长,呈黑灰色,无发状。用手很难获取,只能用铁耙子搂,连生长在地表的草一道搂起,而后再把杂草拣出。清代末年及民国年间,甘肃、宁夏一带的农民成群结队涌入阿拉善草原搂发菜,甚至不远千里,甚至开着拖拉机、带着玉米饼子、咸菜圪垯和水,领着老婆孩子来内蒙古阿拉善草原搂发菜。男人用耙子搂,老婆孩子清理杂草,联合作业。一面是牧民无暇顾及这辽阔的家园,另一面是发菜商更是明码标价、肆无忌惮地公开收购阿拉善戈壁滩上生长的发菜。更有甚者,长途跋涉到武川县、达尔罕茂明安联合旗、四子王旗、苏尼特左旗、苏尼特右旗去搂取,这些搂发菜的人,身后拖着70厘米~100厘米宽的大铁耙,本来很脆弱的草原植被，只要用铁耙搂过，草地植被全部划破，翻出新土，很容易引起沙化。每个人在草原上拖着铁耙来回搂一天，至少要走30里地（1.5万米长），即使是宽80厘米的铁耙，也要有1.2万平方米的原始草原被破坏，才能收获100克左右的发菜。君不见，从赛罕塔拉到二连浩特的大片草原，当现已被抓搂成光秃秃的碱滩、荒原，任何人看过这番景象都会痛心疾首，不堪回眸。

四、旅蒙商的婚姻

走口外、与蒙古牧民经商是晋商的重要活动场所与方式。清廷规定，旅蒙商在蒙古地方贸易不准携带家眷，不得与蒙古妇女同居或结婚。清人纪昀《阅微草堂笔记》载："山西人多商于外，十余岁辄从人学贸易，俟蓄积有资，始归纳妇，率二三年一归省，其常例也。"各晋商商号也规定：从业人员包括经理、伙计，都不得在商号所在地携带妻子家眷和结婚纳妾。商号还规定，探亲分为十年、六年或三年一次，每次三到四个月。因此，从十一二岁入号，到六十岁退休，一生中只有十多次回家探亲。在山西有许多有关年轻商人外出与妻子分别的民谣：

半截瓮，栽蒜苔，绿绿生生长上来。
儿出门，娘安咐，隔着门缝看媳妇。
白白脸，黑头发，越看越爱舍不下。

经商去，远离家，不如在家种庄稼。

又如年轻媳妇思念外出经商丈夫民谣云：

悔不该嫁给买卖郎，丢下俺夜夜守空房。
要嫁还是庄稼汉，一年四季常作伴。

在山西的许多县志中记载有旅蒙商的妻子因丈夫外出经商，苦守一生的悲惨事例。如《介志县志》载：

介休县侯懋功妻贾氏，婚八月，懋功即商于外，四载，客死在云中。榇既归，氏即饮酒未绝，姑力救之。临汾县孙起富妻王氏，富赴京贸易，病故，时氏年二十三岁，子仅二岁，家贫无依，氏坚志守节，针指度日，抚孤成立，三十一年而终。稷山县唐永魁妻程氏，永魁贸易西隆，音讯杳然，存亡未卜，氏矢志守之，虽冻馁交侵而终生不易其守，殁时年七十六岁。

也有许多晋商在选择妻子的标准上，以贤德为首，目的是使他们能够集中精力外出经商。如祁县富商乔氏始祖乔贵发，当年在包头经商发迹后，年已30余岁。当时恰巧有一位带一小男孩的年轻的程姓寡妇借住在他的旧居，原来此女年轻时曾与乔贵发有过恋情，借住乔氏旧居后便常去乔氏祖坟代为祭祀，算是对借住房的还报之意。乔贵发见到此女，心想若娶个千金小姐，不仅需雇人侍候，还担心赚回钱来被她挥霍掉，如果娶了这个小寡妇，这些问题都不存在。于是便决定与程氏结婚。可见乔贵发在婚姻问题上也打小算盘。

当然，一般来说晋商中的富商大族，其婚姻也要考虑门当户对。如祁县乔家成为富商大族后，其子弟多与另一些富商家族通婚。景字辈乔景僖妻曹氏为富商女，景俨妻赵氏为太谷同知赵某女。映字辈乔映霄妻马氏为富商女，乔映奎妻为大德恒票号掌柜之妹，乔映辉续弦为榆次富商常氏女，乔映璜妻马氏系富商马某女，乔映寰妻常氏系榆次富商常氏女，乔映庚妻阎氏为大德通票号经理阎维藩女，乔映南妻曹氏为太谷富商曹氏女。乔氏之女也多嫁富商，如乔景俨女嫁太谷富商曹氏，乔景侃女嫁榆次商人书法家赵铁山等。

但是，这些富商大族的婚姻，并不因为有了钱就美满。如祁县乔映霞原配程氏，难产身亡。继娶杨氏，生子健，不久杨氏也去世。一次，映霞在津与刘菊秀邂逅。刘氏，天津人，协和医专肄业，护士。映霞在津因微疾入院，刘在病房实习，二人相识，后成婚，生一子，一起生活五年。因个性不合，时有口角，裂痕越来越大，后离异。映霞痛不欲生，曾跳楼自杀，致髁骨断裂，终成跛脚。

由此看来，晋商为谋利常年外出，给婚姻带来不少问题。特别是经商致富后，婚姻由于财富的关系，家庭生活也不一定美满。

关于"张库大道"的前世今生

——草原丝绸之路考察手记

曹保明[*]

  我们到达张家口恰赶上了大雨。沉闷的雷声在乌云中滚动，雨水顺着旧宅房檐儿流淌下来，滴落在旧日的张家口堡。尘土被雨水压下，张家口堡外，一片片老房子、从前骆驼行走过的街巷有很多都保留着，让人记起张家口的老样子。

  在张家口，听当地民间学者讲述张库大道的事儿。骆驼夜里卸下货，它们卧在沙窝里，早上装上茶箱它们再起身，有不愿起来或起身慢的，锅头（"驼帮"头）就喊"牙不呀——！牙不呀——！"（起来吧！快起来吧！）那是蒙古语："走哇，快走哇。"然后，锅头开始查驼铃，主要是查头驼的桶铃（俗称叮铃）和尾驼的懂铃（俗称咚铃）。这两个铃，大小不

---

[*] 曹保明，中国民间文艺家协会副主席，吉林省民间文艺家协会主席。

一样,叮铃小一些像个钟,挂在头驼的脖子上。头驼一举步,叮铃就摇响了,群驼跟而行之。锅头必须时时细心去听尾驼的咚铃,咚铃,你要"懂"它。一旦它哑了,不响了,就是骆驼或者货物出现了问题。

张家口是"驼帮"去往漠北经商的起始地,衣裳、绳套、粮食、水、药品都需在此备齐备足。

口,统指长城的豁口,也称门,从京师出来往西北塞外走,有许许多多口,古北口、喜峰口、杀虎口。关于张家口名称的来历,当地人说法较多,有人说,早在明朝建张家口堡之前,这里曾有张姓家族居住,人们称这里张家口。百度解释:"张家口在明代原属万全右卫,宣德四年(1429)始筑堡城,为与蒙古通商互市之要镇。因该堡城为指挥张文所筑,故名张家口堡,后改称张家口。"无论哪种说法,都确定了张家口是重要关隘的地位。

这个关口有点像甘肃河西走廊的玉门关。在那里,出了玉门关就进入茫茫大漠,见不着故人啦,一出张家口就踏上去往西北的蒙古高原,戈壁、沙漠、湿地、草甸,这里统称为"西口"或"口外"。河北、山西一带的人,过不下去了,就到这些地方谋生,称为"走西口"或"走口外"。

100年前,美国中亚科考团成员之一奥斯朋曾多次体会了蒙古高原强劲的风沙,而更多的西方人,则是以不同的视角和目光打量着中国的张家口。法国摄影家斯蒂芬·帕斯、日本文化学家桑原藏、俄国文化学家桑布耶夫娜、英国文化学家艾梅霞、瑞典文化学家哈斯伦德、日本文化学者服部隆太郎、意大利商人、史学家马可·波罗，等等，他们或用文字或用镜头记录下了历史上的张家口。

此外，一个最重量级的人物，也用自己的著作记载了张家口。《资本论》（第50卷第2册）《资本的流通过程》（第81页），马克思这样写道：俄国和中国的茶叶贸易可能是1792年开始的，茶叶陆续由陆路用骆驼和牛车运抵边塞长城上的张家口（或口外）……再从那里，经过草原或沙漠、大戈壁，越过1282俄里到达恰克图。

马克思所说的这条经过草原抵达边塞长城上的大戈壁的路，就是今天的草原丝绸之路，当时的张库大道。在常规的认识中，马克思是伟大的经济学家，而又是在《资本论》里《资本的流通过程》一文提及了"张家口（或口外）"，显然，历史上的"张家口（或口外）"在经济的运行，资本的流通过程引起了他的瞩目，于是他在这一章《资本的流通过程和再生产过程的现实条件》里说："资本的直接产生过程，就是劳动的过程和价值增强的过程。这个过程的结果是商品产品，它的决定性动机是生产剩余价值。"马克思本没有到过中国，他在写《资本论》时那样清晰地提到了"张家口（或口外）"，很多的情况如他在布鲁塞尔和曼彻斯特做田野和社会调查时写下的笔记一样，他应当是从当时俄国的诸多介绍中进一步了解中国的。

从他对资本流通的分析上，他说道，以前俄国人在欧洲散布一种偏见，说商队运来的茶叶比由海上从广州向欧洲进口的要好，"因为海上运输会损害茶叶的香味儿"。马克思说，这些都是诡计。无论商队运来的茶叶，还是由海上从广州输来的茶叶，都是来自同一灌木，同一些茶场，红茶主要来自福建省，花茶和绿茶主要来自安徽省。海上运输的影响完全取决于包装的时候是否采取必要的预防措施。经陆路运到恰克图出售的茶叶，大部分是用船直接从汉口顺扬子江运到上海的，小部分是从福州和广州运到上海的；但是，较大部分的茶叶是在广州东北的福建省收来的，经陆路或水路运往衢江，从那里由苦力用罗伯特·福琼所描写的办法翻山越岭把茶叶运到常山。在这里把茶叶装在小船上，每只船约装载200箱。而后这些船只沿着河汇入钱塘江的河流往下航行40俄里（1俄里约1.0668公里）。在那里茶叶又转上能装500箱的船只。载茶叶的船只过汉口市后进入东海，然后它们沿岸到达春申江，沿江到上海。在这里把茶叶再装上更大的船只，这些船只除其他货载外，装载1500箱茶叶。这些船只离开上海，沿着海岸航行到天津，在天气好的时候，大约要15天能到达。在天津，又把茶叶装在较小的约能载200箱的船上。它们沿白河经过10天到达离北京约22俄里的通县（今通州区）。从那里茶叶继续由陆路用骆驼和牛车运抵边防要塞长城边上的张家口，距离约252俄里，再从那里经过草原、沙漠、戈壁，越过1282俄里到达恰克图。

　　古老的北京通县，元代的元大都的重要地理位置和作用，在马克思的《资本的流通过程》中，就这样被彰显出来。通县过去称北京老城，那里有许多衙门，北方民族的头人进京都要先住在通县，等待皇帝传令召见。那里当年陈旧的古砖房里，有许多如茶叶一样奇特的故事，这个翔实的材料表明，马克思在《资本的流通过程》中详细分析和计算了茶叶的运输情况，那是令人信服的资本在中国古城张家口的流通情况。

马克思清晰地记录下了茶叶的运输与价格关系，马克思在这里尖锐地指出俄国人说"茶叶的海上运输，会损害茶叶的香味儿，这些都是诡计"。因为，这些茶叶"都是来自于同一种灌木"包装，根本不会损害香味。那么为什么俄国人一口咬定海上运茶会变味呢？马克思清晰地指出俄国人说海上运茶会变味儿，其实掩盖了海上运输的价格便宜这个"要点"。他从资本的流通和规律中，狠狠地揭露了俄商的"诡计"。其实，张家口的历史性远远超过马克思从经济或资本的角度去分析和理解一个地方的真正的价值，这条历史大道上的每一个村落，都是一个珍贵的节点，比如张家口，它的另一个名字是"卡拉根"（蒙古语，大门的意思），这个名称是民国之前张家口在国际上的称谓。

张家口是茶叶交易的地方，但它不产茶叶，而是在这里囤积茶叶，然后从这里打包，由"驼帮"踏上运送商道。但是传说另有一套话语，所以这里又叫起了茶叶城。这条道最牵动人心的依然是透过资本流通所形成的人类的生命文化，在鸡鸣驿，在宣化古城，在张家口，在万全古城，在张北，在康保，在崇礼，在多伦，在啕北营，在庙滩，在正蓝旗，在阿巴嘎，在查干淖尔，在额仁大巴苏……

其实，在当地著名民俗文化学者刘振瑛从打见我们就一刻不停地讲述着的五舅爷的述说之中，我们已深深地体会到了那些真正使今天和未来时时震撼的岁月。他是"驼帮"家族的后裔。10岁那年，记得那是在他生日那天，当年跑过张库大道的五舅爷给他讲述了当年跑草地的故事，并把他叫到一旁，拿出一个金镏子说："这个给你。你拿着，这是俺给你的一份礼物！"五舅爷讲述的那些故事，深深地留在他的脑海里，以至于后来长大了，长成青年男子汉了，可是他的心早已被张库大道的"驼帮"带走了。

"我总想偷渡，去往大库伦！"

"我时刻准备穿越，走过茫茫草甸那就是为了到达遥远的恰克图！"

"我的童年，只是个朦胧的记忆，五舅爷的身影才是我生命的全部！"

当他向我们述说往事的时候，每一个人都被深深地感染着，这条丝绸之路，被生命和传奇填满了，多少先辈走上这条大道，从此再也没回来，那是一种永恒的又未知的怀念。可是，人们依然还是陷入沉思与永恒的寻找，这也许就是张库大道本身的奇妙之处。这条大道是生命的故事之道，人总想在这条大道上寻找关于记忆的故事和传说，但是这条丝绸之路上的记忆，已经濒危近百年了，包括马克思关于"张家口（或口外）"的记忆，如果不是翻阅《资本论》（《资本的流通过程》），人们也仿佛都忘记了，只有生命自己，才能隐隐约约记着，茶叶从中国经陆路运往俄国，在1724—1816年，以及后来的1819—1822年，从欧洲经海路输入茶叶是许可的，1822年被严格禁止。从1862年4月1日起，广州的茶叶在交纳一定关税的情况下，又重新准许从海上输入。马克思之所以不断地强调这些，是因为从陆地上运输"驼帮"太艰难了，成本高、危难多，许多外部条件威胁着这些人的生命。

四月中旬到达恰克图，贝加尔湖往往是难以征服的，冬季不停地降雪。在湖上滑行的雪橇滑木爬犁下，要装备铁条。张库大道上的村落，驿站都有许多铁匠，他们要时时为上道"驼帮"的牛马钉上掌，那是一种独特的技法，钉好的掌钉，牛马先要在坚冰硬雪上一踩，"叭"的一声，掌钉便会张开，这称为蝴蝶翅，紧紧托住了掌子。在今天，这种手法，已留在丝路铁匠的记忆里了。到处打听会的人也打听不着。这些记忆已伴随这条道上的故事慢慢消失了。

草原丝绸之路的"张库大道"主体线路是由中原地区向北，越过古阴山（今内蒙古大青山）、燕山一带的长城沿线，西北穿越蒙古高原，南俄草原，中西亚西北部，直达地中海北部的欧洲地区，这条道路开辟得最早。远在新石器时代蒙古草原就有与中原、中亚文化交流的迹象，相比其他几条丝绸之路，它更具备地势平坦、水草丰盛的特点，加上草原游牧民族天生的机动性，都为这条丝路的形成打下了自然的基础，到近代，西夏占据河西走廊，它与西方国家的往来主要依靠草原丝路，辽上京作为辽"五京"之首，自然成为通往西方的枢纽。元代时，蒙古雄师在成吉思汗的带领下使版图横跨欧亚大陆，打通了连通漠北至西伯利亚，西经中亚到达欧洲，东抵东北，南通中原的通路，元上都（今蓝旗）成为此时期草原国际大都市。从公元10世纪，契丹族首领耶律阿保机（辽太祖）建立辽国政权，到13世纪成吉思汗以20万大军征服了世界，忽必烈结束了300多年的草原分裂，建立了3500多个驿站，这些都使得元上都成为这个草原帝国的权力中枢。当年这条大道，构建了从中原抵达漠北的连接通道，这可以在意大利商人马可·波罗在这里从事考察后回国写成的《马可·波罗行记》中得到再现。他详细介绍了元朝的宫廷生活礼仪，蒙古族的生活习俗等。从而可知，那时的辽上京/元上都作为辽、元时期草原上重要的政治经济中心，也是中西方文明汇聚的核心之地，当然也是马克思写《资本论》时所必须参考的文化要素。马克思在《资本的流通过程》中所提到的"张家口（或口外）"，元上都/辽上京的多伦诺尔正在"口外"。这个称谓是依据这个历史情况，是为了说明作为茶马古道上的草原丝绸之路"张库大道"，一开始并不单单是用来运茶叶（就如丝绸之路一开始并不单单是用来运送丝绸一样），早期这条草原丝绸之路，其实可以看作一条军事大道。

从前，牛车、马车、"驼帮"慢慢地从元大都（北京）往草原上赶，是拉粮，供所有的驿站和留守元上都（今蓝旗）各处的兵丁们吃粮。元上都是忽必烈建的，最早叫黑风府，由于八百里平川的金莲川草原常常涌来漫天的黑风，有一条河，叫黑风河，于是上都的府就起名黑风府了。"驿道通往这里就是为了运军粮。那些粮，都来自于中原江浙一带，通过运河，运到天津卫，再从天津卫以牛马车，运到北京（元大都），再码在马背上，由最初的驼帮，运至元上都……"

沙·东希格老人岁数大了，他上气不接下气地说着，但是内容很清晰，那时还没有今天的茶马古道，而是"军粮古道"，那时这条道上的所有寺庙都用来装粮藏粮，寺庙就是粮仓，古道就是粮道。这一下彻底解释清楚了张库大道的属性。以寺庙装粮食在西北草原的丝绸之路上真是独具特色，出了元大都（北京）踏上西去的关隘，所有要抵达的寺庙都是官府的粮仓。经过的头一关是"鸡鸣驿"，那里就有17座寺庙。驿站多、寺庙多是因为各种信仰的人都来这里，包括做买卖的商客到了就住在寺庙里，几乎每一座寺庙都被官府装过粮。崇礼、康保、张北、多伦，"驼帮"的大小寺庙都被装过粮，而恰恰是装过粮食的许多寺庙都免于战火，交战不管是哪一方都得吃饭啊。通过对寺庙与粮仓实地考察，还有沙·东希格老人的讲述，我们对马克思关于这里资本流通的论述有了新的认识。

阿巴嘎旗的杨都庙主持喇嘛乌尼吉日·嘎啦介绍说，该庙也曾被当地政府用来存储粮食。日本人来到这里没敢烧，只是追杀我们看守寺庙的喇嘛。而且，他们射击时留下弹孔还在。沙·东希格敢肯定地说，从元代开始成吉思汗就找路，沙漠没有水，要找路，要储备粮草，人才能活命。十七部《元史》里，时时处处清晰地记得西部草原丝绸之路是最早的"粮道"。

在张家口崇礼区的啕北营（当地叫黄屯），87岁的岳作亮说父亲、爷爷早就不在了，一切已不知道了。面对这种情况，我们决定采取以故事"引"故事的方式来打开他的思路。我突然问他："岳大爷，你爷爷岳维连，他有外号吗？"

他一愣："外号？"

大家立刻补充道："就是绰号。"

"有!"他说,"有,有!"

我们急问:"叫什么?"

"岳戏法!"

提起爷爷的外号,顿时,他哇哇地哭开了,他大声地毫无顾忌地哭着。看出他对先人的孝顺和淳朴的人格。等他尽情地哭完之后,最后一下擦把眼泪,开始向我们讲述爷爷外号"岳戏法"的来历。只见他从屋地上捡起一小块如黄豆粒儿般大小的泥巴,先放在左手中指上,让大家看一圈儿,忽然,他手指一动,再看,泥块儿已移到了二拇指上。他问我们:"怎么样?"他骄傲地看着我们,我们一起为他的绝活鼓掌。这就是他爷爷的戏法。

其实,爷爷这个"魔术"(戏法),是一个极平常的小魔术,但却真实地记载了当年的商旅生活。那时,在茫茫的茶马古道上,没什么有趣的生活事项,跟马、牛、骆驼常在一起,人没有正常的交流,就用这种小游戏打发千篇一律的枯燥的驿道生活。果然,我们通过他爷爷的外号为切入点,一下子问起丝绸之路上的其他生活细节,打开了他的话匣子。他告诉我们,爷爷是给"永成铭"商号赶骆驼,爷爷曾七次到达恰克图……

走胡地,吃炒米,
三天喝不上干净水。
老婆呀,藏梦里,
山菊花,你快开,
勒勒车呀,快回来。

如果明天能回来，
　　给你端上酒和茶。

　　说到这儿，他又大哭。当马克思在《资本论》中计算着茶叶的输送、交换价值时，其实他对这条大道上的张家口历史、文化，应该有了清晰的思考。中国的茶叶文化已有4000多年的历史了。生活中作为开门的七件事（柴米油盐酱醋茶）之一，饮茶在中国是非常普遍的。在辽代的古墓壁画中描绘了辽代主人饮茶与以茶待客时的情景。在张家口，在那繁华的"大境门"外，无数的驼帮、老倌车上装满了茶箱，他们出发去往遥远的大库伦、恰克图，甚至欧洲。

　　一开始我也想，是走遍中国和意大利的马可·波罗在《马可·波罗游记》里让他知道了中国张家口吗，还是作为中国咸丰年间朝廷重臣王茂荫提出的货币理论呢？其实都不是，而是卡尔·马克思自己，他因为创作《资本论》和《资本的流通过程》，他开始敏锐地注意到世界，其实，他也是在寻找着人类的文化传承，于是找到了张家口，这个原来有着古老经济文化的古地，恰恰是茶叶的运输和流通过程，充实了《资本的流通过程》这部历史的杰作，张家口从此留在卡尔·马克思心中及他的著作中。

　　在《资本的流通过程》里，马克思直接鞭挞了敲诈和丑陋的恶俗，那些发生在张库大道上的丑陋习俗，被卡尔·马克思所深恶痛绝。商人们，把每磅茶叶卖40卢布。多么便宜的俄国红茶呀？来吧，买吧，俄罗斯的红茶。而其实呢？马克思说，现在，我们终于弄清，西伯利亚商人通过不同的实验，终于把彼得堡商人出售的茶品搞清楚了，那看起来是一种普通的茶叶，而其实是由三分之一的普通红茶，三分之一已经用过然后加以烘干的茶叶，再以三分之一所谓的新茶，配制成的成品茶砖。这种成品茶砖，按照官方资料的说法，不可能是俄国人消费的，而是供他们的邻近"卡尔梅人和鞑靼人"喝的。卡尔·马克思，一语道破了资本流通背后的天机，是在真诚地阐述了张家口，也阐述了一个古老的国度，朴实的古国，它的人品散发着永恒的美丽光辉，一个真诚的特征——诚信。

为了整理张库大道"驼帮"后人口述史记忆，张家口学者刘振瑛从2007年开始，历时12年，行程破万里，采访了张库大道沿线130多位老人、学者，收集了2000多分钟的视频、音频记录资料。五舅爷的身影就在他眼前晃动，但是五舅爷再也回不来了。有一年他说他决定出发去往大库伦，去往恰克图寻找老人的下落。此次共同勘察张库大道的宝山研究员、柴秀敏教授有一天奇迹般地找到了一个西南马帮的记忆文本，他俩讲了许多马帮头和马帮人的奇特记忆。马有前悔，人有后悔，马的耳朵能听见一百千米以外发生的事，它的眼睛看得见很远的地方，它的鼻子闻得到气味儿。养马三年知马性，那些赶马人摸透了马的性格，摸透了的这些东西就是马帮文化。

当年云南下关有一个大马帮头叫王应鹏，他从十一岁开始就和爹去如今的泰国、缅甸这一带赶马。有一次，他们从大理运一批货，翻一座山，眼看就快到永平坝子，可头骡不走，他拿出鞭子打头骡，骡子流了眼泪，其他几匹骡子也跪了下去，流下了眼泪。马帮头说:"马儿呀!再不走就进不了城了。看看山上、天上,没事嘛。"他非要走。于是马帮队伍重新开始上路。队伍刚到山谷里,山上洪水就哗啦啦往下奔涌而来。头骡朝前跑,王应鹏凭借头骡的尾巴爬上去,只有头骡和他逃了出来,其他骡马和人全被洪水吞噬了。马帮用骡子不用马。因为公马调皮,不容易驯服,用母马也不行,赶马一走三四个月,它怀孕了就没办法走了。马帮试验出来最好的运输牲口就是骡子,骡子有马的高大,还有毛驴的耐心。赶马人,有共同信守的规则。下坡的人要让上坡的人,因为下坡的马咔嚓、咔嚓地冲,拦不住;在野外露宿,晚上他们会燃烧一些草果,让毒蛇猛兽闻到草果的气味就不敢侵犯他们。烧过饭、睡过觉的地方不会再使用第二次,因为毒蛇猛兽知道他们在这里欺骗了它,要加倍地报复,只能到旁边的地方做饭。马帮在外面做饭,饭煮好以后,要由马帮头先吃,检验水中是否有毒。第一碗饭,大家看着锅头吃,十分钟左右锅头没有死,大家才敢吃。同甘苦共患难,帮头(锅头)要吃第一碗饭,分钱要多分一点,这叫生死钱,所以马队的头叫作"马帮头"。这与东北放山(到山上挖人参的人)一样,放山的头头叫把头(相当于马帮的帮头),他在山上遇到水,他先喝一口,如果没有毒别人才跟着喝;遇到情况不明的山沟,他先去探路,别人才能跟着他走。等到"收山"(下山之后)卖了人参,在分钱的时候就多分一些给他,这叫"拉露水钱",这一点与茶马古道的马帮头是一样的。

在当代最大的"马市",买卖的双方,不开口谈价,是以袖筒对袖筒，手指在里边通过互相交流来讲价，称为"袖里吞金"。据史料记载，秦一统天下，统一度量衡，规定了车矩，规定了市场交易行为。秦始皇认为，中国是礼仪之邦，公开表示价码，有损于大秦的道德形象，于是发明了袖里吞金，君子不言价。"驼帮"易马，把数字统称为"嘎"，一元，称为丁字嘎；二元，门字嘎，或坛子嘎；三元，品字嘎；四元，才字嘎；五元，拐字嘎；六元，挠字嘎；七元，控字嘎；八元，叉字嘎，又称为寓字嘎；九元，勾字嘎；十元，丁字嘎；十一元，溜丁；十二元，溜刺；十三元，溜言；十五元，溜曼，又称丁拐；二十一元，坛丁；二十二元，两门；二十三元，坛品；二十五元，老海；二十八元，坛窝；三十五元，品贴；四十五元，才贴。这个数不卖，叫打不开，所有数字价码的表示，全靠两人在袖筒里靠手指头的交流，称为"扯嘎"。

在庙滩村，我们遇到了与前面所述采访岳作亮时同样的问题，乔旭中（81岁）老人不记事儿了。乔大爷是草原丝绸之路文化的记忆携带者：一是他爷爷年轻时，曾七次去往库伦（今蒙古国乌兰巴托），还多次到达恰克图（今俄罗斯贝加尔湖一带）；二是他了解丝路、驿道、驼队、"驼帮"、茶叶的贩运、车马大店，并且能说会道。他家的院子里，有一截拴马桩，还有仓库里一坨坨草料袋。那些草料袋的垛法，很有历史的年代感，码放的方式是西北丝路上人家贩运草料的样子，是将一捆捆干草压成一个个四方或者长方形的捆，再将其一摞摞码放……

于是我问："大爷，你说当年在这一带驼帮、牛倌车外出上路,每人头上是扎一条手巾吗?"

老人说:"扎上。"

我说:"让大爷给我们展示一下,这手巾,当年是怎么扎的……"

于是立刻有人递上了一条手巾。见到了手巾,老人仿佛一下子回到了从前生活的记忆中,只见他,接过手巾笑呵呵地熟练地往自己的头上扎起来。而且,也开始滔滔不绝地讲起从前生活的岁月。

乔大爷说,这一条手巾还是驼帮们路上的综合工具,热时擦汗,凉时防寒,苦时擦泪,又是想念家乡、家人的物件。

我说:"大爷,当年牵马上路,都得有牵马的绳是吗?"

他说:"是啊!有的。"

我接着问:"那拴马的绳咋系?会吗?"

"不会。忘了!"

我们大家的心一下子凉下来。看来,他的记忆在这时截断下来,这可不行。我于是又追问:"你忘了?你儿子他会不会呢?"

"他?"

"对呀!"因为我们一进院,就发现了他家的马厩、马槽子、马料库,这就证明,他们家肯定还会拴马扣(也叫打马扣)的手艺。可是,老人却说:"没绳子了!"

于是,我坚定地说:"找找,怎么能没有绳子呢?"

老人说:"真没有了!"

我说:"一定能找到绳子!没有,去村里别人家借,也要借一根绳子来!"

见我十分坚决,老人喊:"平呀?"(那是他的儿子,大名叫乔平,小名叫平)这时,听见他儿子在外屋接话:"爹,啥事来?"

"找一根绳子来!"

"木有!(没有)"

"有!"

"在哪?"

"叫俺压在草料捆子底下了。"

"找这玩意干(个)啥?"他不太愿意。

这时,我下了炕,走到他那里。我问:"你知道一个人吗?"

"谁?"

"马克思?"

"啊?马克思?"

"是的,《资本论》的作者。"

他笑了,点点头。我说:"乔平,马克思他老人家都在《资本论》中提到了咱们张家口,提到了口外,咱们多荣幸啊?张家口人脸上有光啊?"他听了,点了点头,转身出去了。

许久,老人的儿子乔平拎着一捆绳子走进屋里,那是很好的一捆绳子,正是当年拴马扣的绳。见绳子来了,大家心花怒放。我让他儿子乔平坐上炕来,挨着他爹坐下,给我们展示从前"驼帮"上路时,如何打绳系扣。

"哎呀,实在太精彩了!"

只见老人的儿子乔平开始一摞一摞地给我们展示如何系

马扣。他一边系，一边告诉我们，这个叫马脖扣，这个叫马嘴扣，这个叫马身扣，这个叫马肚扣。原来，从前驼帮有各种各样系马扣，而且系法各不相同，而此时，都一一被展示出来。那一天，我们的采访内容非常丰富。今天回想起来，非物质文化遗产的调查与考察，一定要用具体的对话方式，找准话题，引出传承人活态的叙述，这才能把那些久远年代的记忆找回来。

继续往北，我们走入了浑善达克戈壁。浑善达克，已是蒙古高原的茫茫戈壁了，四野的荒凉，漫漫无际的大路，像回到了从前的张库大道。转眼间，身上却被锡林郭勒草原上的蚊子偷袭。

当年的"驼帮"怎么对付草地上的蚊子呢？牛呢？马呢？清康熙年间，张诚的《鞑靼纪行》中讲到，蚊子、瞎蠓，可将牛、马皮叮透，牲口死后，土人将其皮剥下冲太阳一照，像筛子眼一样。即使是这样恶劣的环境，人们为了生计也得穿越。

1919年，美国纽约自然历史博物馆中亚科考团的奥斯明一行，穿越了这条草原丝绸之路。而另外一支科考队也在穿越浑善达克，那就是具有天赋的日本民俗学家服部隆太郎。他的父亲是个贸易商，日俄战争后他曾随同父亲来到过东北，因儿时跟他的音乐启蒙老师学过音乐，所以对蒙古民歌产生了很大兴趣。后来，他是在欧洲探险家的旅行笔记中知道了张库大道，于是组织了中亚民歌科考团，把一个具有天赋的瑞典民俗学家哈斯伦德（也有叫哈斯冷图）也拉上，走进了浑善达克。那儿靠近了察哈尔布里亚特民歌发生地，从额仁大巴苏（二连浩特）奔往浑善达克，或从喀拉垭（张家口）去往阿巴嘎，浑善达克，奔往额仁大巴苏，进入大库伦，到达恰克图。这条路上，奔走着一队一队目的不同的探险者。

浑善达克戈壁，就是在春季或夏天，它们也没有绿色，而是灰白的细丝叶子，那是无边无际的沙地，有的地方，长出一些草，那儿便有一条小河。

这里的河，都是季节性河流。浑善达克经常出现"海市蜃楼"幻影，宝山教授说那是沙漠由于干旱，热风一起，便刮起了茫茫沙土，阳光叠射一照，真的出现了奇特的幻影，不过是戈壁滩干燥的云气造成的。

有一条河，远远地闪闪发亮地流淌在戈壁滩上，它显得既遥远而又瘦弱。来接我们的呼努苏图说，那是高格斯太河，草原上的古商道就是沿着高格斯太走。茶马古道沿着这条河走，才能保障有水喝，最后它注入阿巴嘎的查干淖尔了。在偌大的草地上，远远看去，高格斯太河如点点泉眼在闪亮。在这里，我们向右打量，戈壁沙滩上矗立起一坐大的白色的大岭，那就是当年日本中亚考察团的服部隆太郎、瑞典哈斯伦德穿越时走过的地方。他们把丝路文化的记录，侧重于蒙古高原的民歌上。

蒙古草原，是个完整概念，在北方，它又分东蒙、西蒙，张库大道穿越了整个西蒙的鄂尔多斯、锡林郭勒，中间又交叉了东蒙的科尔沁、呼伦贝尔，而这东与西都被民谣连接了，覆盖了。这片高原，吸引探险家最多的时期，就是19世纪末、20世纪初，而那时也正是张库大道最繁华时期。

其实，除了以马克思为主的文化、经济学家产生了对这个古老国度的关注之外，还有好多好多人打量着这片高原，如英国的斯塔因、德国的克列思那铁如、法国的班之别里渥等，他们都把蒙古高原作为探索的"乐园"。关于哈斯伦德与张库大道的故事，了解得更具体的是我的蒙古族好友作家、文化学者苏赫巴鲁先生。这一次，听说我写《卡尔·马克思与张家口》，他在病中让他的小女儿胡枷特意把由他校译的《蒙古民歌译注》当年服部隆太郎与哈斯伦德走这条张库大道考察民俗时所写的著作交给我。哈斯伦德1896年（明治二十九年）出生在哥本哈根，卒于1948年（昭和二十三年）。哈斯伦德是在第三次探险途中，在阿富汗的喀布尔染毒瘟而死。他对蒙古高原探险的兴趣来自于他在士官学校读书时的好友枯莱布兹兄弟。那时，枯莱布兹兄弟最初担任莫斯科的丹麦公使，不久其弟转任丹麦驻北京的代理公使。他为了看弟弟，买了一匹马，单人独马越过白音卡鲁山，经兹石和郭巴斯来到北京。在南下途中，萨兹库对布日根塔拉（黑天貂草原）那些牧歌般的风土人情产生了浓厚的兴趣。

哈斯伦德还有士官学校的几个校友决定走上这条奇特的茶马之路，他们想亲耳聆听蒙古人唤骆驼时的"牙不呀！牙不呀！"。哈斯伦德写下了第一篇探险记《蒙古的天堂》。十一月到次年四月蒙古高原的降雪期，来往内蒙古大沙漠的商旅大都没有耐寒的巴库托力亚种骆驼，转季普遍使用马匹。冬季劳役疲顿的骆驼，转年被放到丰美的水草中得以调息和养膘，使它们原来干巴巴的背脊（驼峰）变得充实起来，这有利于再上路时忍受沙漠上刺骨的寒冷。骑马前行，从张家口到库伦之间要40多天的时间，到库伦之后需要休息数周才能返回。枯莱布兹将要到达库伦时，他们的资金出现了问题，大家好不容易想出办法，为了解决资金，他根据另一位考察队员长得很像蒙古人的拉如松建议，他们决定把当地所产皮毛从猎人之手收购积囤，再转手卖给美国商人。那时，正如卡尔·马克思的分析，这条丝路上时时处处都进行着资本流通的规则和行为。恰克图当地人都称为恰克图洽图，是个只有200多人口的小村落，居民大部分是从苏联地区逃出来的布里基特人。这个盆地四周是通道，是逃亡者藏身的好地方。这里皮毛收购很便利，哈斯伦德把收来的皮毛通过拉如松卖给美国毛皮商，为他们搜集民歌筹措资金。

丝路上的歌，记录的都是迁徙和流浪，是寻找，是丢弃，是一个又一个失望。《难民之歌》里唱道：

> 山荫路上看到的是
> 我那黄栗毛的瘦马
> 天空中漂浮的云彩啊
> 怕是要降下大雨吧
> 想起来自己的故土
> 眼泪顿时就掉下来
> 在那炎热的日光下
> 独身一人在嘎如干戈壁徘徊
> 好看的栗毛的骆驼

> 缓慢地步行在戈壁上
> 在旅途中跋涉前行时
> 鸿嘎鲁风（鸿雁）展开了翅膀
> 穿过茫茫的荒原
> 才知道骆驼的高尚
> 离开亲人的我呀
> 才知人生的悲伤

哈斯伦德还找见了一个叫桑如布的会唱歌的喇嘛。由于别人唱错了一句他的歌，他动手打死了人，被关进狱中。哈斯伦德为了记录他的歌，把他从狱中买出，带着他穿越草原。在张库大道要穿越许多荒原、湿地，在茫茫的沙原和芦苇原野，传唱着一首首张库大道的歌。

就在我们饥肠辘辘之时，浑善达克沙原上出现了几个蒙古包。已是午后两点了，蒙古包这时摆上解渴的奶茶，包壁上挂着成吉思汗画像。我们对着包门，在门的闪亮处，坐着的是这户主人乌其日拉图，旁边站着的是他的高个妻子。这时走进一个七八岁的小姑娘，站在父亲和母亲中间，好奇地打量着我们。那是乌其日拉图的小女儿伊格木，她是学校放暑假后，从蓝旗来到浑善达克沙漠牧场。这时，我们感到我们的语言是多么无助，我们说话，他们听不懂；他们说话，我们听不懂，急也没有用，怎么好呢？突然，闪着亮晶晶可爱目光的小伊格木，她天真好奇的表情深深地打动了我们，于是我问孩子说，你会唱歌嘛？小伊格木歪头看了一下妈妈，妈妈好像说了一句什么,我们根本听不懂;她又歪头看了一眼爸爸,爸爸嘟囔了一句什么,我们也听不懂,可是,小伊格木却笑了,乐了。这时她扬起美丽的小脸,向前迈了一步,然后大大方方地比画着,唱起了一支古老的蒙古族民谣。翻译说,她唱的是《春天》。

  小伊格木,真美呀,像一个天使,一下子来到了浑善达克,她像一只鸿雁,一下飞归了雁群,她的银铃般的歌声,让每一个人的心贴近了浑善达克,贴近了古老的张库大道。
  春天啊,你来到了浑善达克
  我们的歌儿唱不完哪
  春天啊,你来到了我们的家乡
  我们显得格外年轻永远健壮
  遥远的浑善达克
  闪亮的高格斯太
  不管记忆多么遥远
  那是我美丽的家乡

小伊格木的蒙古歌谣,把我们带入远古的记忆,这时,外面的马儿叫了,小伊格木的母亲打断了女儿的歌谣:"挤马奶的时候到了。"她说着,捡起身边的一个马奶桶,出去了。啊?挤马奶?我们立刻站起来,我们跟着女主人跑出包房,我们要去看蒙古高原上精彩的习俗挤马奶,那是草原上真正的精彩。我们急忙跟着女主人走出了毡房。原来，那挤马奶也有许多规矩和文化。母马一天只能挤两次奶，有时，还要先把奶水抹在小马驹的嘴上，特别是，挤马奶的人还得挤了奶喂小马驹才行，不然，马奶下来得慢。我们就是带着这些马文化的渴望，跟着女主人走上了她家的草场。熟悉当地风俗的人提醒我们，不要太靠前，女主人奔向产奶的母马，人们只好留在原地停下脚步。远处，女主人已蹲在母马身下了。女主人好听的挤马奶的歌声响起来了。

  啊，啊啊
  咯叽咯叽啊
  咯叽咯叽啊
  啊，啊啊
  咯叽咯叽啊
  咯叽咯叽啊

  动听的挤马奶歌，在静静的浑善达克飘荡，她家的马、牛吸乳，都是先让小马、小牛吃两口，这是为了唤起母子的爱，也别让幼崽儿饿着了。主人乌其日拉图妻子挤马奶的歌，让草原活了，欢乐了，她双手在熟练地挤马奶，甚至身子也上下起劲晃动，歌儿也变成了一种呼唤，胳膊和腰身，也在扭动，那是一种对母马动人的抚摸……
  奶桶里洁白的鲜马奶子，翻着雪白的浪花，渐渐地涌满了奶桶，女儿小伊格木朝妈妈飞去，她的小裙子飘荡在浑善达克的绿草上,她和提着奶桶的妈妈,蝴蝶一般地飞向这边。

一匹马,一次最多产两斤奶,两个小时一次。浑善达克戈壁的马奶,如小伊格木歌谣一样纯洁,传递着久远的张库大道的气息,当草原的旱风吹刮着茫茫的浑善达克,我们向更加遥远的戈壁额仁大巴苏进发了。

额仁大巴苏(蒙古语,二连浩特之意),是最易出现戈壁幻影的地方,我们的车子走着走着,幻影突然来了。我们经过长途跋涉快要进入到二连浩特时,天快接近黄昏了,身后的浑善达克上空是一道道清晰的雨雾,仿佛千万条小龙卷风上下涌动,汲取着草原上的水分。前方的二连浩特却是一片夕阳的亮光。渐渐的,厚厚的云彩涌来,天暗下来,雷和闪电交织,夕阳的亮点渐渐变成血红一片,托着它上面的黑云,天边舞动的戈壁幻影出现了。

那血红的夕阳,已变成一片火海。魔幻般的黑红分明的云层在二连浩特地平线上空滚动,它的下边是一个巨大的盐湖。从前,当茶马古道上的"驼帮"来到这里,就等于马上要离开故土了。于是,一个个的都在皮镶里灌满了盐湖里的水和盐,然后去往更加遥远的大库仑(今蒙古国)和恰克图(今俄罗斯贝加尔湖)。戈壁上的黑红云彩压下来,这时戈壁滩一片燥热,尽管狂风四起,飞沙走石,可是,被炎热的气流压下来的昆虫厚厚的一层,贴着戈壁,直接向人脸上飞。那些追逐昆虫的燕子、鸟儿成群低飞,穿过我们的身边和腋下,这是奇特的茶马古道的幻影到来的时刻。二连浩特此刻充满了奇幻,历史上这里就是一个奇幻之地,被称为神秘戈壁。一百年前,美国中亚考察团到达了这里,仅仅几个小时,他们就在盐湖的盆地找到了古动物的化石,这让他们兴奋不已,他们寻找人类起源的欲望更加强烈了。其实,那时的美国中亚科学考察团奥斯朋、安德鲁斯等人还不知道,他们已接近了一个与寻找人类的起源目标同样重要的人类文化的存在,那是一个重要的跨国丝绸之路的遗存之地,一个生态的"张家口"由南到了大北方的二连浩特,也就是卡尔·马克思所说的"张家口(或口外)"这个重要的草原丝绸之路文化节点。这原本是一条茶马古道的"北张家口"。

作为商道、粮道、茶叶交易古道,大约在汉唐时期已经开始了,茶叶贸易大约不晚于宋元。元朝建立后,忽必烈"以农桑为急务",使百姓"安业为农"发展经济,他设立1500多处驿站,为"通达边情,宣布号令"又加大了周边的交流。《河北省公路史志资料》《明清时代我国北方的国际运输线——张库商道》载,元代的驿路,明清又辟为官马大道。1368年明军攻入大都(今北京),元顺帝逃往漠北,建立北元,此期间蒙古人所需的中原物资,开始由汉人在战争的间歇转运至草原,以物易物。明宣德四年(1429),万全指挥张文在清水河西筑张家口堡,一些"跑草地"做买卖的商家开始在张家口堡营造店铺。明嘉靖八年(1529)张家口堡扩建,边塞古城基本形成。明初限制内地物品流向草原,史称"禁边",但禁不住私下里做生意。明中期,退居漠北的元势力再度向内地侵扰,导致了正统十四年(1449)的"土木之变",接着鞑靼、瓦剌两部臣服明朝,并且每年进贡,明朝也赐还以物。这实际上是一种变相的交易，后来这种形式逐渐演变成明嘉靖三十年（1551）朝廷允许在今张家口大境门外正沟、西沟一带河滩、山谷开办"以布帛易马"的"贡市"，这便是官方承认张库大道的正式起源。

隆庆五年（1571）朝廷和蒙古俺答汗议和，并在宣府张家口堡、大同府新平、德胜两堡、太原府水泉营堡，设立"茶马互市"。从此，民间交易变成了政府行为。到明万历年间，张家口的"茶马互市"已成相当规模。清顺治元年（1644）朝廷修筑大境门，表示了朝廷对张库大道贸易的支持，茶叶贸易日益兴盛。因康熙二十八年（1689），清打败了入侵中国北部边疆的沙俄，签订了《尼布楚条约》，双方正式将俄商来华贸易的条款写入条约，而双方谈判的地点正是恰克图。当年，两国以恰克图河为界，河之北恰克图为俄。大清国在河之南建新市镇作为中俄茶叶贸易中心，双方称为"买卖城"。而从张家口到达"买卖城"，马克思清晰地计算为1282千米。从此，每年有骆驼和老倌车日夜不停地行走在去往恰克图的路上。

"买卖城"云集了各地商帮，如被称为"八大皇商"之一的"山西帮"，联手经营的河北束鹿、深州、饶阳、辛集"直隶帮"，旗人（满人）组成的"京帮"，小本经营的蔚县、阳原、怀安、汤鹿"本地帮"，这些人初时统称"通事行"，清末改为"旅蒙商"。他们从内地购来绸缎、布匹、米面、纸张、砖茶、生烟、红糖、瓷器、铁器、蒙靴、鞍具、小百货等，操着各种语言、习俗、手势与牧民换回马、牛、羊、皮张、绒毛、药材等，与俄人换回毛呢、毛毯、天鹅绒、银器等。这条道,从此成为商贸大道。从张家口到达"买卖城",路途遥远,中间的第二个歇脚与休整之地,很自然地就落在了二连浩特(称为盐湖湿地)。按照从张家口到恰克图1282千米计算,这儿正是千米数的中间620千米左右。从清初至清末的200多年间,张库大道的繁荣达到了顶峰,清中期和接近清末的1856年和1860年,沙俄以不合理的《瑷珲条约》和《北京条约》割去了中国北部领土,包括恰克图"买卖城",从此,那些到达"买卖城"的商人被称为真正的流落他乡。当年,奥斯朋、安德鲁斯等人的科考团在二连浩特发现了许多人类生活的遗址和文物碎片,其实这正是1924年蒙古宣布独立,1929年民国政府宣布与苏联断交,茶马商道从此断绝之时,作为被人称为第二张家口的二连浩特也日益冷落荒废。

夜里,有人敲开了安德鲁斯帐篷的门。他出门一看,是一个留着山羊胡子的沙漠老人。老人自报名字,说他叫田德明。他听说科考团在打听他们挖掘出的遗址,他说他来了,就什么都知道了。安德鲁斯记得,他当时简直不敢相信自己的耳朵,帐篷外,蒙古高原的狂风,吹刮着大戈壁,飞沙走石的寒冷里,他眼前的这个老头,他能知道科学挖掘以及人类生命的内涵和奥秘吗?他能懂得人类生存的自然和文化的规律吗?安德鲁斯在犹豫的一瞬间,突然,他发现老人庄严起来,目光凝固了,死死地盯着他,从沙漠旷野吹来的劲风,摇动着老人下巴上的山羊胡须,只见一大串泪珠,慢慢地从老汉干巴巴的脸上滚落下来。安德鲁斯被彻底震惊了,他一把拉住老人的衣袖,用生硬的汉语说:"导五——!快导五——(到屋,快到屋)!"历史,就这样揭开了一个奇异的序幕,老人和安德鲁斯从此成了要好的朋友。这个地方就是从前的伊林驿站,也就是与张家口"买卖城"一样地位的二连浩特的缩影。

我们到达二连浩特依然赶上了暴雨,我们于第二日走进伊林驿站博物馆,也是赶上了一场暴雨。我们听着户外戈壁上如注的雨水,击打着盐湖的哗哗声儿。而那时,我们感受到的却是当年这条古老的茶马古道丝绸之路上各种动物(人也是)走在这条道上的声音。

那是巨大的历史回声,伊林驿站是个庞大的历史回忆的节点。按照历史上田德明老人的回忆,博物馆恢复成十二大部分张库大道的历史剪影,更加真实和生动的是,著名文化学家刘振瑛先生将张家口张库大道整体推到了二连浩特。站在这里,历史上的茶马商道文化覆盖全程,穿越大库伦、恰克图可以直达欧洲了。

资本主义是一个庞大的分工体系,马克思从世界各地的单个资本生产、流通过程的角度详细地考察了资本主义的形态变化及其循环,最后他得出关键结论,那就是必须从社会资本角度解决再生产问题。他在批判地继承前人成果的基础上研究了资本运行的整体规律,他的再生产理论无比宏大而精妙地得出结论:"一个社会即使探索到了本身运动的自然规律但它还是既不能跳过也不能使用法律取消自然的发展阶段。但是它能缩短和减轻分娩的痛苦。"把经济的社会形态的发展理解为一种自然过程,不是用道德义愤去主观地诅咒资本主义,而是用经济运动的逻辑去客观地阐明资本主义的历史使命和未来命运,这才是《资本论》最根本的方法。它把人类引向一个新的思想境界，而且，中国在19世纪中、下叶，是否已进入了资本主义或产生了资本主义的萌芽。无论怎么说，马克思在他的伟大著述中列举了张家口（或口外），我们不能不感到历史上的中华民族对人类发展进步阶段的贡献，中国"一带一路"茶马古道草原丝绸之路的考察不禁使我们无限感怀，这时又自然而然地想到了马克思那句话，我们的事业并不是显赫一时，但将永远存在，而面对我们的骨灰，高尚的人们将洒下热泪。

元代伊斯兰文化遗存与草原丝路文化交融

何会云[*]

草原丝绸之路是指蒙古草原地带沟通欧亚大陆的商贸通道，是丝绸之路的重要组成部分，其主要路线由中原地区向北越过古阴山（今大青山）、燕山一带长城沿线，西北穿越蒙古高原、中西亚北部，直达地中海欧洲地区。它是东西方交流开通最早、距离最长、影响最大，也是使用时间最长的文明交流通道。它对东西方之间的商贸经济、文化交流、民族交融等方面都起过重要作用，促进了亚欧文明的同步演进，也深刻影响了世界历史的格局和进程。

草原丝绸之路时间范围可以定位为青铜时代至近现代，空间范围框定为北纬40度至50度之间的这一区域。草原丝绸之路东段最为重要的起点是内蒙古长城沿线。这里是游牧文化与农耕文化交汇的核心地区，是草原丝绸之路的重要联接点。张家口就位于这样的联接点上。因而，张家口区域的许多历史文

---

[*] 何会云，张家口学院历史系副教授。

化遗迹存在明显的中外文化交融印痕，如众多的伊斯兰文化遗存。本文就从张家口的元代伊斯兰文化遗存上来探究一下北方草原丝路上的中外文化交融现象。

一、元朝时期伊斯兰教在张家口的传播

伊斯兰教是世界三大宗教之一，7世纪初兴起于阿拉伯半岛，由麦加人穆罕默德所兴传。"伊斯兰"一词是阿拉伯语的音译，意为"顺从""和平"，指顺服宇宙独一的最高主宰——安拉及其旨意。信仰伊斯兰教的人被称为穆斯林。唐代以来不少信仰伊斯兰教的波斯人和阿拉伯人迁入中国，他们和汉、蒙古、畏兀儿等民族长期杂居、通婚，元代在中国正式形成了一个新的民族——回族。

唐、元两朝伊斯兰教已传入我市并初步发展。穆斯林来张家口定居的最早时间，据《涿鹿县志》记载，唐贞观年间（627—649）有来自西北的三户穆斯林到涿鹿居住。

又据《元史》载，成吉思汗西征始于太祖十四年（1219），在宪宗三年（1253）旭烈兀攻陷巴格达后，蒙古贵族先后征服了葱岭以西、黑海以东的大片土地，大批信仰伊斯兰教的阿拉伯人、波斯人迁移到中国。专造纳石失的荨麻林（今河北张家口万全洗马林）匠局，就是窝阔台时期3000户回民工匠建置起来的，其中大部分是撒马尔罕人，元朝称这些人为色目人，地位仅次于蒙古族。

二、张家口区域元代的伊斯兰文化遗存

（一）元代弘州、荨麻林纳石失提举司的设立

纳石失是波斯文Nasich的音译，指产于中亚、波斯、阿拉伯地区的一种金丝织物，元代也叫"金搭子"，现代学者一般称"织金锦""绣金锦缎""织金锦缎"。它主要是将金线或金箔和丝织在一起的工艺产品。

元太宗时，在弘州（今河北张家口阳原）、荨麻林（今张家口万全洗马林）成立由昭功万户都总使司下辖的弘州、荨麻林纳石失提举司，秩从七品[1]，负责织造纳石失。从此，弘州、荨麻林和新疆的别失八里成为元朝官方织造纳石失的中心。其中弘州、荨麻林两局，由镇海等管理。镇海管理初，"先是，收天下童男童女及工匠，里局弘州。既而得西域织金绮纹工三百余户，及汴京织毛褐工三百户皆分隶弘州，命镇海世掌之"[2]。可见，在弘州置局设工场，用北方工匠织锦缎和毛制品，早在蒙古占领中原时就开始了，西征后又虏来西域工匠300余户，因这里用回民工匠织造纳石失，所以穆斯林比较集中。

关于兴和路荨麻林人匠提举司。荨麻林（今张家口万全洗马林）是设在大都（今北京）通往漠北驿道上的一个小站，在今张家口西，当时属兴和路（治今河北张北县）。窝阔台时，

---

[1]　《元史》卷89《百官志五》，中华书局1976年。
[2]　《元史》卷120《镇海传》，中华书局1976年。

又命哈散纳"管领阿儿浑军，从太祖征西城，下捧迷则干、不花利城"[1]。至太宗时，"仍命领阿儿浑军（由穆斯林阿儿浑人——突厥人种之一——组成的军队），并回民人匠三千户驻于荨麻林，兼受平阳、太原两路达鲁花赤，兼管诸色人匠"[2]。并由哈散纳管理兴和路荨麻林人匠提举司，设提举一员，同提举一员，副提举一员，照磨案牍一员。而织造纳石失的主要工匠师，是不花剌（今布哈拉）著名工匠和天文学家马合谋和3000多户撒马尔罕的回回工匠。由此可见荨麻林人匠提举司规模比弘州纳石失局还要大，所以《史集》[3]中专记了荨麻林的状况：此城大多数居民为撒马尔罕人，他们按撒马尔罕的习俗，建起了很多花园。

由于波斯、阿拉伯织造纳石失的水平很高，以纳石失制成的"质孙服"（"诈马服"），深受蒙古贵族的喜爱。（穿着皇帝赏赐的"质孙服"，参加皇帝宫廷的专门宴会叫"质孙宴"，也叫"诈马宴"。"质孙"，是蒙古语jisun的音译，意为颜色。"诈马"是波斯语"jamah"的音译，意为"外衣""衣服"[4]。）因此，元朝西征时将他们的"织金绮纹工匠"俘虏回国，并选拔中国的"童男童女及工匠"，与他们一起织造纳石失，以满足元代上层贵族以及对外交流的需要，从

---

[1] 《元史》卷122《哈散纳传》，中华书局1976年。
[2] 《元史》卷122《哈散纳传》，中华书局1976年。
[3] 拉施特《史集》，冯承钧译本，第二卷第324页，《西域南海史地考证译丛三编》有法国学者伯希和所撰《荨麻林》一文，对此考证甚详。此文原刊《亚洲报》（一译《亚洲杂志》）1927年第1期，本名《元代中国北方——穆斯林城镇》。
[4] 韩儒林：《穹庐集》252，上海人民出版社1982年。

而促使元代纳石失织造技术达到了一个极高的水平,甚至超过了中亚、西亚的织造水平。这种中国草原特色服饰文化与波斯、阿拉伯伊斯兰特色文化精髓融合的中国式纳石失,是元代最精美高贵的织金锦,体现了当时世界的最高水平。

(二)元中都阿拉伯幻方[1]

元中都于大德十一年(1307)由元武宗海山开始修建,至正十七年(1357)被红巾军毁坏。元中都遗址位于张北县县城西北15千米处,在今馒头营乡白城子、淖沿子和积善村之间。由河北省文物研究所、张家口市和张北县文物部门联合在1998年对其进行的考古发掘中,在一号大殿前殿北部中心出土了一件宽14.5～14.7厘米、高15.2厘米、厚2.7～2.9厘米的青石阿拉伯数码六阶幻方。阴刻纵横各六道方格线,内阴刻36个古阿拉伯数字。它是一个六阶幻方,其同行、同列、同一主对角线的数字之和均为111之外,第一行与第六行的六个数字平方和相等,第一列与第六列的六个数字平方和相等。

这个六阶幻方译表(表1)中套着一个四阶幻方(表2)。这个四阶幻方,其同行、同列、同一主对角线的数字之和均为34。该四阶幻方,称之为基础幻方;该六阶幻方,可称之为复形幻方。如果用扩阶原则,可以通过基础幻方构造出复形幻方,即该六阶幻方。

---

[1] 本部分关于阿拉伯幻方的文字均引用自张家口学院佟健华教授《元中都遗址出土阿拉伯幻方之研究》、《中国国家博物馆馆刊》之《古代史与文物研究》,2013年第3期(总第116期)。

图1 元中都遗址出土的阿拉伯幻方

表1 元中都出土幻方六阶译表

2	34	33	32	9	1
7	18	24	21	11	30
8	19	13	16	26	29
27	15	25	20	14	10
31	22	12	17	23	6
36	3	4	5	28	35

表2 元中都出土幻方四阶译表

8	14	11	1
9	3	6	16
5	15	10	4
12	2	7	13

这个四阶幻方有许多优良的性质：除同行、同列、同一主对角线的数字之和均为34以外，其正方四、对方四、中方一、角方一、周方二、中长方二、斜长方二、角长方四、梯形四、平行四边形十四等各数字之和均为34（图2）。由此，可以看出四阶幻方的构成，一线或一方的幻方常数的个数有48个。

若以上线条所指各数相加之和为17，这样的四阶幻方称之为完全型四阶幻方。元中都的四阶幻方，用以上线条所指各数相加之和有的为16，有的为18，不是17（34之半），故而此四阶幻方称为不完全型四阶幻方。（若以下线条所指各数相加之和为17，这样的四阶幻方称之为完全型四阶幻方。）可

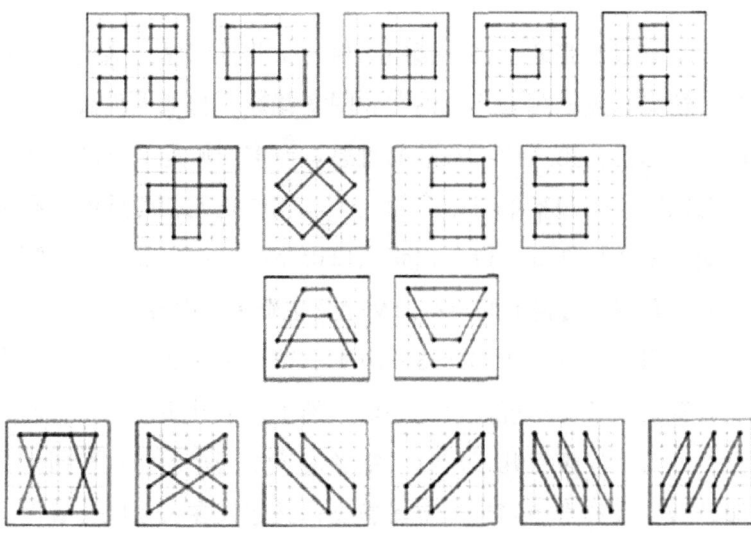

图2 元中都出土幻方四阶性质图

见，元中都的六阶幻方是由不完全型四阶幻方组成的。元中都六阶幻方在扩阶原则下的构造法及其阿拉伯组合数学的性质正是阿拉伯幻方的数学内涵，它充分反映了阿拉古典数学的独到之处。

　　元中都出土的幻方应该是一个趋吉避凶的镇物，祈求元朝和中都永固。元中都阿拉伯幻方的发现，既可以作为在中国数学史中研究阿拉伯数码演变和阿拉伯幻方传入中国的历史资料，又可以为元代中国同阿拉伯国家的宗教和习俗等文化交流史提供新的证据。该幻方因此成为元中都博物馆的镇馆之宝。

（三）张北县回族墓地"巴巴坟"上的石拱北

张家口市张北县张北镇庙滩村的张北县回民公墓墓地里有四块精美石盖，刻着阿拉伯文和图案花边，当地人称其"巴巴坟"（巴巴：第三声，爷爷的意思。许多回族地区称呼爷爷为"巴巴"，也包括爷爷辈分的人）。相传是元朝时外国（有说伊朗）来的穆斯林先贤。据张家口市桥西区新华街清真寺阿訇马玉亮介绍，石盖上的阿拉伯文是赞主赞圣的内容。

但可惜的是，2012年6月四块石盖全部丢失[1]。张北清真寺寺管会主任介绍说先丢了一块，隔了几天其余的三块一同丢失。石盖下发现有几根尸骨。笔者建议主任把遗骨收殓回来，那是做年代和身份测定的宝贵遗物；又建议在石盖原位置做出标记，以期日后知道地下的墓葬在何位置。

图3　张北县回民公墓里的"巴巴坟"，其上的石盖叫石拱北

图4　石盖两端刻有赞主赞圣内容的阿拉伯经文

---

[1] 链接：张北吧《回民墓地丢失四具大约建于元朝的石盖》，帖子网址http://tieba.baidu.com/p/1714600409。

张北县馒头营乡沟门口村也有三块石盖，其中一块为长方形，下大上小四层递减；两块跟庙滩这四块形状相似，圆拱形，但个头小一半，精美度也逊色。开斋节等伊斯兰教重大节日的时候附近村庄的回族群众经常到该坟地走坟祭拜。

这精美石盖，阿拉伯语叫"拱北"，在甘肃、新疆、宁夏、广州乃至中东等地有很多，甚至有以其命名的地名如"兰州文泉堂拱北""甘肃广河县拱北东大清真寺"等。"拱北"一词是阿拉伯语"圆顶墓樗"的意思。可指墓地上方的建筑（名称叫拱北，通常为穹隆顶），也指坟墓上面实心的石盖即"石拱北"。它是伊斯兰教中苏菲的约定俗成的尊贤形制里对一些先贤、举足轻重的大学者以及毕生传播伊斯兰教硕果累累、教众很多的贤哲才有的墓葬规格。这样的石拱北，广州、泉州、北京牛街的圣墓才有，应该就是中东、西域来的穆斯林先辈。张北县这两处石盖如果真是元代遗存，那说明元朝时穆斯林就已经抵达张北了，他们如果是外域穆斯林先贤，那他们

图5 张北县馒头营乡沟门口村的三块石拱北，
其中两块穹顶的一端刻有阿拉伯文

是来传教、经商、还是驻元朝的外交人员？当时伊斯兰教在张北浸润到什么程度、是否流传开，或仅仅是几位外来穆斯林在此生活终老？笔者查询当代张北县志里关于回族的记载，说"清同治十二年（1873）传入"。

因为有安固里河从村东流过，庙滩水草丰美。张库大道兴盛时，庙滩是交易牲畜的"马桥"（市场）。"庙滩十三省"说的是张库大道兴盛时，挑担的小生意人、耍手艺的人纷纷来到庙滩，村里净成了外地人，现在的村民中大都是来自山东等十三省的后裔。明朝设立兴和府，"先有庙滩，后有兴和（张北）"，庙滩的繁盛可能先于张库大道的兴盛，或许在元代的草原丝路上它已然是一个重要的枢纽。

元中都遗址位于张北县县城西北15千米处，在今馒头营乡白城子、淖沿子和积善村之间。其距庙滩村13千米，距沟门口村17千米。在距元中都如此近的两个村子都出现可能是元代的外域穆斯林先贤墓葬，绝非偶然。元中都大遗址，应该把这些古老墓地包括进去，那是辉煌大元中外文化交往的构成部分。

张北县上述两处墓地的石拱北，与山西大同的24个"大人坟"形制相同。大人坟在大同回民公墓的最北端，24座坟墓在一台阶上，东西各12座排成整齐的一排，每座坟上有一石墓盖（拱北），一米多长、半米多宽，形状不尽相同，底层大、顶层略小，上面刻的文字已模糊，花纹尚可辨。（图6）据李兴华等写的《大同伊斯兰教研究》[1]一文，大人坟原址在大同城西

---

[1] 李兴华、李大钧、李大宏：《大同伊斯兰教研究》，《青海民族研究》2003年第2期。

门外的回民公墓里一个高台上，24位贤人的陵园由甬道、砖地、石碑、墓台、拱北（石墓盖）、纪念物等建筑组成。后记录24位贤人事迹的大量石碑不幸遗失，24人的身份也成了谜。大同清真寺明天启二年碑中有

图6 大同回民公墓的24个"大人坟"，上面的石盖为石拱北

"大元间，贤而且异者满喇二十四人，灵迹遍于天下，以宣其教义"的记载。

三、沽源梳妆楼元代墓葬

梳妆楼位于河北省张家口市沽源县，为青砖方形横券无梁结构的穹隆顶建筑形式，楼体正方形，边长10.69米，通高9.1米。楼体下部为方形，四面墙体向上逐渐收分，墙体上部为女儿墙，再上为穹隆顶，南面开门，东西开窗。全楼建筑全部用砖，未用一点木料。早先内有壁画。顶上原有琉璃瓦镶嵌。（图7）

1999年9月，河北省文物研究所对其进行考古勘察，发现此处是一个长140米，宽74米的陵园。楼

图7 沽源梳妆楼

内是一座古墓，在地下2米左右，一座竖穴砖石墓，墓内并列三具棺木，中间棺木是半截松木，在横截面三分之一处锯开，内挖与人体相当的凹槽，死者置其中。东西两个棺木与现代棺木类似，但西边棺木出土后仍崭新如初，棺底有两层，上层有七个与北斗星类似的七个圆，史称"七星棺"。棺底全用青砖砌成，上铺一层枕木，棺与棺之间均用砖墙相隔，并有木条相衬，然后用铁条箍紧，上覆大青石。三名死者为一男二女，死者服饰华丽、考究，具有元代蒙古族特色的质孙服和织金绵（纳石失），并具有等级很高的龙纹鎏金银带装饰，还发现朱梵文咒语及其图案。同时还出土宝剑、古钱币、铜印等若干珍贵文物。据文物专家介绍，元代蒙古人的墓葬在全国少见，而具有这种墓上建筑的墓葬形制，并以树为棺在河北独一无二，在全国也属罕见。（图8）

图8　沽源梳妆楼地下墓室，中间为树葬棺

梳妆楼为穹隆顶，内里八角，额枋之上为斗拱，斗拱之上为层层叠涩而成，穹顶有如天幕，表面用白灰抹光，高约15米。关于梳妆楼的最早记载，是曾任过宣化知县的清代黄可润于乾隆二十三年（1758）编撰的《口北三厅志》："独石口北，上都河店南十余里，俗呼为萧太后梳妆楼，其制内外皆方，以砖为之，高二丈余，顶如平台，半圮，门东南向，左右两旁各有石窗。其外，四面各广三丈；其内下方，中为八角，上圆起花,如覆盖然。外有缘垣,基址尚存,蒙古谓之察罕格尔。"蒙语"察罕格尔",汉语意思是"白色的房子"。

2001年6月,梳妆楼元墓被国务院公布为第五批全国重点文物保护单位。2001年后,河北省文物研究所又对梳妆楼四周进行了大面积考古发掘,发现墓葬24座,分为两个墓区。南区为贵族墓区,共发掘10座墓葬,墓葬的形制及规格较高,出土的随葬品较为丰富,另外还有两处建筑遗址;北区为平民墓区,共发掘14座墓葬,墓葬形制简陋,随葬品较少。

考古人员在墓葬发掘中还发现了青石碑文残片,一块残片上有"襄阔里吉思,敕撰,臣为……"等文字,为确定墓主人身份和建楼时间提供了重要线索,据《元史》所载阔里吉思生平推断,梳妆楼应该建于1298至1305年之间。地下墓葬中的一男二女,男应为元世祖忽必烈的外孙阔里吉思,二女即阔里吉思的两个妻子,身份均是公主。梳妆楼建筑具有鲜明的蒙古族特色,又兼有西域伊斯兰风格,它是目前我国发现的唯一一处元代贵族墓葬群。

阔里吉思是汪古部的后裔,而汪古部中可能有人信奉伊斯兰教。也有的史学家认为墓主并非阔里吉思,而是木华犁部的伊斯兰教信徒。

穹隆顶建筑带有明显的西域特色,是随伊斯

图9 内蒙古额济纳旗黑城遗址城外西南角的一座伊斯兰教拱北

兰教的传入出现的。由梳妆楼推知这种建筑样式在元代已经形成了。梳妆楼极有可能是伊斯兰教的拱北。可以与其互相佐证的，有内蒙古额济纳旗黑城遗址西南角的一座伊斯兰教拱北。退一步讲，即便梳妆楼不是伊斯兰教的拱北，那它也是吸收了阿拉伯的建筑风格，是中外文化交融的产物。

额济纳旗黑城遗址位于内蒙古额济纳旗达来呼布镇东南25千米处，是古丝绸之路上现存最完整、规模最宏大的一座古城遗址。该城建于公元9世纪的西夏政权时期。城外西南角有一座带有异域特色伊斯兰教拱北（拱北指墓上的穹顶建筑），与沽源梳妆楼相似的方基穹顶外形。

四、张家口现今对外文化交流

以河北北方学院留学生为例。目前北方学院共有留学生1032名，都是学习临床医学专业，来自50个国家。其中人数最多的是巴基斯坦留学生，占总人数的一半。而巴基斯坦是伊斯兰教国家，所以，有如此多的巴基斯坦学生来张家口留学，其原因，除了两国友好、张家口有适合他们学习的院校、专业，最重要的就是这座城市所具备的伊斯兰教环境，能够满足他们宗教生活及饮食的需要。星期五主麻日、开斋节，巴基斯坦的男性留学生都会到清真寺参加聚礼、会礼。留学生的大批到来，大大提升了张家口的国际知名度，增强了其国际影响力，增强了中外文化的交流。

图10　2010年开斋节，巴基斯坦留学生在张家口市新华街清真寺

五、结语

草原丝绸之路自青铜时代已开始。草原丝绸之路在元朝时期发展与繁荣达到顶峰，正式建立了驿站制度，设驿站1519处，有站车4000余辆，专门运输金、银、货、钞帛、贡品等贵重物资。元代以上都、大都为中心，设置了帖里干、木怜、纳怜三条主要驿路，构筑了连通漠北至西伯利亚、西经中亚达欧洲、东抵东北、南通中原的发达交通网络。其中经过张家口区域的"木怜"道属西道，在元上都附近，西行经兴和路（今河北省张北县）、集宁路（今内蒙古集宁）、丰州（今呼和浩特白塔子古城）、净州路（今四子王旗净州路古城）北溯汪吉河谷（今蒙古国南戈壁翁金河）至哈剌和林。

这三条通往欧洲的驿路，构成了草原丝绸之路最为重要的组成部分。当时，阿拉伯、波斯、中亚的商人通过草原丝绸之路往来中国，商队络绎不绝。草原丝绸之路的发达，为开放的元朝带来了高度繁荣，使草原文明在元朝达到了极盛。张家口区域也在那时遗存下上述诸多历史痕迹。

2013年，习近平主席提出建设"丝绸之路经济带"和"21世纪海上丝绸之路"倡议。2014年11月，中国、俄罗斯、蒙古国举行了首次中俄蒙旅游联席会议，三国就中国的丝绸之路经济带同俄罗斯跨欧亚大铁路、蒙古国草原之路研究，共同打造中俄蒙"草原丝绸之路"文物考古与旅游线路进行对接。

在国家深入推行"一带一路"倡议和北京携手张家口举办2022年冬奥会背景下，我们张家口应抓住这个战略机遇，充分发掘历史上张家口在沟通东西方的经济和文化上的作用，进而把握和创造新的机遇，续写它新的辉煌篇章。

在"建设中蒙俄经济走廊"中创造新辉煌

郑一民[*]

当今世界是个以文化论输赢的时代。站在全球化的视野审视张家口的历史与文化价值，可以用四句话来概括，即中华古文明发祥地、草原丝绸之路的起点与枢纽、多民族融合的文化与品格、区位与交通独具优势。我这样讲，基于以下四个理由：

其一，史书记载和考古发现证明这里是中华古文明摇篮。自20世纪初美、法等学者在阳原县盆地泥河湾发现旧石器时代人类生活遗迹，中外学者经过一个多世纪的考古探查，已将人类在这里活动的年代推至200万年前，于是泥河湾便成了世界考古界探寻东方人类之源的圣地。在张家口市涿鹿县矾山镇有座"黄帝城"，《史记·五帝本纪》载："黄帝乃征师诸侯，与蚩尤战涿鹿之野"，又"北逐荤粥，合符釜山，而邑于涿鹿之阿"。加之蚩尤寨、蚩尤井、黄帝泉、合符坛等众多遗迹尚

---

[*] 郑一民，中国民间文艺家协会顾问、河北省民间文艺家协会主席、著名民间文艺家。

存,这里便成了世世代代海内外炎、黄、蚩子孙寻根祭祖的圣地。由泥河湾诞生的东方人类,从这里诞生并走向四方;炎、黄、蚩三大部族在这块大地上生活、劳作、征战、融合,最终在釜山合符会盟,定都涿鹿矾山黄帝城,实现了中华民族第一次大融合、大统一,并形成"以和为贵"的中华合符文化代代相传,奠定了5000年中华文明之基,造就了中华文明古国在世界人类文明长河中唯一生生不息的奇迹。这个奇迹的始点和发生地,就在今天的张家口地区。

其二,张家口、库伦、恰克图现存的大量古迹、文物和中、蒙、俄大量史料揭示,张家口是明清时代中国陆路连接欧亚和中东的国际商贸大道的口岸与枢纽。中国封建社会经过元代横扫欧亚大陆的征战,到明、清时代已进入一个新的历史拐点。明、清统治者那种循规蹈矩、妄自尊大、闭关锁国政策,在西方世界日益兴起的工业革命浪潮中渐渐显得虚弱与尴尬。贫民要求生,商家要逐利,元代在征服欧亚诸国中见过世面又失去统治地位的蒙古族要寻求丰富的生活物资来源,于是在汉蒙接壤的张家口长城内外便应时兴起民间互市贸易的浪潮。这种浪潮不仅屡禁不止,还成了蜂拥之势。迫于时势与民情,明万历四十一年(1613),便在位于华北与内亚草原交界地带的张家口太平山段长城上开了一个只能容一辆马车通行的"门",史称"小境门"。清朝,又在距小境门西侧100米处的长城墙上开了一个更大的门,这就是世人常称道的门楣上刻有"大好河山"四字的"大境门"。将此门冠上"大"字,有两层含义,一是相对小境门而言这个门更大,二是它确为万里长城上跨度最大的门。据实地考察，闻名海内外的长城最雄伟的山海关、嘉峪关、居庸关门洞只有四五米宽，而大境门却宽达6.8米。我国著名考古学家、万里长城保护之父罗哲文先生有感于此，欣然题词"万里长城第一门"。

　　清政府将大境门修得这么大，究其因，一是表明天下一统、长城内外皆为王民皇土；二是为安定和治理蒙古大漠草原的政治需要，便于官员、军旅来往，但客观上却为中原各地与蒙古草原之间的汉蒙民族大交流、大融合提供了千载难逢的契机。多年活跃在民间的蒙汉贸易活动，犹如烈火遇春风，很快形成由张家口为始点、草原之都库伦为节点的张库商贸大道。然而，历史发展并没完全按设计者的愿望前行。大境门开了，蒙古族、女真族人来了，回族、藏族、满族人来了，中原各地的商人也蜂拥而至了；俄国、日本、美国人来了，英国、法国、德国、比利时、意大利、波斯、瑞典等地人也来了，于是原本为国内北疆各族人民之间的贸易活动便变成了国际间声势浩大的商贸活动，贸易地点又从库伦延伸到俄国境内的恰克图，商道长达1800千米。在国内外这种商潮的推动下，昔日因守护长城而建的上下两个小军堡，即张家口堡、来远堡，便由军堡转化为商堡，并在峥嵘岁月中发展成闻名海内外的与上海、广州齐名的中国陆路国际商贸大都市张家口，国际社会称其为"Kalgan"，音为卡勒根，意为"门户""大门"。清政府为加强对这条联通欧亚和中东的国家商道管理，在张家口设察哈尔都统署，分管蒙古八族，并在张家口至库伦、恰克图商道关卡"设立文武，专司稽查弹压"。为了管理和维持库伦和恰克图的商事，清政府还由理藩院派驻钦差办事大臣知事，负责其政务和商务。

据《张库通商》记载，清代中后期是这条国际商道最繁盛的岁月，当时仅张家口就有44家国外洋行和42家钱庄、票号，商号店铺多达5000余家（其中外商铺号1600家），年对外贸易额达1.5亿两白银，财税收入占清政府三分之一。这既是俄、美、日、英等国争相在这里设立领事馆（商务处）的原因，也是中国修建的第一条铁路为京张铁路的重要原因。拉动这一国际商道繁荣的虽有来自京、津、冀、鲁、晋、豫、皖、苏、浙、闽、赣、鄂、湘等地商业精英和众多国外商旅，但走在这条大道上最多的还是张家口人，至今在库伦、恰克图还有他们数以万计的后人和众多遗址可昭。它与西北丝绸之路、西南茶马大道、东南海上丝绸之路，共同谱写了华夏神州的先民开拓史、民族交往史、商贸交通史、文化交流史，树立了中华民族追求经济繁荣、社会发展和与邻邦共生共荣的国际形象。

其三，多民族融合的文化与品格突显地域创新发展的张力。路是人走出来的，城是人建起来的，生活在城市中的人群和走在路上的人们是因特殊地理环境和历史条件聚集在一起的。张家口由600年前守护长城的一个小军堡，变成今天拥有468万人口的中国北疆一方地域的政治、经济、文化中心城市，就是上述历史沧桑的生动写照。探究这468万人的来源与民族结构，虽然户口登记表上大多写着汉族二字，但追索其祖源不少人有着蒙古、回、满、女真、契丹、鲜卑、山戎、匈奴、东胡、突厥、柔然、乌桓、林胡、色目、波斯等族人的影子。因此，走进张家口城乡，人们会惊叹这里的女人俊美漂亮，男人豪爽雄壮。研究解析这种现象，有学者说，这是昔日这一地区长期处于多民族征战融合和繁盛的张库商道造就的地域人群特色。据《察哈尔都统署档案》记载，清朝中后期，聚集在张家口长城内外的外国商人、工匠多达9万余人，其中俄国人最多，但美、日、英、意、德、法、比利时、波斯、瑞典等国人也在与日俱增。他们带来各国的商品，也带来各国的语言、文化、艺术、服饰、习俗、饮食和宗教信仰。在经商和生活中与当地民族相互影响、相互借鉴、相互融合，形成多元文化共生共荣现象而结出"混血"文化之果。

其实，张家口的这种"混血"文化现象，早在张库大道出现前就久经磨炼了。例如，炎、黄、蚩釜山会盟大融合；战国时代燕赵二雄与北部少数民族之间的征战融合；汉代中原民族与匈奴在这里的长期厮杀交融；《元史》记载，成吉思汗征服西夏和西亚后，东归带来的回族工匠、商人及由波斯、回纥、西夏等色目人组成的回回军等便安置在今张家口一带，元王朝建都北京后又将成吉思汗的卫队长期屯扎于此等。明清时代，选择以张家口为起点和枢纽而开创的国家行为国际大商道出现，既是这种长期积累的"混血"文化在新的历史时期的又一种爆发和绽放，也是历史发展的必然和区域人品格所致。这种文化在表现形式上，以外向性、多元性和商业性为外部特征，用老百姓话说就是"不欺生""善交际""敢作敢为"，从而造就地域人勤劳、智慧、勇敢、坚韧、包容、豪放、敢于担当和创新的品格，透射出"混血"文化特有的优异特质与禀赋。

因此，当改革开放的春风吹到这块大地，张家口立即展现出勃勃生机和翻天覆地的巨大变化。

其四，时代呼唤和区位交通优势为张家口迎来前所未有的再创辉煌的契机。在国家推行"一带一路"这种谋求国际社会合作共赢倡议中，2014年9月11日，中俄蒙三国元首在塔吉克斯坦首都杜尚别举行会晤，启动了三方深化合作进程；2015年7月9日，三国元首又在俄罗斯乌法再度会晤，决定将中方实施的丝绸之路经济带建设、俄方提出跨欧亚大通道建设、蒙方建设草原之路倡议进行紧密对接，推动构建中蒙俄经济走廊，并批准《中俄蒙发展三方合作中期路线图》；2016年5月26日，中蒙俄三元首又对《建设中蒙俄经济走廊规划纲要》达成共识，并开始在产能、基础设施、物流、文化交流等方面落实。这条连接三国的经济走廊虽然以俄罗斯远东地区开发和中国东北老工业基地衔接为重点，但也打开了中蒙、中俄、俄蒙三国边境地区携手发展的大门。

机遇向来是给有准备者备好的红利。地处京冀晋蒙四省（区）通衢之地的张家口，历来是沟通中原与北疆、连接东部与西部、蒙古国与俄罗斯的重要纽带，改革开放以来已在境内建成7条铁路、6条高速公路、21条国省干线和机场，构建起现代化内外交流的立体交通网络。这里生态环境优良，森林覆盖率达37.5%，空气质量位居华北地区之首，山林草原与湖河湿地相互辉映。在京津冀协同发展的大势中，京张联合举办世界第24届冬奥会已得到世界空前关注，天时地利人和已为张家口重新振兴草原丝绸之路张库商道迎来千载难逢的天赐良机。如果说，600年前的张库国际商道使张家口由一个小军堡变成世界闻名的国际商贸之都，那么现在是国内和国际社会快速发展再次将张家口推到时代最前沿。把张家口建设成当代国际历史文化和经济名城，不仅是张家口人的美好愿景，也是中华民族伟大复兴和国际的期盼。一句话，这是历史和时代赋予这座充满传奇和文化魅力城市的伟大职责与使命。

梳理历史文化在于借鉴，重温昔日辉煌在于凝心聚力，阐述发展优势在于谋划进取。张家口市委、市政府在国家发展战略和国际发展大潮中，适时举办"张家口·冬奥会与一带一路国际学术研讨会"，拉开了张家口从学术高度、世界眼光审视自己在中华文明和世界文明中地位与价值的帷幕，无疑是抢占合作共赢先机和谋求当代创新发展的战略之举。但将学术认识化为繁荣地域经济文化的软实力和产业品牌，还需科学规划和逐步实施。俗话说，敢为天下先才能有作为。针对张家口区域地理优势和特有的历史文化资源，结合国家发展战略和规划，我提出如下建议：

第一，与西北丝绸之路、西南茶马古道、东南海上丝绸之路联合，将以张家口为始点和枢纽的草原丝绸之路张库大道申报为世界文化遗产，以提高张家口和张库商道珍贵文化遗产在国际社会上的知名度和影响力。

第二，主动融入国家"建设中蒙俄经济走廊"发展战略，利用张家口和张库商道历史文化资源优势，借鉴上海自贸区经验，创建"中蒙俄经济走廊张家口自贸区"，使张家口再次成为国际间商贸精英汇聚、产业交融、服务交流、沟通互鉴、合作共赢的平台和中心。

第三，创办一年一度的"中国草原丝绸之路文化节"和"中华草原丝绸之路国际精品博览会"。文化节，以学术研讨和文化艺术交流展演为主题，将现在成功举办并有相当影响的蔚县中国剪纸艺术节、阳原中国皮裘文化节、张北草原天路音乐节和张家口·冬奥会与一带一路国际学术研讨会等皆纳入其中。博览会以中蒙俄三国名牌产品为支撑，办成具有欧亚、中东和草原特色的中国北疆"广交会"和名牌产品聚散地，从而拉动张家口将特色产业做大做强并催生新的产业与品牌，形成经济发展新引擎。

第四，借鉴海上丝绸之路口岸城市福建泉州经验，创建国家级金融改革试验区，致力引进欧亚金融、保险和产业基金机构，实现在一带一路国际发展战略中在金融对外合作中先行先试的典范。

第五，结合高校教育改革，在张家口高等院校设立从事国际经贸和文化交流等专业，培养和引进适应将张家口建设成国际历史文化名城和经贸大都市所需人才。

人民是创造历史的英雄。历史上的张家口，给人类留下精彩华章；今天，承继着历代先人美德盛绩光芒的张家口，在实现中华民族伟大复兴和中国梦中，一定会演绎出更辉煌的未来！让我们祝福这座伟大的城市和生活在这座伟大城市中的人民。

流动、记忆、认同：作为"路域"的张家口

——一点田野感受和书写

宝 山*

张库大道是指，开始于清康熙年间，大致终止于20世纪20年代的，张家口至库伦（今蒙古国首都乌兰巴托市），并延伸至俄罗斯恰克图的商道。历史上这条商路，从张家口出发，有多条线路北上，最终汇至库伦和恰克图。本次考察选择的线路是，从河北省张家口市的怀来县开始，历张家口市的宣化区、桥西区、万全区、崇礼区、张北县、康保县，之后进入内蒙古自治区锡林郭勒盟的多伦县，再经过锡林郭勒盟的正蓝旗、阿巴嘎旗，终点至锡林郭勒盟的二连浩特市。

此次考察，在9天时间内，穿行数百千米，彰显了此次考察的旨趣，即有关"路"的探察。总体而言，点、线、面的结

---

* 宝山，中央民族大学一带一路与民族发展研究院特聘研究员。

合，是此次考察的基本过程。具体来讲，就是以商道这个线路作为纽带，通过对分布于商道上的曾经作为商道上的重要节点地方的考察，达到一个地方区域性的相关理解和认知。那么，对这样的一个考察，如何书写、书写什么、以怎样的一个文本呈现呢？

　　点、线、面的结合，实际上是遵循了道路具有的一个基本特征。因"行"而有"路"，因"路"而有"行"，"行"是"路"的本质，因不同"行"的需求和形式，赋予"路"以不同的意义，但无论如何，"路"是用于人行走的，代表着人群的流动性。"路"与人群的流动，有如河道与河水，人群有如流动的河水，而河道有如人行的道路。河水所经之地，浸润着河流两岸，道路所经之地，也因人群的流动，塑造着道路所经之地的人文与景观。聚落、城市，沿道路兴起，形成道路上的一个个节点，彼此勾连，型构出道路的通道区域，这一区域，有如由河水浸润的河流的流域，可称其为"路域"。"路域"的人文、历史，是此次考察，最终所要探察的。

　　上面对张库大道的一个界定性的表述，某种意义上，可以说是一个狭义性的理解，在一个更为宽泛的意义上，在以下三个方面可对张库大道予以理解，其一，张库大道的孕育，有着久远和厚重的历史积淀和背景，具体而言，是在源远流长的农耕区域与游牧区域之间的，在政治、经济、社会、文化、军事诸方面的交流、互动、交融，乃至碰撞下孕育的结果。其二，基于其孕育的历史和背景，张库大道的功能和意义，也不仅仅是商贸，也体现在政治、经济、文化、社会和军事等多个方面。其三，从库伦或恰克图往北，张家口往南，张库大道有着更长的延展，构成起自中国南方，经俄罗斯，勾连欧洲的联系通道。在这一意义上，张家口与库伦，并非作为道路的两个端点，而是作为道路交通的两个核心枢纽，遥相呼应，而构成张库大道。农耕区域与游牧区域间，在政治、经济、社会、文化、军事诸方面的交流、互动、交融、碰撞，所引发的人群的流动，在相应的时期内，以张库大道构成这一流动性的具象表达。

张家口以其农耕区域与游牧区域两者前沿交汇的地缘位置，历来便是农耕人群与游牧人群的流动汇集之所，由此，也成就了其张库大道时期的核心枢纽的地位。历史沉淀至今，作为承载厚重历史的曾经的核心枢纽，也塑造了现今张家口的地域文化品格。本文拟选取张家口路段的考察，以人类学意义上的田野书写的形式，作为此次考察的文本呈现。需要说明的一点是，如今的张家口，是在行政建置上，以市替代地区的大市区概念，分为张家口市区和张家口市两个概念，前者由桥西区与桥东区组成，是市政府所在地，后者则是指称包括张家口市区在内的整个张家口地区，以下本文即遵循这样的区分表述。

此次在张家口市路段的考察，从怀来县至康保县，涉及4区、3县，从东南向西北，距离跨度200多千米，几乎纵向贯穿了张家口市辖域，从7月19日—23日，进行了为期5天的考察，因此相对于考察后期，在这一路段，也得以进行了相对较有密度和多样的考察。值得一提的是，考察队中的三位张家口市的成员，本身是生于斯长于斯的当地人士，而且，均对张家口市当地历史文化有着多年的调查和研究经验，作为考察队成员的同时，也充当了对张家口市当地情况的报道人角色。为在以下文中的表述方便，现在对这三者做一介绍，他们分别是吴桐、刘喜、杨成。吴桐，女，汉族，1969年生，张家口市人，张家口市民间文艺家协会主席，作家，是此次张家口市路段考察的负责人和组织者。刘喜，男，汉族，1961年生，张家口市蔚县人，原张家口市广播电视台党委书记、台长，张家口市地方文化学者、知名媒体人。杨成，男，汉族，1949年生，张家口市崇礼区石窑子乡小伙房村人，原崇礼副县长，现任张家口乡土文化协会主席，致力于崇礼区地方历史、乡土风情的调查、收集、整理与研究。本文也收入了三者的相关报道，其中重点是笔者对刘喜及杨成的访谈内容，这部分可视为考察队内的访谈，主要是在餐间、路途中完成的，加之在考察地点的现场参观与访谈，构成本文叙述的内容。

所谓人类学意义上的田野书写，其一，以直接书写访谈和观察的过程和内容为要义，其二，将"人"置于呈现的中心，这个"人"，是指当地人，也就是所考察地方的人，以其如何行、如何言，来呈现当地的性格。也就是通过直接书写当地人"如何行""如何言"，以当地人的视角，来呈现当地的性格。如上所述，本文自然是在"路域"这一意义上的叙述，基于历史上人群的流动，而沉淀为今日张家口市的性格，是以多元的历史记忆的形式，型构为现今当地人对自身及自身地域的认同想象。这种记忆与认同想象，由当地人的"如何行"与"如何言"来展现和言说，由此，流动、记忆、认同，构成本文叙述的三个彼此关联的核心概念，基于此，此次张家口市路段的考察，给予笔者感触至深的是，当地人有关自身和自身地域，既有在地性的，同时也表现出的超地域、超民族乃至超国家的多元、复合重叠性的记忆和认同。

一、"二北京"与张家口堡及"卡拉根"

19日考察的位于宣化区的钟楼和鼓楼，20日考察位于桥西区的张家口堡及大境门，记忆的是张家口市由边境军事重镇，向国际商埠转变的历史流变过程，它是张家口市历史上一段由屏藩之地转变为开放流通之地的过程。吴桐介绍说，钟楼和鼓楼，是宣化古城的一部分，当地人也称宣化古城为二北京，张家口堡，则是张家口市区发展的起点，"张家口"这个名称，历史上还称为卡拉根。

钟楼称清远楼，始建于明成化十八年（1482），鼓楼称镇朔楼，始建于明正统五年（1440），两者均建于高大的墩台之上，为重檐多脊歇山顶式楼阁，庄严雄浑，位于古城中轴线上，间隔200米南北对峙。现今虽然已无法窥视宣化古城全貌，但从两座楼宇格局，不难想象，宣化古城曾经所拥有的宏大气势与规模。在长城沿线，设置卫所，构成有明一代，对北方蒙古势力的基本边境军事防御体系。其基本做法大致是，在关隘之处，构筑关堡，以长城为防御屏障，御敌守土。今张家口市一带，在明初，即形成以宣府为卫所治所的卫所防御体系。至明中期，在边界形成以长城沿线九个重镇为核心的卫所防御体系,称为"九边"或"九镇"。宣府为其中一镇,称为宣府镇,或宣府镇城。卫所治所及最高军事长官官署坐落于宣府镇城,其下设卫城等,关堡是最基层单位,构结成以宣府镇城为中心的卫所防御网络体系,由此也奠定了今日之张家口市布局的原初格调,现今的宣化古城,即宣府镇城的遗存。

由于在首都北京近旁,在明代"九镇"当中,宣府镇城地位尤为重要,这种重要性,也就是对京师的屏藩作用,而受到重视。清朝时,改宣府镇为宣化府,其对京师的屏藩作用仍受到重视,现今镇朔楼北檐悬挂有当年乾隆皇帝亲笔御书的"神京屏翰"大匾,而且,宣化府隶属于直隶省,被纳入了京畿行政体系当中。吴桐介绍说,正是由于宣化古城,历史上与北京相关的重要地位、建筑格局上的京城规制,以及宏大的规模上,也堪比北京,而有了"二北京"的称呼。

宣府镇城的防御体系,自然不是地方上自然生成的,是帝国的"边疆"派出机构,具有帝国的代表性,象征帝国,因而也与帝国具有某种意义的"同构性",以此来彰显向内的"一体性"、向外的"边界性"。这种"同构性",一个重要的表现,便是对帝国中心的"模仿"。典范性,本身构成帝国建设的特征之一,其中构成帝国中心的首都,在城市建筑格局及规制上,也具有帝国的核心典范意义。在城市建筑格局及规制上,对帝国首都的"模仿",自然也就成为作为帝国在"边疆"的象征的宣府镇城,与帝国"同构性"的表达。当然,这是在"礼制"秩序制下的"模仿",既"模仿",又不可僭越。基于这种"模仿",而表现的"同构性",也是"边疆"

地方向帝国中心的"向心性"认同的表达，通过将典范中心，"投射"到自身身上，表达了一种向"典范中心"的，文化及政治上的"向心性"认同，从而达到"内向"的政治、文化"一体性""外向"的自我"边界性"的宣称意义。这种"模仿"与"认同"，在时光的流转中，以"二北京"这一称呼，影响着当地人对自身地域的理解和认知。

宣府镇城的防御体系，是一个"中心—边缘"的构成体系，可以说也是与帝国"同构性"的特征之一，是整个帝国的"中心—边缘"体系，在"边疆"的"微观翻版"。宣府镇城位于这一体系的中心，由此，与帝国中心的首都，有了"模仿"的对应关系，张家口堡则处于这一体系的边缘。

张家口堡，位于张家口市区的桥西区，是一处保存相对完整的明清古城建筑群落，既是张家口市的重要的一处文化旅游观光景区，也是一处普通意义上的居民日常生活居住区。其中一面青砖墙上，贴有景区的简介栏，下面是简介的部分摘录：

张家口堡俗称堡子里……张家口市市区的发祥地。始建于明宣德四年（1429），初建时为单纯屯兵军堡，是明代长城九边要冲宣府防御体系的重要组成部分。……北以万里长城为屏障，西傍赐儿山，东临大清河，可谓依山傍水，虎踞龙盘。……清末民初时形成了张家口堡现有的十二街八巷格局，共有478个院落，其中国家级重点文物保护单位33处。1918年张家口商业贸易达到鼎盛，据《张库通商》记载，张家口对蒙古贸易的商号增加至1600多家，年贸易额达白银1.5亿两。张家口被称为"华北第二商埠"，张家口堡成为中外商贾聚集之地。张家口堡就是明清建筑和钱庄、票号、洋行的集中区,被我国著名建筑专家吴良镛评价为"明清建筑的博物馆"。

在宣府镇城的防御体系中,张家口堡位于作为体系中心宣府镇城的西北端,处于体系的边缘。其边缘性,体现在其地理位置上,即处于体系直接屏藩北方蒙古势力的前沿关隘之地,也是体系中最为基层的屯兵军堡。如上面简介栏中对张家口堡的地理位置的介绍,张家口市的有关地方史志上也有相应介绍:"据山河之胜,天之所以限华夷也。"在张家口堡北,还有东西对峙的东、西太平山,两山之间形成隘口,"张家口"一称,即由这一隘口而来,大清河,也称清水河,南北纵向,穿东、西太平山之间的隘口,南向流经张家口堡东侧,赐儿山则踞张家口堡西侧。这样的地理特征,被视为天然屏隔北方蒙古势力的地理分界,也就是所谓"天之所以限华夷也",张家口堡据此"山河之胜",也就成为宣府镇城防御体系的,最为重要的前沿关隘"屏藩"。

明隆庆五年(1571),明朝与其北方的蒙古势力议和成功,明蒙之间,由过去的时战时和,进入到一个相对稳定的和平时期,其主要标志是,在两者边界开通相对稳定的互市,作为两者交往的一个基本形式。马市是互市的主体形式,这是明蒙间的官方贸易,包括宣府在内,明朝先后开设有12处马市,除官方贸易外,马市兼顾民间贸易,称为民市,宣府马市的地点,设在张家口堡。原本作为前沿关隘军事"屏藩"的张家口堡,恰也因其这一位置,兼有了对外贸易沟通的功能。防御仍然是明朝对蒙开通贸易的同时,首要考虑的问题。一方面表现在互市地点选择在张家口堡这样的防御体系的边缘地点，同时，表现在具体的贸易地点，并不是在堡内，而是划定在堡外的北面。明万历四十一年（1613），明朝在划定的互市贸易地点，围建了一座新的城堡，命名为"来远堡"，互市贸易便在来远堡内进行，因此，来远堡也称"市圈"，来远堡也兼有防御的功能。来远堡的建成，与张家口堡比邻，成双堡的建设构成体系，前者因处于后者的北面，故也称"上堡"，后者亦即以其南面的位置，相应的也称为"下堡"。

大境门是清顺治元年（1644），清朝于紧邻来远堡北的长城上开凿的城门，门墙高12米，宽9米，位于东、西太平山之间，现为张家口市一处重要的文化旅游观光景区，隶属于桥西区。历史上，大境门、来远堡、张家口堡，南北相邻分布，构成一个功能体系。事实上，这种长城上的门与双堡的构成体系，在明朝即已形成。在大境门景区，可以看到，东距大境门百米，还有一个开在长城上的，上书"西境门"3个字的拱形小门。很明显能看出，"西境门"3个字有后黏附的痕迹，吴桐介绍说，这个小门是在2007年清理大境门东段长城时，意外发现的，之前是被掩埋于地表之下的，人们并不知晓有这个小门的存在，"西境门"3个字，也是在这次清理中找到的业已剥落的匾额，经考证应该就是这个小门原本的名称，便将其重新黏附于小门上，但当地人将这个小门，习称为"小境门"（本文以下表述中采用"小境门"一称）。小境门旁立有小境门的介绍牌匾："西境门建于明万历四十一年（1613），与互市之所'来远堡'同时开通。因建在宣府镇西路长城上，故名

'西境门'。门高2.7米，宽1.62米，进深7.5米。其形制小巧，俗称为'小境门'是当时进出张家口的唯一通道，张库大道的起点。"小境门开凿的确切时间，现未见明确的记载，张家口市当地相关学者依据一些佐证，认为其开凿时间，至迟不会晚于明万历四十一年（1613），倾向于在这一年与来远堡同时修筑，目的就是凿通城禁，方便蒙古人进入长城内进行交易。相比于大境门的恢宏敞开，小境门的门开尺度，仅可容1辆牛车通过，实地体察，在高大雄浑的城墙的映衬下，给人一种只是城墙根上的一个小洞的感觉，小境门之小，也表现在易被掩埋，而为人所遗忘的这段历史上，这种"小"，也就是防止大队人马的涌入。

小境门与双堡的构筑体系，既是防御性的，但也是在开通互市的前提下，有以利贸易交流的目的，确切地说，是带有防御考虑的，并赋予其贸易交流功能的构筑体系。小境门的开通，历史意义重大。张家口堡北长城上的豁口，是小境门开通之前，是人员穿行长城内外的通道，具有非正式和常规性。小境门的开通，具有一个时代的标识意义，即长城壁垒的正式凿通，明蒙之间的贸易交流，有了正规的通道，原本两者之间的屏隔之地，转向贸易沟通之地，获得了正式和常规性的认可和实践，因而历史意义重大。在贸易沟通的意义上，张家口堡互市的开设，对由宣府镇城防御体系所强调的"边界"，具有消解的起始意义，小境门的开凿，及其与双堡构筑体系的形成，则对这一"边界"功能逐步削弱。

位于大境门景区西北约6千米处的稍道沟村，新建有檀邑溪谷度假村，作为度假村的一部分，2017年，修建了以张库大道为主题的张库大道博物馆。20日，在参观完大境门后，便参观了张库大道博物馆。"1644年，刚刚建国的清政府就在张家口北部的长城线上开筑了大境门，沟通欧亚的张库恰国际商道应运而生"，"大境门外正沟石崖上刻着'内外一统'四个字，注释了大境门开通的历史意义"，这是张库大道博物馆关于大境门及张库大道的两段介绍文字。前者，将大境门的开筑，与张库大道的形成相勾连，后者，事实上，是说明了大境门开筑的国家背景。"内外一统"，大境门外的这个摩崖石刻，也就是以长城为分界线称的"内""外"，清朝实现的大一统，"一统"这个"内""外"，在此意义上，长城由"边墙"，转为了"内墙"，失去了其"内""外""屏隔"的作用和意义。与小境门的"城墙洞开""欲放还收"相映照，十多倍于小境门的大境门，则更多表达了一种"敞开"与"开放"，"内外一统"的国家背景，在一个"门"的"敞开"程度上，得到了具象表达。大境门的开筑，在"境门"与双堡的构筑体系的视野下，反映在贸易上，就是从"坐等来易"，向"走出去"的转变，也就是，从坐等蒙古一方到张家口市这个定点地方来贸易，在新的国家背景下，内地商人获得了到蒙古地方贸易的条件和可能，并逐步实施扩大这种"走出去"的贸易。张库大道的实质，便是"走出去"的商道。自大境门开通，内地商人从张家口市"走出去"，到蒙古地方贸易，并形成某种惯例，由此张库大道正式生成，最终实现对蒙古地区的突破，发展成为联通欧亚的"张库恰国际商道"。在此过程中，以大境门、来远堡、张家口堡构筑的商贸体系，也日益发展繁荣，逐步形成国际性的大商埠。以宣府镇城为中心的向外强调"边界"的地域格局体系，其所强调的"边界"，经马市的开通、小境门的消解过程，在大境门的开筑以及与之相辅相成的张库大道的形成时，在其体系构成"边缘"，形成突破，完成了最终的消解，张家口堡华丽变身，由原来的体系"边缘"，走向"中心"，全新的地域格局体系生成，这是基于商贸，以市场为中心的开放的地域格局，以大境门、来远堡、张家口堡三位一体的市场构成体系，构成这一地域格局的中心。这时，"张家口"这一名称，也以"卡拉根"见称于国际上。

张库大道博物馆，将张家口市的上述流变史，予以了文字、图片、实物以及场景式的记忆展示，"卡拉根"一称的由来，也藏在张库大道博物馆。首先，需要介绍张库大道博物馆的创建者和负责人刘振瑛。刘振瑛，男，汉族，1949年生，张家口市桥西区人，张家口市知名地方文化学者，曾担任桥西区文化旅游方面及大境门景区负责人，对桥西区的文物古迹及张库大道有着多年的实地考察及研究经验，相关著述颇丰。

在张库大道博物馆，展示有一幅绘制于羊皮上，用俄文标注的地图复制件。刘振瑛讲，这是一幅张库大道交通图，由当年俄罗斯商人绘制，2007年俄罗斯联邦布里亚特共和国恰克图市茶叶之路考察团，到张家口市进行考察交流活动时，该团团长赠送给刘振瑛的。这幅图上，"张家口"这一名称，被标注为"卡拉根"。"卡拉根"几个字，是刘振瑛依据地图上的俄文标注"КАЛГАН"音译过来的。刘振瑛讲，"卡拉根"这一名称，在清末民初时期，在张家口市正式使用过。对这一时期，"卡拉根"作为张家口市名称的正式使用，刘振瑛是将其与张家口市作为当时的国际商埠地位相关联，置于国际视野中进行的解释。刘振瑛说，这次正式使用，是1909年，詹天佑主持修建的京张铁路正式通车时，用作"张家口站"站名，站名匾额上，汉文"张家口站"几个字是詹天佑亲自题写的，其下是英文拼写的站名"KALGAN"，就是"卡拉根"。刘振瑛解释说，清末京张铁路修建之前，张家口市业已是联系国内和国际经济交往的重要枢纽城市和中国北方重要的商品集散地，清政府修建的京张铁路，目的就是支持张库大道的运输及促进当时张家口市区经济贸易的进一步发展，京张铁路1905年开始修建，至1909年修成开通，1906年，清政府宣布张家口市为开放商埠，使得张家口市商贸日益国际化，1909年京张铁路开通时，张家口市已有40多家外国商行，对这些外国商行的服务，自然也是京张铁路考虑的主要对象之一，因此，詹天佑极重视京张铁路修建的国际标准，表现之一，就是为京张铁路沿线各站配备了规范的英文站名，采用的是威妥玛式拼音标注，这是当时国际上地名的通译惯例，就是对原有地名的音译，当时张家口市内的几个站名，都是对原有汉语地名的直接音译标注，唯独"张家口"被标注为"卡拉根"，这实际上也是音译，是对"张家口"这一名称，被传播到国际上，并为国际上采用认可，成为"张家口"的国际通称的另一名称的音译，也就是"卡拉根"。

刘振瑛说，"卡拉根"是蒙古语，其意是"大门"或"城门",应该是指称大境门。大境门是蒙古人来张家口市贸易的目的地,并视其为这一集贸市场的标志。见到大境门,便知道来到了集贸市场,故以大境门来指称这一市场,也就是称呼为"卡拉根"。那么"卡拉根"是如何被传播到国际上,并成为对"张家口"的国际通称的呢?刘振瑛说,信息就隐藏在上面的那幅羊皮地图内。刘振瑛说,之初,俄罗斯人主要是与蒙古人做生意,并从蒙古人手中获得中国内地的商品及相关信息,俄罗斯人也主要是从蒙古人处得到,在相当长的时间内,在俄罗斯与中国内地的关系中,蒙古人充当着"中间人"的角色,张库大道的形成,俄罗斯人对张家口也极为关注,虽然,后来俄罗斯与清朝经过协商,签订相关条约,成功在张家口市建立商行,能够直接到张家口市来做生意了,但前期有关张家口市的信息,仍然是从蒙古人处获得,也包括蒙古人对张家口市的称呼,也就是"卡拉根",并沿用了这一称呼,上面羊皮地图上用"卡拉根",对"张家口"的标注,就是证明,随着俄罗斯商人将中国内地的货物带到欧洲销售,也把"卡拉根"这个名称带到了西方,"张家口"便以"卡拉根"扬名西方,成为国际通用的对"张家口"的称呼。

从宣化古城,到张家口堡,再到大境门,我们感受的是,作为张家口市这一区域中心的城市流变史,事实上,也是张家口市这一地域格局的流变史。可以说,这是基于张家口市的地缘性,在不同的政治格局下的地方演绎史。这一地缘性表现在,既是农耕区域与游牧区域的自然分界线,也是两者间人群流动的通道关口。其间在这里既有基于政治、军事意义上的

"边界"的强调,也有基于贸易意义上的沟通和交流,在不同的政治格局下,两者互为表里、纠缠演绎,最终形成以"市场"作为中心的地域构成格局,奠定了今日张家口边贸城市的基础格局。二北京、张家口堡、卡拉根这些名称,附着于相关遗存古迹之上,构成当地人对自身地域的这一历史流变的叙说,最终,由张库大道的叙说串起,完形为一个叙说体系,构成当地人有关自身地域的历史记忆,影响着当地人有关自身及自身地域的理解和认同。这一记忆和认同,基于自身地域的地缘性,具有多元的特征,既有以张家口堡作为起点生成表达的在地性记忆和认同,又有以二北京、卡拉根为表达的超地域、超民族乃至超国家的记忆和认同,构成其核心表征。这一记忆和认同,内嵌于当地很多居民的家族史及个体的成长当中,而与之"血脉相连",刘振瑛便是其中的一个代表。刘振瑛对桥西区及张库大道历史的研究,源自其家族史和个人生命史的记忆和情感,以博物馆形式,将自己多年研究成果及当地历史、文化,予以展示介绍,成为地方民众普遍的、公共性的知识,是其多年的心愿,为此借檀邑溪谷度假村之力,筹建了张库大道博物馆,并在博物馆建成时,将自己多年的有关当地历史、文化方面的收藏,捐赠于博物馆。刘振瑛说,当年,人们出大境门到库伦做生意,并没有"张库大道"这个称呼,当年的"老话"叫"跑草地"或"跑后草地","草地"就是指蒙古草原,而对到蒙古地方经商的人们,就称"跑草地的"。考察结束后,为弥补现场访谈的不足,我用微信再访了刘振瑛,刘振瑛给我发来了一段有关他与张库大道情缘方面的文字,这是一段包含丰富信息的鲜活文字，全部收录如下：

我的张库大道情结的原点

1949年以后，为了解决广大城市居民的住房问题，开展了没收资本家房屋的行动。房屋没收房屋时，按在册人口算。两口人留一间房，三口人以上留两间或者更多。没收房屋时，政策还挺人性化。你可以在你的院子中按标准任意选择房子。所以，我在后期进行张家口商号调查采访时，只要是询问到老院落正房是祖传私产的，这家主人必定曾经是这个院落的主人。我外祖母的娘家在牌坊粮店斜对面的那个院子住。据家里老人们说，那个院子整个是我姥姥娘家的，曾经是一家皮毛栈。后来院子被没收，只给我单身的太姥姥留下一间私房。我的外祖父家也曾经开着皮毛栈，也差点定成资本家。没收房屋时，因为人口多给外祖父留下了四间正房，东西房各一间的少半个院落。因为我父亲在外地工作，母亲就带着我们住在这个院落中。当时，姥姥家还养着一个闲人。这闲人没法论辈分，我姥爷、姥姥他们这一辈儿叫他五舅爷，我母亲、姨姨们叫他五舅爷，我们叫他五舅爷。更离奇的是，在上堡牌坊住的太姥姥也叫他五舅爷。我懂事时，五舅爷80多岁，身体还算是硬朗。听家里老人们说，五舅爷挣过大钱，但是一生没有成过家。只言片语中，似乎听说他有相好的，怕耽误了人家，没有娶回来。他给柜台干了一辈子，老了就由我姥爷家养着，户口也是中姥爷家。五舅爷高高瘦瘦的，但是驼背让他显得个头却不太高。他眼睛不好，双眼总是流泪，说是过沙窝子让风沙打的，牙全掉完了，说话有点跑风。孩子们淘气，有时叫他红眼五舅爷，叫他没牙五舅爷，他都不生气听了只是笑。姥爷家族中缺男丁，只有四个女儿，我是当时唯一的男孩儿，大人们自然宠爱。而五舅爷，尤其喜欢我。儿时爱听故事，五舅爷偏偏爱讲故事。他爱喝酒，不是大口喝，是一个扁扁的锡酒壶。讲故事时常常抿一小口。他讲的就是老话，就是张家口人跑后草地大圐圙的故事，就是我们现在所说的张库大道的故事。故事是断断续续的。留在记忆中的是草原上的狼，怎么耍诡计偷商人的羊；商人们在沙窝中怎么行走，怎么喝水、做饭；见到蒙古人怎样打招呼，进蒙古包不能够带刀子；草原上怎么对（抓）白灵（百灵鸟）；草原的美食是天鹅、地䴗、鸽子、肉黄鼠；旅人们的帐篷如何搭，为什么是有风没风，帐篷口朝东；边墙里，边墙外，蒙古人吃肉俺吃菜，肉换菜真不赖，要换就去大门外；腰里一根鞭杆，一年四季肚皮绷展；遇到大风雪怎么找草？遇到大火怎么办？还有许多蒙古话（蒙古语）、俄国话，等等等等。这些神秘、神奇的、充满激情的信息，让我从小有了一个冲动，为我编织了一个亲自跑一趟后草地的欲望。我想这大约就是我关于张库大道情结的源头和梦想。

二、"二张家口""喇赖庙"及喇赖公主

7月21日上午，至崇礼区高家营镇喇北营村，这也是出张家口市区此次沿张库大道北上考察走的第一站。历史上，张库大

道以出大境门为起始点，由此溯清水河北上约10千米，位于河北岸的就是嗨北营村。与嗨北营村一河之隔，位于河南岸的是嗨南营村，两者现为同属崇礼区高家营镇的两个行政村，历史上，则曾同为一个村子，称为嗨赖庙村，依地理位置以南村、北村来区分，也曾分别以嗨赖庙北营和嗨赖庙南营之称区分，习称为嗨北营和嗨南营，即成为现在两个村子的名称。

此次到嗨北营村，主要是去走访一位对当地历史文化比较了解的老者、嗨北营村村民岳作亮。岳作亮，男，汉族，1932年生，嗨北营村人，1950年考入张北师范，1953年毕业参加工作，先在当时的崇礼西湾子小学任音乐教师，1976年，调回原籍任嗨北营小学音乐教师，以及嗨北营农业中学语文教师，2010年，从教师岗位退休，曾兼任张家口市长城日报通讯员、张家口晚报通讯员、嗨北社火活动艺术顾问等职。当天离开嗨北营村，于当日中午至崇礼区区政府所在地西湾子镇见到杨成，至此考察队张家口市段成员全部聚齐。杨成对嗨北营村一带也很了解，曾多次走访嗨北营村及嗨南营村，并撰写了多篇有关这两个村子历史文化的文章。本章即以本次嗨北营村的走访为叙说对象，内容关涉岳作亮及杨成提供的相关信息。

嗨赖庙，本为寺庙名，因寺庙名而成村落名称。岳作亮说，嗨赖庙是座蒙古人建的喇嘛庙，汉人叫"嗨赖庙"，蒙古人叫"嗨赖苏木"，"嗨赖"是"兔子"的意思，"苏木"就是"庙"的意思。嗨赖庙曾是建于今嗨北营村的一座寺庙，与之相关，当地还流传一则嗨赖公主的传说。下面是杨成在其《古树传奇》的一篇文章中有关这则传说的一段文字：

话说内蒙古镶黄旗王府中，有位名叫喃赖的公主，俊俏美丽，是王爷的掌上明珠。年方18岁那年，害怕草原寒冷气候，欲下嫁到温暖宜人的坝下地区。王爷带着心爱的女儿，不远千里，来到一个依山傍水的村庄。当他们走到村头时，一颗古杨耸立在面前：树干粗壮挺拔，雄浑而魁梧；树冠枝繁叶茂，仿佛一顶巨大的绿伞，遮盖了半个村庄。王爷目睹古树如此神奇，便暂住客店，在古树周围寻访公主的如意郎君。果然，公主相中了大树脚下一农家小伙子。成亲那天，一对新人特意来到大树下拜天地，让古杨做证婚人，喜结连理。喃赖下嫁山村，裙带变纽带。村民们利用联姻关系，跑库伦，奔恰图，与蒙古草原做开了商贸生意。一时间，山村成了远近闻名的商贸集散地。商道漫漫，财源滚滚。往返于张库大道的村民们很快有钱了。清朝嘉庆末年，该村先后建起3座古庙：龙王庙、关老爷庙、喇嘛庙。其中喇嘛庙最为出名。喇嘛庙就建在那颗古杨旁边，专为蒙古镶黄旗喃赖公主而建，取名喃赖庙，把喃赖公主当神仙供养起来。喃赖逝后，葬于庙旁。后来，这个山村改名为喃赖庙村。如今，喃赖庙宇已没了踪影，古杨仍雄踞山村，树龄已达800多年，树体粗壮高大，胸围居河北之冠。

杨成的另一篇文章《商贸古堡——喃南营》中也有一段与喃赖公主传说相关的文字：

喧南营与一河之隔的喧北营，最早是一个村，叫喧喇庙村。喧喇庙村名出自一个美丽的传说。康熙年间，镶黄旗王爷有个如花似玉的女儿叫喧喇公主，喧喇公主自小害怕寒冷，年满18岁时，王爷带女儿来到坝下山区，寻找温暖的地方居住。当爷两走出大境门沿河北上时，发现一个靠山向阳的村庄，便让喧喇公主定居在此。从此这个村与蒙古草地结下不解之缘。喧喇公主去世后，就葬在一颗百年古杨树旁。后人为了纪念她，在古杨树旁建了一座喇嘛庙，这个村便改名为喧喇庙村。正是喧赖庙村有了蒙汉交往的历史，喧南营村进入"跑草地"商家的视野。并迅速成为大境门外一个商贸集散地……后来，喧南营商铺林立，市场火爆……于是各家商铺、摊点纷纷慷慨解囊，集资兴建戏台……古装戏曲的演绎，又勾起了人们对古文化的向往。众多商家集资建庙修堂。先后在村中建起龙王庙、喇嘛庙、关帝庙，规模较大的是喇嘛庙。喇嘛庙兴旺时，僧侣达几十人，专有蒙古人守庙护院。在修建庙宇的同时，外商还集资建学堂……为了确保喧南营这块商贸集散地长治久安，商家集资修建城堡。他们在村南、村北各修一座城门，在城中修了一座中和门，城门使用的都是从外地运来的青砖青瓦。从此，喧南营近看是一个古村落，远眺是座古城堡。其商贸集散地的规模仅次于大境门外西沟。喧南营如同一颗明珠镶嵌在张库大道上而熠熠生辉，被称为当时的"第二张家口"。民国初年，张库大道消失了，喧南营的商贸活动萧条了。"文革"初期，将遗留下来的庙宇全部拆毁，建庙宇的青砖青瓦运往县城建造大礼堂工地上……

综合杨成上述两篇文章中的文字，不难看出有诸多可质疑和矛盾之处：第一，下篇文章中说，嗨赖公主18岁时，内蒙古镶黄旗王爷偕嗨赖公主到嗨赖庙村的事，是发生在康熙年间，上篇文章中说，嘉庆末年，嗨赖庙修好后，嗨赖公主去世的，如若这样，即使从康熙末年算起，至嘉庆末年，也是百年的时间跨度，嗨赖公主至迟也活了120岁左右，可谓罕见的长寿；第二，上篇文章中说，嗨赖庙建于嗨赖公主去世前，下篇文章则说是在嗨赖公主去世后所建；第三，下篇文中，先说是因嗨赖庙村，而"跑草地"的，最初选择了这一地方作为商贸集散地，后又说，嗨赖庙是在商贸兴起后，才修建的。这种叙事的矛盾性，某种意义上可以说，是因村落传说或叙事的模糊性造成的。我们可以从岳作亮的相关叙事中，可以找到这种模糊性的来源。

岳作亮相关叙事是场景化的，某种意义上可以说，就是"现场指认"性的村落格局下的叙事，具体的时间，并不是需要特别"记起"或"提起"的因素，而是在村落笼统历史的背景下的叙事。在此叙事下，村落传说或历史，不是在时间链条上穿起的故事，而是附着于现实村落生活场景中的人、事、物、方位等等之上，而被呈现的故事，它以对这些人、事、物、方位等等进行"现场指认"的方式被呈现，具体的时间因素，则显得无足轻重。比如岳作亮叙说嗨赖公主传说时，是附着于嗨赖庙之上叙说的，也就是将嗨赖庙作为对象，来引述嗨赖公主的传说。村落构成"现场",嗨赖庙则是这一"现场"中的"对象",嗨赖公主的传说,是通过"指认"嗨赖庙这一"现场"中的"对象"加以叙说的。嗨赖公主的传说,在这种"现场指认"性下,不是以作为具体时间链条上发生的环环相扣的、有着发展情节的故事加以叙说的,而是被置于村落现实场景中,作为其间曾经的事情,被加以叙说的,它不是一种结构紧凑的情节化表达,在这里,"场景"因素重于"时间"因素,"曾经"是一种笼统的时间背景,因而具有一种模糊性。

岳作亮的场景化的叙事,表达的是其作为村落内的一员,在村落语境下的记忆形式。杨成情节化的叙事,则表达的是站在村落视角之外,地方文人对乡土传说规范化、条理化的努力与想象。不过,杨成的叙事,仍然是基于村落语境下的记录。杨成虽然不是嗨北营村人,但作为嗨北营村处于其间的一方乡土的地方文人,在有意识与无意识间,嗨北营村仍然是其所熟悉的乡土场域,村落地方的"内视",仍然为其所不可跳脱的视野,其想象仍然是在乡土叙事的范畴之内,只不过基于地方文人的某种关怀,赋予了叙事对象某种情节化的修辞想象。杨成的叙事,与岳作亮的叙事,在村落地方的"内视"的意义上,形成契合。

正是乡土叙事的地方"内视"视角,也正是其价值所在,能让我们得以一窥当地的记忆形式和认同,杨成的情节化的努力与想象,事实上,为当地的记忆和认同所蕴含的社会文化意义,给予了更为清晰的呈现。

杨成在其上述两段文字中,提纲挈领地提出"裙带变纽带",正是嗨赖庙村有了蒙汉交往的历史,嗨南营村进入"跑草地"商家的视野。将嗨赖公主的传说与"二张家口",在蒙汉交往的视野下,予以了链接。这种叙事,内含了岳作亮的"现场指认"性叙事,嗨赖公主传说对应于嗨赖庙,与村落起源相关,而"二张家口"则对应于嗨南营村,因嗨赖庙而兴起为商贸集散地。

在岳作亮的"现场指认"性下,嗨赖公主传说是一种村落神圣叙事文本。嗨赖公主、嗨赖庙、古树构成其结构要素,而其具有的神圣性,表现在这些构成要素,是在风水、寺庙、村落神灵的话语文本下的叙事。

嗨赖公主传说中的古树,事实上是棵古榆树,岳作亮特意带我们参观了位于嗨北营村中的这棵古榆树。就如上面杨成的表述,这是棵巨大的古树,树干粗壮,需七八个成年人,方可合抱,树冠枝杈苍劲虬曲,依然枝繁叶茂,形成巨大的绿色伞盖。古榆树已列为当地政府的保护对象,树干上粘贴有2012年9月制的小方牌,上书树种为榆树,树龄为800年,保护级别为特级,保护单位为高家营镇人民政府。古榆树树干上部,有一烧灼的痕迹,岳作亮说,那是"文化大革命"时期,被雷电劈的,因为这个,古榆树才得以幸存。岳作亮说,当时拆庙的时候,也要砍了古榆树,村民们极力保护,但仍阻止不了,恰在这时,下了场暴雨,古榆树被闪电击中,砍树的人怕遭报应,便没敢砍树。岳作亮还遥指村北山梁,说那个叫大榆树梁,山上有棵榆树,远处看着小,其实也长得有规模了,所以那个山梁也就叫大榆树梁。岳作亮说,"文化大革命"时期,山梁上的那棵榆树也差点被砍了,他说,有个叫赵理(音)的人,说那棵榆树长在他家祖地上,要砍那棵榆树制作扁担,当时生产队党支部书记叫钟巨英(音),那时已经七八十岁了,说那是风水,不能砍,砍了就破坏了风水,便发动村民凑钱,这家出3分,那家出2角的,共凑了5元钱,给了赵理,让他买了根扁担,救下了那棵树。岳作亮说,这些大榆树,都是风水,不能砍。

从岳作亮有关榆树的讲述,可窥当地村民风水观的浓厚传统。就嗨北营村所处的依山傍水的地理形势来看,确实符合依山采形、傍水取势的村落营造的风水形胜理念。直接被视为"风水"的两棵榆树,蕴含了这一方"风水宝地"之地的构成、标识、隐喻、象征的意义,其不可破坏性,本身表达了"风水形胜"的"完形"理念。

岳作亮的嗨赖公主的叙事,具有这一村落肇兴故事的意涵。即嗨赖公主经历了从世俗之人到村落神灵的转变过程。

杨成的嗨赖公主传说,采集自岳作亮,其叙事的结构要素基本相同,只是隐去了风水场景之说,不过,也有隐性表达,表现在对古树在嗨赖公主留居当地的"媒介"作用的强调,以及对村落所处地形"靠山向阳"的描述当中。作为"世俗之人"时期,嗨赖公主完成了从"外人"到"当地人"的转变过程,"遇见古树"与"婚配"构成这一转变过程的两个故事段落。古榆树是吸引嗨赖公主落脚当地的因素,是嗨赖公主完成婚配的媒介,嗨赖公主的"嫁人",也就完成了其成为"当地人"的身份转变,在"靠山向阳"的"风水形胜"之地,组成隐喻"繁衍"的家庭，村落肇兴的寓意显现。在嗨赖公主成为村落神灵，入住嗨喇庙后，原本"无名"之地开始变得"有名"。至此，嗨赖公主、嗨赖庙、古榆树，以村落神灵及村落神圣空间意象，结构为包含村落起源意涵在内的村落的隐喻。岳作亮在紧邻古榆树旁，为我们指认了嗨赖庙址。这是一块圈起的空地，嗨赖庙已荡然无存。就如杨成上文中所说，岳作亮说，包括嗨赖庙在内，村子里的一些庙宇，一直保留到20世纪60年代，在"文化大革命"初期全部被拆毁，拆下的砖头瓦片什么的，当时拿去修建了崇礼大礼堂了。岳作亮说，嗨赖庙就是供奉嗨赖公主的庙。

嗨赖公主传说，作为村落"曾经"的"事情"，这个"曾经"，事实上，还是有一个大致的时间指向，某种意义上，也能透露出一些真实的历史信息。只是说其因不是在具体时间序列上情节化的叙事，在"时间"因素上而具有某种模糊性。

嗨赖公主传说说，嗨赖公主18岁时到今嗨北营村，是在清康熙年间。清康熙年间出大境门，即为内蒙古察哈尔八旗的驻牧地，其中，今嗨北营村一带，正是察哈尔八旗中的镶黄旗的驻牧地，只是在乾隆年间，因坝下土地放垦，镶黄旗驻牧地才北移至今康保县北一带。这一时期，也是藏传佛教，尤其是其中俗称为黄教的格鲁派，是在蒙古地方的大发展时期，寺庙的修建极为普遍，嗨赖庙应该是在嗨北营村一带为镶黄旗驻牧地时期修建的，笔者虽未见到确切的文献记录，但可从张库大道相关史料中获得佐证。历史上，广布于蒙古地方的寺庙，构成蒙古地方的一个个地方性宗教和文化中心，并基于此，往往又成为地方性的市场中心,乃至地方性的政治中心,因此,依寺庙而成地方中心性聚居聚落,也是自明尤其是清初,在蒙古地方盛倡黄教,而形成的蒙古地方的一个特征。由此,在清初康熙时期,应该就形成了依嗨赖庙的地方中心性聚落,也因此,才有了一段这一时期嗨赖公主到这一地方的传说。在杨成给笔者推荐的崇礼区地方文人朱阅平的文章《张库大道崇礼线相关节点》中,也称曾为张库大道节点的嗨赖庙村,为蒙古人所建村落,而且更将建村史推至元初:"元朝初年始有此村。……。初系东北嗨赖州蒙人来此所建。"该文有关嗨赖庙的修建时间,是在提及元初建村后,即行下文转承中称:"当时蒙人信奉喇嘛教,在南村兴建庙宇一座,称嗨赖庙,村名以此得名。此为北村,后称嗨赖庙北营,俗称嗨北营。"这里的"当时",缺乏介绍,是否指涉元朝?语焉不详,另外,疑似笔误,称在南村建的嗨赖庙,但文中所说的嗨赖庙是蒙古人因信奉喇嘛教所建,应该是符合史实的。至迟在清康熙年间,嗨赖庙应该就已存在,在未看到确切的资料前,笔者更倾向于清康熙年间修建,究其原因,有元一代,虽然元朝宫廷极为推崇藏传佛教中的萨加派,但对蒙古社会影响有限,真正对蒙古社会形成影响,并在其间得到广泛传播的是,始自明,在清朝形成高潮的藏传佛教中的格鲁派,随之,也是在清朝,才在蒙古地方出现大量的寺庙,这也是存留现今蒙古地方的寺庙,基本是黄教寺庙的缘故。无论怎样,至迟在清康熙年间"跑草地"初期,嗨赖庙即已存在,成为"跑草地"所依托的一个标识和节点,从杨成的上述文字中也可窥其端倪。

嗨赖公主传说，是村落主体意识上的叙事记忆，表现在嗨赖公主"外来"的"嫁人"叙事记忆上，也因此，而且是村落汉族主体意识上的叙事记忆。张家口市这一区域，历来为农耕人群与游牧人群的交汇、融通、流动之地。在不同的历史背景下，或彼此混居，或迁徙移动，各自的人口比重或增或减，具体于蒙古族与汉族之间，也大致如此。现今张家口市民族人口比例，汉族人口居于绝大多数，现今嗨北营村和嗨南营村，基本也是个汉族人口的村落。嗨北营村一带汉族人口的大量移入，应该是在清乾隆年间的放垦时期，加之作为张库大道上的一个重要节点，在发展中形成的人口聚集，逐步形成基本为汉族人口的村落。嗨赖公主"外来""嫁人"的叙事记忆，应该是村落形成基本为汉族人口的聚落后，在村落汉族主体意识下形成的叙事记忆。在这种汉族村落主体意识下，又保留了村落起源以及村落是在蒙汉交往融通之下兴起的记忆。

"菊花开开，勒勒车来来，女人抱孩怀怀，男人挣钱揣揣。"这是杨成讲述的一段当年"跑草地"时流传的民谣，讲的是当年"跑草地"时的往返情形及时间。勒勒车是一种木架木轮的畜力车，有套用马拉的，有套用骆驼拉的，最普遍是套用牛拉的勒勒车，为北方游牧人群曾普遍使用的交通运载工具，历史悠久。在"跑草地"当中，套用牛拉的勒勒车，也构成其主要的交通运载工具，从刘振瑛、杨成、岳作亮等人的讲述中，以及在考察沿途的走访中得知，"跑草地"当中，对该车一个更为普遍的称呼是"老倌车"。以"老倌车"装载货物到库伦交易，一般是初春出发，到秋季返回，构成"跑草地"的一次往返周期，上面的民谣说的便是这样的一次往返。杨成解释说，勒勒车是春天走，菊花开了的时候，也就是秋天回来，走的时候集体走，组成车队，回来的时候，就没有这个说法了，有的回来早点，有的回来晚点，这个时候，留在家里的女人就估算着自己"跑草地"的男人快回来了，抱着孩子在门口开始等了，男人回来时，兜里揣着挣来的钱。杨成说，当时人们赶着"老倌车""跑草地"，走得很慢，也很艰苦，沿途要在一些地方补给和休息，当时嗨赖庙村，最初就是从大境门出来后这样的一个用于补给和休息的地方，后来村里的人看到"跑草地"的好处，也经营起了"跑草地"的生意，慢慢嗨赖庙村就发展成张库大道上的一个商贸集散地，也因此有了"二张家口"的称呼。杨成说，嗨赖庙村在商贸兴起后，形成了集商号、票号、商铺、作坊、客栈、车马大店的商业街区，商户有外面来的，村里也发展出了几个商业大户，村里的个别商业大户拥有近百辆的"老倌车"。杨成说，村里的商业大户，都是较早"跑草地"发家致富的，因此，村里的人也纷纷效仿，稍有财力的，也买上一两辆"老倌车"，或一两峰骆驼"跑草地"，没有财力的就帮别人赶车、或赶骆驼"跑草地"。杨成说，运到库伦等地方、或俄罗斯的恰克图销售的货物主要是绸缎、布匹、茶叶、纸张、烟酒、铁器、瓷器等，交换回来的货物主要是蒙古地方及俄罗斯的牛、马、羊、骆驼、皮毛、蘑菇、毛呢、毛毯、天鹅绒等。杨成说，牛、马、羊、骆驼都是成群赶回来的，放养在村子后面的山坡上，形成了几处按牲畜种类分别放养的专门的区域，现在村子后面，称"马道梁"的地方，是当时专门放养马的，称"大羊坡"的地方，是当时专门放养羊的，称"圈牛沟"的地方，是当时专门放养牛的，当时每年放养的羊都达数万只，牛马每年也各达数千。杨成说，当时张家口市一带流行一句顺口溜："出了大境门，一半牲口一半人。"说的就是嗨赖庙村这个地方。杨成说，为此，当时嗨赖庙村每年都要举办一次牲畜交易会，而且，为此还在村子里面催生出了牲畜屠宰行业和牲畜皮毛加工行业。杨成说，当时农民们见屠宰牲畜赚钱，就丢掉锄头，拿起屠刀，干起了牲畜屠宰的工作，从最初的十几个人，发展到数百人，这些人有的，还随商队到蒙古地方从事牲畜屠宰工作，加工皮毛的人叫"毛毛匠"，当时也达到了数百人。杨成说，当时嗨赖庙村的人，80%的人都弃农从商了。

岳作亮说，"跑草地"时候，掌柜们教小徒弟如何"跑草地"时，要教的一句话是，"苏木是庙，札姆是道，要想走口外，学会先问道"。路标、水源、语言等，是"跑草地"面临的最关键的几个需要解决的问题。这句话中，均涉及了这些问题，而且，这句话本身即为采用蒙古语、汉语对照的形式，包含有学习蒙古语的作用。在张库大道博物馆中，也展示有当年用于学习蒙古语和俄语的小册子，刘振瑛说，当年的商号都要进行这方面的培训，刘振瑛还介绍说，当年"跑草地"，主要是循着庙走。在地广人稀，且以游牧为主的蒙古地方，以非固定性蒙古包为居住形式的普通人家，并不具有多少作为路标的价值，而寺庙则是以相对永久性房屋为聚落形式，而且，选择庙址，或依傍河流，或挖掘水井，来解决用水需求，另外，如上所说，历史上，寺庙往往形成蒙古地方的一个个地方宗教、文化、市场乃至政治中心。"跑草地"，选择寺庙，作为道路指向，既有路标的价值，又可解决水源等补给问题，而且，作为地方文化、市场等中心，既可交易货物，同时，汇聚有各色人等，也可解决包括道路情况等信息的获得，以及语言翻译和学习等问题。这句掌柜教授小徒弟的话中的"口外"，泛指张家口隘口以北的地方，也就是大境门以北的地方，即蒙古人聚居区，而位于清水河畔的啕赖庙，确实是个"跑草地"理想的"中转站"。

岳作亮说，当年的商号、票号、商铺、作坊、客栈、车马大店，主要是集中在今啕南营村。在杨成的《商贸古堡——啕南营》及朱阅平的《张库大道崇礼线相关节点》的文章中，也具有相应的指涉。也就是说，当年是在与啕赖庙一河之隔的相对独立的空间形成的"跑草地"的市场，两者既相互独立，又相互关联，前者以啕赖公主的神圣叙事，后者则以"二张家口"的喻称为记忆链条，两种叙事形态相勾连同构为村落的记忆和认同。也表现类似于啕赖庙建造时间的模糊性上。岳作亮的"现场指认"性叙事，包含将叙说对象归类指涉的特征。岳作亮在叙说啕赖庙时，会带出上面杨成文字中提到的村落另两座庙宇，即关公庙和龙王庙，将三者一同放置在当年"跑草地"的商贸背景下，加以叙说当时村落庙宇修建及相关祭祀情形，形成具体修建时间隐匿的模糊性记忆形式。在杨成的上述文字中也有表现："众多商家集资建庙修堂。先后在村中建起龙王庙、喇嘛庙、关帝庙。"杨成说，人们有钱了，就有了修庙的能力，也有了这方面的需求，修庙的目的，就是拜神，祈求保佑和平安。这样包括嗨赖庙在内的村落庙宇体系，就整体无差别地内嵌于市场体系之中，与"二张家口"勾连到一起，叙说村落的庙宇体系，也就是在叙说商贸市场下的"二张家口"的意象。

嗨赖公主传说、嗨赖庙、二张家口，与二北京、张家口堡、卡拉根，形成有趣的记忆和认同指向上的相似性，以村落起源和村落兴盛的在地性记忆和认同为基本结构下，所结构的超地域、超民族的多元复合性的记忆和认同构成其特征。其中"二张家口"与"二北京"既同为一种向心性认同，又有实质的不同。张家口市的地缘性，以大境门的开通所昭示的新的国家背景下，其"流通"意义和作用提升至"屏隔"意义和作用之上，"流通"构成其首要的功能，正是在这一转变下，形成了同为向心性记忆和认同的"二张家口"与"二北京"的主要区别。以"流通"为其首要功能的张家口市的地缘性特征，是向外扩展性的，并基于此，来型构自身的中心性。游牧区域与农耕区域间的商贸，构成其"流通"的目的、形式和依托。大境门的开通，以"跑草地"的形式，形成向外扩展性的"走出去"的贸易，而这种扩展性，在地跨游牧区域与农耕区域的张家口市，型构出以大境门、张家口堡、来远堡所构结的汇通其南北商品货物的中心市场，其南北的商品货物，在此汇集发散。"跑草地"以大境门为起始点，从商路联结的意义上，这一商贸形式，可以说是，依附并催生沿途一个个聚落节点，与这些节点相辅相成的商路扩展延伸形式的贸易。这些节点，都具有中心市场的延伸与补充功能，兼有修整、补给、货物聚集发散等多重功能。作为近大境门的啕赖庙村，还具有中心市场的附设市场的功能。活畜、皮毛等诸种生货，是"跑草地"商贸的大宗交易商品，在完成最终交易的过程中，需要复杂的分工和空间体系，仅就空间而言，不仅需要放养、加工等不同的功能区域，而且需要极大的空间范围。中心市场需要拓展自身的空间，来析出部分功能承担，作为自身的附设市场。作为近大境门的啕赖庙村，处在这样的一个恰当的选择范围内。可以说，"二张家口"便是在这样的市场及地区格局中形成的向心性认同。

三、"坝上"与"坝下"及草原情结

张家口市的辖域，以"坝上""坝下"区分为南北两个区域单元，既构成自然地理的区分单位，也构成人文地理的区分单位。阴山山脉自西向东横向切入张家口市辖域中北部，以此为准线，山脉以南为"坝下"，山脉以北为"坝上"。作为自然地理的区分，"坝下"属华北平原的北端，整体地貌特征呈间有盆地分布的山区，地势西北高，东南低，海拔高度在1000~2000米之间，"坝上"属蒙古高原的南缘，地貌特征大致为缓坡起伏的草原地貌，地势由阴山山脉北向略降，平均海拔为1400米左右。在人文地理上，一方面，在行政建置上予以区分归属，"坝上"为张北、康保、尚义、沽源4县，其他则为"坝下"区县，同时，在风土民情上，予以区分归属，其中

"坝上"4县予以草原风情的认知，在此意义上，"坝上"又有外延的扩展，对此，杨成说："坝上4县加崇礼。"将崇礼区也纳入其中。

"坝上""坝下"中的"坝"，是蒙古语"大坝"（dabaga）的汉语音译简称。"大坝"在蒙古语中有山梁、山脉的意思。从蒙古高原南缘南下，或从华北平原北端北上，横亘于张家口市辖域中北部的阴山山脉，都形成一个突兀的阻挡，身处其间，都需要爬升翻越，尤其从南坡翻越，抬升幅度更大，这种形成道路阻隔的山岳地形，蒙古语一般称之为"大坝"。"坝上""坝下"，即为对蒙古语"大坝"进行汉语音译简称为"坝"后，附加汉语"上""下"方位词后形成的的地理词汇。

依风土民情的区分，将处于阴山山脉南侧的崇礼区也归入了"坝上"的范围，也就是说，出大境门即进入"坝上"的"草原风情"区。首先，出大境门后，沿途保留有大量的蒙古语地名。这些地名，有的如"坝上""坝下"，是经过改造的词汇，也有保留原称，直接音译的。

7月23日上午，至康保县邓油坊镇镇政府所在地（原为邓油坊村，后改为镇政府所在地，以下称邓油坊镇）考察，该镇也曾是依托张库大道兴起的贸易集散地，在该镇的村史民俗馆中有一段介绍当年张库大道途经的现村落名称的文字："张库商道……由张家口大境门出发经汗淖坝入张北境，入北至康保境邓油坊、二巨沟、东公司、小邬邓，二十号地、大井、察汗、毛不拉，再入化德境。"这里面即包括了上述两种蒙古语地名的保留形式。杨成说，崇礼区行政村有200多个，自然村有400多个，其中，蒙古语名称的村落，有20多个，这些蒙古语名称的村落，基本是行政村。对于当地人而言，这些保留下来的蒙古语地名，很多已不知其确切的含义，但仍知道这是些蒙古语名称，在康保县的考察中，了解到当地的一些文人正在致力于这些蒙古语地名含义的解读工作。

武玉章，男，汉族，1948年生，康保县商业局退休职工，张家口市民间文艺家协会会员，爱好收藏，工篆刻、绘画、摄影等，是此次康保县考察活动当地成员之一。武玉章喜欢称呼他肉石武玉章。武玉章现在的一项主要工作，就是收藏和销售康保县富藏的那些肉石，并开设"奇石·书画——玉章工作室"兼门店，附挂一块"康保奇石文化研究会"牌子。武玉章对康保县地方历史文化有着多年的考察和研究经验，当地的蒙古语地名，是其近年重点关注研究的对象之一。武玉章说，自己之前和别人合写过一本康保县地名志，不过，这本地名志，没有对康保县的蒙古语地名做专门的解读，现在正在着手做康保县蒙古语地名的专门研究。武玉章说，康保县的蒙古语地名很多，但很多蒙古语地名，已不知其为何意。武玉章说，所以，自己现在的研究目的是，究竟这些蒙古语地名，翻译成汉语是什么意思？在现在自己居住的这个地方，当年究竟是哪些蒙古人，留下了这些名称？武玉章说，以前没有人从这方面进行过研究。武玉章说，几天前，其本人刚刚去过与康保县毗邻的内蒙古化德县、镶黄旗、正镶白旗查阅了一些历史档案资料，目的是，从当地收藏的蒙古文档案资料中，查找康保县的这些蒙古语地名的来源。武玉章说，与自己曾合作书写康保县地名志的人，名叫李殿光，曾经是康保县文化局局长，已退休，现任张家口历史文化研究会常务副会长。武玉章说，李殿光专做地名研究，李殿光已出版的著作有《康保地名溯源》《张家口市古村落研究》，在康保县蒙古语地名方面，李殿光现在也做得很详细，都是第一手资料，但还没出版专门研究康保县蒙古语地名的书，李殿光现在正在做这方面的准备工作。武玉章说，现在自己做的康保县蒙古语地名研究，仍然是和李殿光一起在做。武玉章说，康保县的"康保"，是蒙古语"康巴诺尔"的简称，现在一般解释为"美丽的胡泊"的意思。因笔者为蒙古族，出生的家乡恰也是与康保县接壤的正镶白旗，武玉章问询笔者，"康巴诺尔"含义的这个解释是否准确？可以看出，武玉章对这一解释是有疑问的。地名承载着一方土地的历史记忆，对于生活于其间的人们，对自身及自身居住的土地的理解和认知，或多或少以各种方式形成影响，作为地方文人，武玉章对当地蒙古语地名的探究，其目的、执着和专业精神，可以说，是这种影响的显著表现。

在这片"草原风情"区，还保留着诸多与蒙古族饮食等习俗相关的记忆。岳作亮在回忆幼年时光时，称其奶奶喜讲歌谣，至今仍然清晰地记着其奶奶经常念诵的一些歌谣，其中有一段是："娃娃你别哭，奶奶给你奶豆腐，奶豆腐真香甜，宝宝吃了真喜欢。"奶豆腐是蒙古族日常普遍食用的一种奶制品，在蒙古族饮食习俗中，居有重要的位置，从这段歌谣中，可以看出，这一饮食习俗对于当地汉族曾经的影响。

当地还流传一些与蒙古族相关的故事传说，例如我们已经介绍的陶赖公主传说。7月22日，在张北县大囫囵镇镇政府所在地大囫囵村的短暂走访中，笔者路遇两位老者，一名赵英（音），男，汉族，1943年生，大囫囵镇河心村人，一名兰玉田（音），男，汉族，1940年生，大囫囵镇翠花宫村人，二人均务农，现均居住在大囫囵村，为生态搬迁移民。据两位老者介绍，大囫囵这一带，早年间有蒙古人居住，蒙古人在一个台地上挖有一口井，后来蒙古人迁走了，走的时候用一个大石头把井盖住了。两位老者说，这应该是一两百年前的事了，在他们懂事起，当地老人们就传说这口井可好啦，人们就寻找，最后用拖拉机翻地寻找也没找到。

与蒙古族相关的记忆，赋予了当地人以草原情结。上面提到的邓油坊镇，是20世纪初，山西天镇人邓清云来此开设榨油作坊，因此而得名邓油坊。下面摘录一段邓油坊村史民俗馆对邓油坊镇历史的介绍文字：

> 张库商道奠定了张家口"陆路商埠"的重要地位，也带动了沿途许多村落的形成。清末民初，张库商道兴盛时，人们沿商道开设皮毛业生意，成就塞上重镇邓油坊商贸业的兴起。当年，精明强干、善于经商的山西人邓清云，肯定会发现由此带来的巨大商机：盛产于坝上喜寒耐旱的胡科植物脂麻——胡麻，潜藏着滚滚财源！我国有着悠久的食用胡麻油历史，特别在民间一直是百姓餐桌上的珍品……由于其经济实用、市场广阔，邓清云制作的胡麻

油,年销量极速膨胀——通过张库商道北销蒙古,南销京津,一时间"邓油坊"牌胡麻油声名远扬,迅速带动了邓油坊胡麻油产业的发展,同时带动了该村其他商贸业的兴起,因此成为康保县境内第二大集镇,是县域西南商贸流通的集散地,有着草原"旱码头"美誉之称。

这段文字在结语部分,给张库大道时期的邓油坊镇下了定义:"草原'旱码头'。"

从张家口堡开始,一路考察下来,笔者发现,但凡在张库大道时期沿途形成的商品货物集散地,均予以"旱码头"之称。这一称呼,是否为历史上遗留下来的?或者现在人们予以的?笔者未做考证,虽然,前述文中笔者也有考证性论说,但并非严格意义上的考证,事实上,这已超出本文的叙说范围。本文的旨趣,就如开篇中所说,听当地人"如何说",看当地人"如何行",也就是关注在现在地方语境下,当地人对自身及自身居住地域的记忆、理解和认同。"旱码头"虽然是对张库大道时期的表达,但无疑是在现在语境下,当地人对自身及自身居住地域的理解和认知,在此意义上,它表达的是当地人当下的自我认知和情感。在诸多的"旱码头"中,都附加有与自身地方特征相关认知的定语修饰成分,构成了对自身地方的相应定义。在对张家口堡的相应定义中,"旱码头"一称,虽未直接附加任何定语修饰成分,不过,"华北第二商埠"与"旱码头",是在对张家口堡的相应定义的表述中,是一对频繁出现的称呼,可将二者视为互为定语修饰的一对语义概念。

在邓油坊镇的相应定义表述中,对"旱码头"直接予以了"草原"的定语修饰,表达了当地人对自身居住地方的理解和认知上的草原情结。在康保县中午考察队就餐的地方,叫"小兵饭店",这是一处建在公路边上的饭馆,有很大的院落空间,可停放大型货车,一项主营业务,就是为过往的货车司机提供休息和用餐的地方。武玉章说,张库大道时期,商路也走小兵饭店这里,当时饭店所处的位置,也修建有车马大店,为旅人提供食宿。在小兵饭店这样的日常生活场景中,也可感受到当地人的草原情结,不仅菜品中有"手把肉"这样的蒙古菜种类,而且,在院落中搭建了几座蒙古包,用作餐厅,蒙古包餐厅内还饰挂有成吉思汗的画像。

杨成从民风的意义上说,崇礼区处在"坝下"到"坝上"的过渡地带,崇礼区人的性格及为人处世的态度,与"坝上"的人大体一样,所以有"坝上4县加崇礼"的说法。究竟这是怎样的性格和态度呢?作为"坝下"蔚县人的刘喜,在与杨成的调侃中说,崇礼和"坝上"4县的人,就是"半个蒙古人"。虽然是一句调侃的话,事实上,作为崇礼人的杨成,是认可这样的说法,本身民间对地方民风的理解和认知,往往是以这种调侃的方式予以表达,具有一种鲜活和具象性特征。

作为张家口市乡土文化协会主席的杨成,对"坝下"与"坝上"的民风习俗,是有一个整体性的理解和认知的,下面是笔者对杨成的访谈录音记录中,一段就这方面杨成的表述摘录:

无论"坝下""坝上",我们这里的乡土民风和移民有密切联系，自明朝从大槐树迁来开始，陆陆续续的，60%以上都是移民的后裔，所以，这里的特点，与山西晋北、雁北地区相互通，但与河北省保定以南的民风和习俗就不一样了。山西、陕西北部以及内蒙古，与张家口市乡土文化有一脉相承的关系，比如，唱的信天游啊，说的顺口溜、打油诗等等，都彼此接近，张家口这里的人，爱听信天游，爱听蒙古歌。崇礼和"坝上"受蒙古文化影响更大一些。

杨成就张家口市乡土文化的表述，表达了张家口市这一区域，其地方文化，是基于移民等人口流动所孕育，具有多源、多元的特征。"跑草地"商贸的兴起，是促成这一区域移民等人口流动的主要因素之一。作为农耕区域与游牧区域前沿交汇的区域，张家口市这一区域，历来便是多族群人口迁移流动、交错互动的地方，在这一大的历史背景之下，"跑草地"商贸，所促成的人口流动，具有承前启后的意义，既是历史的积淀，也与现今形成续接，对于今日张家口市风土民情等区域特征的形塑，有着直接的影响。"跑草地"商贸，所促成的人口流动，同样具有多族群、多源流的特征，由此形塑的张家口市区域特征，也具有多元、多源性。草原风情与情结，可谓其中的一个显著的特征。

四、云子与一坟祭祖及移民记忆

本部分包括杨成和刘喜讲述的各自家族的故事，前者涉及家谱,后者涉及立坟祭祖,两者的讲述,既有关于移民记忆,也关涉与迁入地土地相连的在地性认同。

(一)云子

杨成记得,在其儿时,每当春节,村里有请云子(音)的习俗,他自己家也请。杨成说,云子就是家谱,杨成记忆中的自己家的云子是一张黄纸,宽约1米,高约2.5米,上面写有密密麻麻的毛笔字,写的是族谱世系。杨成说,请云子,就是过年时,将这张纸取出来,贴墙上,下面放一个筐箩,筐箩里放上馒馒之类的贡品,再烧上香,家里人面向云子,在筐箩跟前跪下祭拜。杨成说,那时他年龄太小,只是隐隐约约记得他家里的云子上写着祖宗、太爷爷、爷爷,但这些前辈的名字、身世故事都不记得了。杨成说,"文化大革命"时期,云子都烧了,如果云子还在,或许能和杨家家谱上的34世能续上,起码自己这一代,能和自己太爷爷、爷爷那一辈续上,但现在云子没有了,老人们也都去世了,和自己太爷爷、爷爷那一辈都续不上了。

杨成所说的杨家家谱,是与杨成同村同家族的一个人保留下来的家谱。这个人是杨成父亲的一个族弟,杨成按家族辈分,称之为伯伯。杨成说,1984年,杨成的这个伯伯,认为自家保留的杨家家谱是文物,就捐赠给了崇礼区档案馆,为此,档案馆还奖励了杨成的这位伯伯50元人民币。杨成本人也复印了一份这个家谱收藏。杨成说,这个杨家家谱是用黄裱纸装订的,用毛笔书写的,没有任何修谱时间的标记,有个前言,叙述了一下杨家是怎么来的，然后，共记录了34世，没有后记，很简单。杨成说，"世"就是"代"，34世，就是34代人。这部杨家家谱，杨成说，是从杨业开始记录的，也就是将杨业作为始祖，记录世系的，但没有世系的截止时间，也就是说，第34世，是什么时期，没有标记。

杨成说，杨业就是杨家将演义里的杨继业，真名没有"继"，只是杨业，杨家家谱里就写的是杨业。杨成说，家谱里写了杨业有7个儿子，也写了这7个儿子的名字，但没写我们杨家，是哪个儿子的后代。杨成说，因为家谱里没有任何修谱以及34世最后截止的时间标记，从杨业算起，历北宋、南宋、元、明、清，这么长的时间段，34世，到底截至何时，就不知道。杨成说，到他自己这一代，究竟是多少代了，已经不知道了，家谱记录的34世之后就断线了，接不上了。杨成说，杨成曾动员自己家族成员调查过，杨成的叔叔、侄子等等这些家族成员都参与了调查，但受访的一些老人，都回忆不起来了，与34世，接续不上了。

从杨成的上述表述中，大致可做如下梳理：第一，保留下来的杨家家谱，可将之视为杨成家族整体的早期世系记录；第二，云子是家族整体下的各个分支家庭的世系记录；第三，两种世系记录，均以父系记录世系；第四，家族整体的早期世系，与各个分支家庭间的世系，已形成无法续接的断裂，而且，由于云子在"文革"中被焚毁，加之知情的老人们的去世，即便是从杨成这一代计起，与其祖父那一代间，记忆也业已模糊。

作为一种家族世系的记忆形式，在家族的裂变过程中，家族分支家庭的成员，若要追溯自身及其家庭世系渊源，云子是其依循的谱系线索。云子既是家族分支家庭记录自身世系的谱系文本，也是一种家庭世系的"实践"记忆形式，通过年复一年春节"请云子"的祭祖仪式，来记忆家庭世系，构成"祭祖记祖"的仪式实践。

年复一年的仪式实践，深入人心，构成参与其间的人，恒久不灭的记忆。对于当年年幼的杨成来讲，记忆文字记录的世系本属困难，在时代背景下，这种仪式实践的断裂以及云子的焚毁，对这部分的忘却，也就是自然的事情了，但其当年参与其间的仪式场景，在时光流转60余载后的今天，仍然清晰地烙印在杨成的记忆当中。这种记忆，也构成了杨成对家族世系渊源追溯续接的"想象"资源。

在杨成的表述中，云子的世系记录，应该是可以和杨成家族整体的早期世系记录文本杨家家谱可以形成世系"续接"，对于杨成来讲，由此形成一条自身家庭世系渊源可追溯链接的"想象"的谱系链条：杨家家谱记录的34世——自己家庭云子的世系记录——杨成。在此"想象"之下，杨成进行了自身家族、家庭世系渊源的追溯、续接的努力。在此过程中，"祖居地"的记忆与认同，也构成杨成的"想象"资源，而且，来自村落记忆。

杨成出生的小伙房村，位于崇礼区政府所在地西湾子镇北20余千米处，以下是杨成介绍小伙房村的录音整理：

村里老辈人讲，小伙房村的人，是在明洪武年间从山西大槐树移民过来的，最初迁过来的就十来个人，其中，有我们杨家的，有五六个人，还有刘姓的人家，所以，我们小伙房村发展下来，就是杨家人多，刘家人多，是村里的大户，后来也有其他姓的人家迁过来，就都是散姓。20世纪80年代，登记在册的人口数量有300多人，现在在村里留守的就剩20多人啦。村里老辈人讲，最初迁来时，小伙房村一带，比较偏僻，没有人居住，树林也多，草坡也多，就在这里住下了。住下后，刚开始，没种庄稼，不是农耕，是游牧。游牧就是秋天打草，用于冬天喂牲口，夏天放牧，放牧牛羊。去放牧，没有固定的住处，就临时搭建一个工棚，又能睡觉、又能做饭，伙房性质的，就取名叫小伙房。等后来有了农耕、种地啦，人口也渐渐多了，就形成村庄了，也就取名叫了小伙房村。

山西大槐树作为小伙村人的迁出地的记忆，不仅仅是对于杨成的杨姓家族，至少还对于刘姓家族，山西大槐树具有其"祖居地"意义上的记忆和认同，由此，山西大槐树是小伙房村村落集体意义上的"祖居地"的记忆和认同，而非村落单个家族专属的"祖居地"的记忆和认同，不过，另一方面，正是这种"祖居地"记忆和认同的村落共同和集体性，也构成其间各个家族的"祖居地"的记忆和认同。

杨成说，在杨家家谱里，只是记录了人员世系，但没有任何祖先是哪里人氏，杨家是从哪里迁来的相关记录。在杨家家谱缺乏相关记录下，小伙房村村落的"祖居地"的集体记忆，也构成杨成重建杨家家族世系的"想象"资源。

　　杨成说，杨成自己也写了个杨家家谱。杨成在自己写的杨家家谱中，究竟是如何叙说的杨家世系，杨成没谈，不过，在与杨成就这些问题交谈中，仍然可以感受到杨成的一种倾向性，或者说是一种证明，就是将杨家家谱中的杨业及其7子的记录，与小伙房村中老人"祖居地"的记忆结合，来理解、诠释、追溯杨成自己家族世系渊源的"想象"。

　　首先是将山西与杨业家族的结合。杨成说，河南开封有座天波杨府，但山西代县也有座杨家祠堂，祠堂里供奉着佘太君、杨业等人的像，杨家将曾在山西这一带驻守、作战。杨成说，他自己这边的杨家，目前还没有与山西代县的杨家祠堂，建立任何联系，但他自己想去杨家祠堂看一下，杨成的一个侄子，在山西代县一带做工程，杨成曾叮嘱过这个侄子，要去探望杨家祠堂。从杨成的表述中，可以看出，在对自己杨家的世系追溯中，倾向于与山西代县的杨家祠堂形成联系。由此，杨家家谱中的杨业记录，与村中老人的"祖居地"的记忆，在杨成的杨家家族世系渊源的追溯中，获得了融通的解释。杨成还在与杨业7子间自己杨家家族世系的接续，形成的"模糊"性上，进行了"厘清续接"的努力，而且进一步做出了山西来源方面的"证明"。杨成说，杨业的儿子杨延昭，也就是杨六郎，有后代传下来的证明，杨成上网查找到，解放军杨成武将军，就是杨延昭的后人，杨延昭当年正是在山西一带镇守三关。顺着杨成的想象，大可勾勒出杨成家族的渊源脉络：杨业

（山西）—杨延昭之下至第34世（山西）—山西大槐树（迁出地——或在34世之内，或在第34世，或其后迁出）—小伙房村（现居地——以云子构成世系的向上承接、向下的接续）。

杨成的"想象"，反映的是一种普遍的移民记忆特性，即因历史上人口流动所造成的迁入地后人，对迁出地在"根"的意义上的追忆和认同，并由此获得自身身份的某种确认的关怀。它具有"以他乡为故乡"的建构和想象的性格。

（二）一坟祭祖

一坟祭祖，是刘喜讲述的自己家族的故事。

刘喜出生地为蔚县蔚州镇下关村。刘喜祖上为商人出身，在刘喜记忆中，大约至迟在其曾祖父时，家族业已经商，家族生意经营门类较多，有商贸、皮毛加工、制笔、粮油、制酒等。刘喜祖父，终一生赋闲在家，从未从事过任何工作，或以念佛、或以自娱性唱戏度以时日，作为家族生意中的股东，以年终分得的红利维持生计。刘喜说，那时家族生意叫柜上，就从柜上分红。刘喜祖父是在1949年后去世，去世时，还未公私合营，其后事也是柜上给解决的。刘喜父亲，早年当学徒，公私合营后成为国营单位工人。

刘喜说，原本自己家中，也有传下来的家谱，在"文革"中被烧毁。刘喜说，他现在从别处收藏了一部清咸丰年间修撰的刘氏家谱，是蔚县沙土坡村一户刘姓人家赠送给刘喜的。刘喜与这户刘姓人家的外孙是同班同学，这户人家只有女儿，没有儿子，因刘喜这位同学的外祖父年事已高，自己又没儿子往下传承家谱,就把刘喜作为本家后人赠其家谱。

刘喜说,他从沙土坡村得到的家谱中说,刘姓家族是在明洪武三年(1370),从山西洪洞县大槐树迁到蔚县城关沙土坡村的。刘喜说,这部老家谱从咸丰年后,就没有再续修。

事实上,对于刘喜,沙土坡村刘姓人家曾是被遗忘的。刘喜说,自己早年间并不知道沙土坡村还有刘姓人家,后来是因与赠送其家谱老者的外孙是同学,才知道的,并有了联系。刘喜说,自己的刘姓家族,是从某一代4兄弟计起,至刘喜,十几代人的世系承传记忆,以木、火、土、金、水五行排字辈,以五代为一轮回使用,传至刘喜这一代为火字辈,但在"文革"时中断了,所以刘喜名字中,没有加"火"字。刘喜的刘姓家族的这种世系承传记忆,并不包括沙土坡村的刘姓家族。刘喜说,沙土坡村的刘家,与刘喜的刘家,血缘远了,没有直接关系了。

不在刘喜自己家族的世系计算之内的沙土坡村刘姓人家,如刘喜所说"没有了直接关系了",而且,在实际生活过程中,也两厢互忘,但恰恰在取得联系后,彼此却能够形成共同的世系渊源认同,赠送和接受家谱,刘喜同学的居中介绍,本身也反映的是在这种认同下的行为。在刘喜自己家的家谱被烧毁的情况下,而刘喜获赠的家谱,只是修撰到清嘉庆年间,在书写的家谱文本中,两个刘姓家族,寻找世系对接,应该是不大可能了,笔者在与刘喜的交谈中,并没有在这方面获得刘喜提供的相关线索,应该就是说不清楚了。两个刘姓家族共同"迁自山西大槐树"的集体记忆,刘喜是认同的,在此认同下，形成的"蔚县刘姓为一家"的意象图式，应该就是刘喜能够与沙土坡村的刘姓人家建立共同的世系渊源认同的前提，而且，它有着可资依据的现实线索，或者说解释路径，在此线索或路径下，双方建立共同的世系渊源认同，便无了"障碍"，可"轻松"达成。这一解释路径，便是"一坟祭祖"。

刘喜说，从一个家族中分化出家族支系，是以"立坟"来完成的。刘喜说，一个家族坟地，在人口繁衍，代际更替过程中，在空间上显得狭小的时候，家族中若有人在他处择地另建新坟时，从这个建坟的人开始，就析出原来的家族，形成一个新的家族支系。刘喜说，这种建新坟，叫"立坟"，是由儿子为去世的父亲"立坟"，这个"立坟"的儿子，就成为一个分支家族的"祖"，从这个"祖"往下排辈分，构成一个家族分支，对于这个家族分支，"祖"立的坟，就是"祖坟"，而之前的家族坟地，则成为"老坟"，这个家族分支，只祭祀"祖坟"，"老坟"则不再祭祀，与这个分支家族，就没有什么直接关系了，这就是"一坟祭祖"。刘喜的刘姓家族，从4兄弟计算的家族世系，即为"一坟祭祖"下的家族记忆和认同叙事。刘喜说，刘喜的刘姓家族祖坟，在蔚县小固城村，是4个兄弟为自己父亲立的坟，刘喜的刘姓家族，即由这4个兄弟繁衍而来，至今历十余代人。

通过"立坟"，原"祖坟"变为"老坟"的过程，也是家族裂变析分的过程，"老坟"——"祖坟"的演变及其空间分布，反映的是一个家族在一个地域的结构网络。在此网络下，刘喜与沙土坡村刘姓人家建立的共同渊源的认同，其相互间，也就有了现实的线索依据和解释路径。刘喜说,在小固城村坟之前,其家族"祖坟"是黄庄村坟,4兄弟在小固城村"立坟"后,黄庄村坟对于其家族,就成了"老坟",现在知道了沙土坡村坟,其家族在蔚县最初的"祖坟"就是沙土坡村坟,而对于小固城村坟,沙土坡村坟、黄庄坟都是"老坟"了。在"一坟祭祖"下,强调的是"祖坟"的认同,通过"祭祖"的实践,反复强化的是以"祖坟"为认同对象的家族内部的记忆和认同,在此过程中,处于被疏离状态的"老坟",在代际的传递下,则逐步遭遇遗忘。不过,以"老坟"—"祖坟"形式所构结的地域家族网络的现实路径,基于某一契机,通过说"坟",可重新唤起记忆和认同。本身沙土坡村坟、黄庄村坟、小固城村坟分布的空间范围,距离并不大,基本处在蔚州镇周边,在乡土社会,通过说"坟",是有重叙联系的可能。刘喜获赠的家谱中的"刘姓家族于明洪武三年,于山西洪洞县大槐树迁到蔚县城关沙土坡村"的记录,在重叙家族联系中,在"老坟"—"祖坟"的序列中,沙土坡村坟作为起始点被认知,也构成一个可资叙说的"资源"。笔者并未从刘喜处获得如何重新唤起家族联系记忆的具体信息,不过,从刘喜对几处坟之间关系的表述,可以看到这种从"遗忘"到"重叙联系"的结果。

"一坟祭祖",是一个既封闭又开放的家族记忆和认同机制。封闭性,是指其对"祖坟"的强调,通过"祭祖"的记忆和认同实践,强化了以"祖坟"为认同对象的家族的自我边界,造成对"老坟"的疏离和淡忘。另一方面,在一个地域内，"祖坟"对应的只是一个家族支系，对于某一以"祖坟"为认同对象的家族而言，实际处在对应于"老坟"的更大的家族网络结构中，在此意义上，"祖坟"与"老坟"之间，形成渊源勾连，因此，"一坟祭祖"又有其开放性的一面。在这种既封闭又开放的家族网络结构中，身处其间的个人，既有家族支系的自我边界的记忆和认同，也可形成超越家族支系的更大家族网络内的记忆和认同，其核心是"说坟"。

刘喜有一段话："我们不讲住，讲坟，各个村都可以住，最关键是那个坟在哪，不论人搬到哪去住，最后都要埋到坟那去，坟是最关键的，不讲住。"这段话中，刘喜说的"坟"是"祖坟"。"祖坟"是一个家族及身处其间的个人，确定家族边界及获得家族身份认同的首要关键因素，在追溯家族渊源脉络时，还要扩展至对"老坟"的叙说，由此，在一个地域的家族网络结构中，获得家族及个人身份的理解和认同。这是个具有强烈的"在地性"认同色彩的有关家族及个人身份记忆和认同的叙说体系，通过对一个地域内"祖坟"及"老坟"的叙说，形成根植于那一方水土的、与之血脉相连的记忆和认同。

民间视野大观

民国时期游记中的张家口印象

张同乐[*]

民国时期的游记中有很多赞美张家口的篇章,称其为"北方重镇""边陲一大重镇",其美好印象留在了众多民国报刊之中,成为历史的记忆。本文试以民国时期部分报刊中考察张家口的游记、调查记为主,追寻张家口市昔日的辉煌,为今日再创更大的辉煌提起一些思考。

一、登载张家口游记、调查类文章的民国期刊

民国时期的报刊中有不少考察张家口的游记或考察报告,现据不完全的搜集,发现这些游记或考察文章主要刊载于《地学杂志》《清华周刊》《旅行杂志》《西北汇刊》《宇宙风》《西北月刊》《察省青年》《书报精华》等。

---

[*] 张同乐,河北师范大学历史文化学院教授、博士生导师。

（一）《地学杂志》

在上述介绍张家口的刊中，有民国时期知名度很高的期刊，即现在话语是"国家级的核心期刊"。如《地学杂志》（1910—1937），是原中国地学会主办的机关刊物，也是中国第一个地理学术刊物。1910年，在张相文的组织下，由国学大师章炳麟、地质学家邝荣光、人文地理学家卢龙人白月恒、水利学家武同举、历史学家陈垣、教育学家张伯苓和蔡元培等一大批著名学者组成的中国地学会，创办《地学杂志》。温继峤《蒙古与张家口之关系》《蒙古碱产》，采录《张家口之调查录》，沈其璋《张家口旅行记》，都发表于《地学杂志》，更有林传甲的《察哈尔乡土志》在该杂志连载5期。

（二）《清华周刊》

该刊创刊于1914年3月，至1937年5月共出版676期。抗战全面爆发，清华南迁，被迫停刊。1947年2月复刊后，只出了17期便再次停刊。《清华周刊》是学生刊物，上至总编，下至发行，大都由学生担任。虽然如此，它仍是当时影响力很大的综合性刊物。一份学生刊物具有如此规模，能延续如此长的历史，在中国教育史上是鲜见的。

（三）《旅行杂志》

《旅行杂志》1927年创刊于上海，由中国近代第一家旅行社——中国旅行社创办。杂志初为季刊，季末出版。从1929年第3卷起，改为月刊，月初出版。抗战期间，杂志迁桂林出版，

1944年又迁到重庆，抗战胜利后再迁回上海复刊。后来，这本杂志一直出版发行至1954年。该刊以提倡旅游、服务旅游为宗旨，刊稿多为介绍风景名胜、民俗风情的游记、随笔、诗词、图片等。它是中国发行最长久的近现代期刊之一。

（四）《西北汇刊》

该刊属综合性刊物。集中反映西北地区政治、经济、文化、民俗等问题。涉及国内外大事、市政工程计划、农垦调查、边疆教育事业等，同时刊登冯玉祥等行政长官的训示以及有关西藏问题的译文。

（五）《宇宙风》

该刊是文艺期刊，1935年9月在上海创刊，林语堂等主编。初为半月刊，后改为旬刊。1947年停刊。小品文三大名刊中，《宇宙风》的刊史比较特殊。

上述民国期刊仅是众多民国报刊中的一小部分，这些期刊都发表过一篇甚至数篇有关张家口游记或调查记，从侧面反映出张家口在媒体中的重要影响。

二、民国时期游客笔下的张家口

对民国时期游客、调研者发表的文章进行初步梳理，发现众多文章中涉及张家口的城市历史、军事、经济、社会、文化的方方面面。

（一）地势交通

"居庸关居京师西北，为长城要隘，出关200余里至张家口。层岚迭耸峙，地势崎岖，北通内外蒙古，内则京张铁路达京师。人烟稠密，为蒙古与内地贸易荟萃之所，洵边陲一大重镇也。"[1]

游客笔下的张家口市容，沈其璋《张家口旅行记》中这样写道：火车"抵青龙桥站，入山口，峻峰当面，轨路前断，车至此复退趋西北，捷若风驰，直循坡而下。坡以下两旁均植白杨，弥望不绝，抵宣化时已薄暮。峰影岚光，模糊难辨。9时半抵张家口车站。觉寒风料峭，冷侵肌骨，气候一变矣。旋由泰安栈雇驴车至市。数家灯火，人语喧阗。坂屋纸窗，颇饶山村间况味。既至栈，适征蒙军亦来投宿，无余地，遂转寓庆华楼，楼尚高敞，启牖则四围山色，扑人眉宇。稍憩入万福楼晚餐。羊酒蛋面粗适口。归步市口，但见百货罗列，产品以蘑菇、麝香、鹿茸、皮货为大宗"[2]。

（二）风土民情

沈其璋等北京游客出庆华楼客栈，向西北方向走去，"渡一桥，其下水流湍急，作漩涡。左有一牌楼，大书通桥，渡桥而北，为万全县南门。城中街道，均石砌。然屋宇矮小，市亦零落。沿城曲折去，忽迷路。继出小北门，得至长城大道。远

---

[1] 沈其璋：《张家口旅行记》，《地学杂志》1914年第12期。
[2] 沈其璋：《张家口旅行记》，《地学杂志》1914年第12期。

望沿山一带均高坡，土黄色，深合种植之用。……又北行三里许，长城当吾前而起，沿途驼骡跚踌往来，土人面黑鬓黄，白巾蒙首，青布束腰，别有体段。出大境门，上堡北门，则两山对峙，壁峭如削，长城咫尺立山巅"[1]。

1923年春天，李迪俊、吴大钧、陈苹等清华大学学生到张家口旅游，李迪俊在旅游出发之前还找来《读史方舆纪要》《畿辅通志》《日下旧闻考》《中华地理志》《京绥铁路旅行指南》阅读，对张家口的历史地理和掌故研究了一番。李迪俊发表在《清华周刊》上的《游张家口漫记》中写道：在历史地理上说，张家口属察哈尔特别区域的兴和道张北县，位于内长城之间，东南距京师约360里，火车6小时可到达，"西北通库伦，有汽车专载行客及货物，为通蒙要道；东南通京城，西南接绥远，交通异常便利。自明代至今为北方重镇"。[2]1902年《中俄条约》规定：开张家口为通商场，遂为陆路大商埠之一。1908年京张铁路竣工，1921年"张绥铁路完成，遂成京绥线之中枢。迨张库汽车通行，形势益形重要矣"[3]。

（三）城市印象

李迪俊《游张家口漫记》对张家口城市布局是这样描述的："张家口分上下两堡，堡就是南人所谓的城……介乎两堡之间的是定边河，由通桥衔接上下。火车站和繁华的街市大半

---

[1] 沈其璋：《张家口旅行记》，《地学杂志》1914年第12期。
[2] 李迪俊：《游张家口漫记》，《清华周刊》1923年第280期。
[3] 李迪俊：《游张家口漫记》，《清华周刊》1923年第280期。

在下堡；驻张官署，如察哈尔都统署、兴和道道尹署等等，大半在上堡。所以仅就物质方面观察，下堡比上堡热闹文明得多，不过电灯和电话——虽然是20年前的旧式机器，两堡都有的。下堡最热闹的市面要算福寿街一段，土产、绸缎、食品、东西洋货，这里都有的买。消遣所有茶楼、酒馆、戏院、电影院和娼家。就外表看起来，它的气象与武昌长街差不多——也许还胜一点，因为武昌街道是旧式石铺的，而它则是一律新式的马路。""张家口人虽是一个个囚首垢面，鄄衣百结，而殷实富家却还不少。只看他们上馆子的时候那副轻财重吃的神气，馒头、包子、面饭、菜，吃了又来，我们旁观者都为之吐舌！原来张家口有句白：'张家口，三宗宝，蘑菇、莜麦、大皮袄。'就是说蘑菇、莜麦和羊皮是张家口出口的三大宗，这三大宗都是非常值钱的货品，所以这些人都很有钱，多吃一点算不了怎么一回事。"[1]此外，令清华学生游客感兴趣的是"想不到三千四百年的版筑方法，到今日还留存在张家口，而且还是最流行最普通的建筑方法！原来土人依山为屋，夹土筑墙，锯木为梁，和泥为盖，高不盈丈，密若蜂窝。统计一屋之成，不需砖瓦灰石，初民建筑之单简，想亦不过如是"[2]。

（四）名胜古迹

李迪俊等游览了云泉寺、朝阳洞等景点，他在游记的末尾

---

[1] 李迪俊：《游张家口漫记》，《清华周刊》1923年第280期。
[2] 李迪俊：《游张家口漫记》，《清华周刊》1923年第280期。

"总结一句：我很自豪'不虚此行'"[1]！多篇游记中还提到了大境门、元宝山、长城遗址、赐儿山、孤石儿。

三、对民国游记、考察类文章中张家口印象的思考

（一）张家口曾经的繁华

中国现代化陆路交通的重要枢纽。张家口位于中国华北和内亚草原的交界地带，既是多民族交融与中西交通的重要通道和枢纽，又是东亚、中东、欧洲与中国腹地经济文化交流的重要口岸城市，见证了中国从陆路融入世界、参与全球化潮流的历史变迁。

温继峤《蒙古与张家口之关系》说："蒙古面积约99.29万方里，物产极多，尤以马牛羊骆驼为土民之专业，以肉为食，以皮为裘，以毛为绒，以骨为器。山谷之中产羊最多，称曰山羊。……其矿物若阿尔泰山脉之金银铜铁，古苏库尔湖之沙金，内蒙古之石炭等也，但物产日富，输出欲广，其输出市场，在南方以张家口为第一。张家口在宣化府万全县，道路分三派，一通内蒙古，一通京津，一通陕甘。北境蒙古之物产聚集于此，不知凡几，其土人性质简朴，专事畜牧，常以牛车搬运货物，至于口外草地，每年自3月至8月两期，牛车通行草地自如，自7月至次年2月则往来必用骆驼。"[2]

---

[1] 李迪俊：《游张家口漫记》，《清华周刊》1923年第280期。
[2] 温继峤：《蒙古与张家口之关系》，《地学杂志》1910年第1期。

王季高、王之《双十节军事学会旅行张家口游记：附王之君对于张家口之观察》："交通张家口既为蒙汉交易之所，故其交通甚有可言者。京绥铁道，南可以达京师，与津浦京汉相连接，西可以达绥远、包头而通宁夏，为山陕各省之联珠线。自张家口北面有张多大道，通多伦，与东三省相接；有张库大道通库伦，与恰克图相接；有张库台大道通乌里雅苏台，与迪化相接——为内外蒙古之集合点。故张家口以形势交通而论，为商业之中心，亦军事之险要。今日之汽车通行，交通更行便利，发展实未可限量。"[1]"张家口既当南北之冲，又当移民实行之际，故商业骤行发达，市民亦逐益增多，于是马路房屋渐渐成立。今日繁盛情形不亚北京，而其进步发达，欣欣向荣，别具一种新气象焉。""个人观察所得之印象：1.张家口现虽地瘠人稀，将来殖边运动成功，必成为北方之商务中心。2.以地势交通论，张家口实为军事上之重镇。3.冯玉祥舍肥壤而取边境，实具莫大眼光，其一往直前之精神亦可佩服。4.北地练兵较南方为善，一则无繁华之纷扰，二则军士能耐劳苦，易受［守］纪律。5.俄人侵略蒙古已成燎原之势，西北边防及人民殖边，二者均刻不容缓。边防为救急需，殖边为图远计，二者之实行当以便交通为第一要紧步骤。"[2]

中国北方的陆路大商埠。李迪俊《游张家口漫记》中写

---

[1] 王季高、王之：《双十节军事学会旅行张家口游记：附王之君对于张家口之观察》，《清华周刊》1925年第8期。
[2] 王季高、王之：《双十节军事学会旅行张家口游记：附王之君对于张家口之观察》，《清华周刊》1925年第8期。

道：经济方面，"最令我不解的就是张家口的生活价值，小小的张家口，百物都比北京贵，你道奇不奇！北京8个铜子可以雇的洋车，张家口硬要30枚。吃两碗汤面20个饺子，算账的时候伙计说是15吊，一文不能少。银洋在北京兑换价格是18吊，而在张家口竟高到24吊了。""还有一种现象很使我注意，张家口操皮肉生涯者非常之多……有一家'香巢'建筑之美丽宏大远过都统衙门，门前车水马龙，不知者或将以为北京的众议院也。"[1]王世英《游张家口记》中则写道：张家口"其地为蒙路所必经，凡与蒙人交易者，恒荟萃于此。富商大贾络绎不绝，近因库乱未平，商业较前略逊，然户口之殷繁，货物之充裕，固东口一都会也……堡东市面繁盛，剧场、妓院、茶坊酒肆以及各项商店无不具备，而巨贾之堆栈更如林立，出口货为砖茶、烧酒与布匹洋货之属，进口货为驼、马、牛羊与各项皮毛之属。岁计盈余，数在2千万圆元以上。吁，亦盛矣哉"[2]！

（二）张家口在繁盛中发生逆转

1931年九一八事变。1935年华北事变，华北危机。作为北方重镇的张家口，自九一八事变后开始衰变，华北事变后张家口面临沦陷的危险，城市经济走向萧条。

1935年的张家口洋货充斥市场，商人们叹息："'如今的年头真变了，不穿暖和的狐腿袍子，偏讲究什么毛衣，真是冻

---

[1] 李迪俊：《游张家口漫记》，《清华周刊》1923年第280期。
[2] 王世英：《游张家口记》，《奉贤县立第一高等小学校友会杂志》1923年第4期。

死活该。'无怪乎皮货店一家家的都相继歇业了。"[1]从旧历年起,"在张家口添了不少的新生意,新点缀。日本食堂、文林洋行、俱乐部……生意都很发达,由口外进来的红领章绿制服的满洲队伍,触目皆是,不过跟居民感情都很好,国军见了致敬礼,却也能打成一片,不分你我。张家口本是察哈尔省的省会,原来辖有十六县,如今口外六县暂由友邦管理,因此收入锐减,财政顿感拮据"。这表明,日军侵占东北并进而侵占华北是造成张家口在繁盛中逆转的重要原因。

1936年10月,吴人在《今日之张家口》的游记中说:"极兴奋地加入燕清历史系所主办的张垣旅行团,心目中的塞上风光是怎样使人快感;尤其西北处在今日国际风云最紧张的局势中,张垣是怎样一个地方。所以,我更怀着无限的愿望,要想在这短短的旅行中得一点'西北门户'的实况和消息。"[2]这次旅行队伍里有著名历史学家顾颉、刘崇鋐。旅行团成员看到日本人在张家口"经商的很不少,其中开烟馆、卖白面的商铺最多。当车过某街时,眼中所见的均是这样的市招。听说他们都借着特殊机关的势力,所以毒品尽可公开的销售,还有一二很大的百货商店,如'西北贸易公司'垄断张家口的商业。他们除经商外,还有组织调查团、考察团等,做政治的活动;更有不少的日本军人到这里旅行,他们都是极注意张垣的……在今日张垣的地位是够重要的,因为西北几省和华北五省的命

---

[1] 本瞒:《张家口》,《宇宙风》1936年第16期。
[2] 吴人:《今日之张家口》,《旅行杂志》1936年第12号。

运将以这一要塞安全与否为关键"[1]。吴人写道，龙烟铁矿在1928年因"铁价暴落，赔累很大，就停工了……[铁]路也拆去了。最近日人到这里调查可不少……可知龙烟铁矿在日人心目中是多么羡慕的东西"[2]。

（三）张家口面临的新的发展机遇

目前国家倡导和实施"一带一路"，2022年在北京和张家口举办第24届世界冬奥会，这是新的历史机遇，"机不可失时不再来"。从全球化和世界史的视角审视张家口城市的历史文化与国际地位，其气度之恢宏、内容之丰富、影响之巨大在近代中国内陆城市中极少有可与其媲美者。时代发展为世界提供了重新认识张家口，重绘张家口城市兴衰历史画卷和铸造当代辉煌的重要机遇。

就河北省而言，再造张家口"陆路大商埠"，为构建"中蒙俄出海大陆桥"奠定基础。河北省背靠着一个无出海口的内陆国——蒙古，这是河北独具的巨大腹地资源。建设沿海经济社会发展强省，需要打通路港体系，需要内陆与沿海港口地区的密切联通。构建新的"张库大道"，沟通俄罗斯、蒙古最经济、便捷的出海通道，形成俄罗斯—乌兰巴托—张家口—北京—京唐港（秦皇岛港）新的"欧亚大陆桥"，定将强力拉动河北沿路地区的经济增长，这将是河北建设沿海经济社会发展强省战略的一个有机组成部分。

---

[1] 吴人：《今日之张家口》，《旅行杂志》1936年第12号。
[2] 吴人：《今日之张家口》，《旅行杂志》1936年第12号。

走东口的武安商帮

赵立春[*]

相对于"走西口"来讲,"走东口"似乎显得有些陌生。
其实,在晋商文化当中,走东口与走西口一样悲情。

到了16世纪末,有些中原的百姓贫困潦倒,苦不堪言,为了养家糊口,开始"走西口"谋求生路。清朝初期,大批山西、陕西、甘肃和部分河北的破产农民,或"携男挈女"或孤身一人,千百成群,背井离乡,冒禁私越长城,"走西口,去归化""觅食求生"。当时流民由土默特而西,或向蒙民租地垦种,或入大漠私垦,形成"走西口"的迁徙群体。"走西口"约从明代中期开始,直到中华人民共和国的成立,前后经历了大约300年的历史。

许多穷苦百姓都是边走边唱,一路乞讨走到西口外。

西口就是位于今天山西朔州的杀虎口;这个听起来让人恐

---

[*] 赵立春,河北邯郸峰峰文保所。

怖的名字，偏偏又与这首凄美的民歌相关联。

还有一批流民为求生，一路向东，与西口不同的是，这里有一个美丽的名字，英国人叫它做Karian（开尔达），翻译成中文的意思是码头。这里就是今天的张家口，在民国时期是察哈尔省的省会，而在晋商和与晋商毗邻的武安商帮眼里，这里就是东口。

走东口的武安商帮在民国时期的县志里被称为"热察绥帮"。

塞外重镇张家口，东望京、津，南通中原，北接蒙古大草原，西连晋、甘、陕，战略地位和交通位置十分重要。历史上，这里曾是有着北方丝绸之路之称的古商道——张库大道源头的贸易集散地。

张库大道自张家口始，穿越蒙古草原，经库伦（今蒙古国首都乌兰巴托）直达原中俄边境商贸重镇恰克图，绵延4300华里，这条大道与"丝绸之路"和"茶马古道"齐名，是我国古代又一条重要的对外通商贸易之路，自明末清初兴起，至清末民初达至鼎盛，被史学界称为"北域丝绸之路"。

从清朝中期开始，武安商帮也踏上了这条通商大道，商帮的足迹从关东走向了口外。他们看到了这一地区异乎寻常的发展势头，在张库大道上的归化是杀虎口外最大的市场。城内有商贾十二街，有记载说城内铺房四街八面，分作六等，共计商家530铺。长达四五里，这是一方正在开发的地区，武安商人紧紧抓住有利时机，在此设店经营，其经营的项目，也是以药材为主，兼及其他。

伯延房氏在呼和浩特开有德泰玉商号，他在看准了宁夏市场的同时，也看中了归化市场，故将一部分资金投放在此。德泰玉总店颇具规模。起初从事中草药的采购、加工与炮制，批发零售兼营。后扩大经营项目，兼营布匹茶叶，房家几代人在这里经营，房氏的后人至今仍有在此定居者。

在庞大的武安商帮的队伍当中，被称为走东口的商人，与下关东等其他地区相比的武安商人相比较，是人数较少的一支，总计有药商60余家，加上经营丝绸的几家武安商人，从业人数在600多人，这一统计数字包括了在张家口、承德经商的武安商人在内。

集宁，距内蒙古与山西交界50千米，面积仅400多平方千米，就是这样一个不起眼的小地方，来自武安的杨守智、杨守才在这里扎下根来，开起了"春和玉"药店。这是张家口春和玉总店设立的一个分号。位于集宁城内大街，掌柜由张家口春和玉总店派遣。该店开业后运作情况良好，逐渐在城内开设4个分店，桥东2个、桥西2个，每个店各有门面房5间，房20间，经营药材。对于这4个分店来说，集宁春和玉是总店，所属分店的掌柜由集宁总店派遣。此外，包头、绥远、芷兰、丰镇也都有它的分店。

包头除集宁春和玉分号外，还有武安大淑村朱家开设的商号，经营药材。朱氏经商信息广、经营灵活。朱家原在本村开设油坊，生意一天比一天见好，于是逐渐扩大，开起花坊、酒坊，又开粮行。先是在当地收棉花到郑州去卖，因为棉花市场销路好。就在郑州设立分号，派人常住。进而将生意做到天津，每到棉花收获季节，花行收购附近8县的棉花，然后将棉花运往天津、郑州，后来钱多了，便经营典当业。收购淑村两家大当铺。每家13个院，356间房屋。这两家当铺为2层建筑，高大宽敞，为了安全特意在楼顶建有瞭望哨。朱家在镇上还开有6个小当铺。随后又在包头开设药店，其后人仍有在包头定居的。

  在武安淑村朱家经商的鼎盛时期，称为远近闻名的一方富豪，大量的金砖白银堆积在朱家宅院，为防盗，他们将金银元宝埋在地下。现在包头居住的朱氏后人就曾有一个埋宝献金的故事。淑村朱家在清代致富以后，迷信风水，朱耀德将父亲遗骨埋在本村南地，风水先生断言此穴只能使家发到5顷地，后来家业超过5顷地，便又请风水先生进行勘察，认为磁县史村西地为金钩挂玉莲，是块不可多得的风水宝地，为得此地，朱家不惜重金，同时将家中经营多年积存的银元与金条埋在朱家院内，绘制帐卡图纸作为凭证，留给家中传人。直到1955年，党和政府号召开展"七献"运动，在包头定居的朱家后人朱恒坚才将其事报告给政府，并且带领人员，回到老家，根据帐卡图纸挖出几十处银元献给国家。

  在走东口的武安商队中，不容忽视的是有不少武安籍烧砖瓦与瓦盆的技术工匠，他们多是上焦寺、下焦寺、顿庄、寺庄人。为了谋生，他们常年在外，专门烧制盆、瓦缸、瓦罐等用器，以供当地民众生活之需。从事此业的人们，或租窑烧制，或受雇于人，按工取得一定报酬。

  焦寺村在历史分为上中下三个村庄，村民主要从事两大行业，其中烧陶业就占90%，在武安商业发展史上，形成了一支特色的商帮队伍。

  上焦寺及周边村庄的地理位置正处于太行山东侧的边缘，

这里自古就是中原通往山西、内蒙古的贸易古道。西上潞安府，东下顺德府，过往的骆驼商队长年不断，这种状况一直延续到20世纪20年代，由于其他官道的开通，到中华人民共和国成立初期这条古道逐渐荒废。

在武安制陶业中，人们将制陶人称之为"烧盆匠"，焦寺村周边至今还有窑场制作各种各样的瓮盆缸罐，主要用来盛放粮食和储存水源。在走东口的商帮队伍中，烧盆匠和卖盆者不计其数，他们背着破烂的铺盖，推着独轮车，千乡百里，奔走四方，用独特的手艺，闯荡着天下。

窑场里的"烧盆匠"，在窑场里袒胸露背，背负青天，面朝黄土，双脚叉地，仿佛从远古走来的巨人，从黄土坡上挖土，从黄河里淘水，将土和成泥，从早到晚不停地劳作，木榔头高高举过后脑勺，又重重落下，锤得泥花四溅。

捶出的泥柔绵匀和，其细腻程度可与软玉媲美，按在地上的两个大圆轮盘，一个代表太阳，一个代表月亮，由人力搅动着不停地飞转，像飞速转动的年轮，从远古一直转到今天，盆匠看似一双粗笨的大手，把揉好的泥按在大轮盘上，双手蘸水捂着捂着，就像变魔术似的，一个陶罐的雏形便在飞转的轮盘上产生，按着变幻多姿，渐渐长大，用钢丝将陶罐连接处割断，一个陶罐便诞生了。刚制成的陶罐要比婴儿娇柔得多，须小心翼翼地捧出，放在平整的场地晾晒，其间有专门匠人加工，按鼻子按嘴，该捅眼儿捅眼，上釉刻花，装进窑里烧熟，这样才是敲起来响当当的陶器具呢！

武安陶业匠人的足迹随武安帮的触角延伸，延伸到冀、鲁、晋、陕等省。下焦寺村全村381户，烧制陶器为村人唯一副业，村中操此业的507人。上焦寺一村从业者500多人。井沟村以冶陶为业约百人，西寺庄，制陶工匠尤多，这些从事制陶的手工业者，每年春天成群结队出外找活，年终返里。制陶业成为武安商帮中较大的手工业，陶器生产包括烧砖瓦、烧瓦盆等，每天同泥巴打交道，劳动程度极大，砖瓦的制作，通常有瓦桶与模子，但制作沟沿、滴水、兽头则改由固定的模子，靠人手操作，需要一定的技术，还需要一定的设备。学习这门手艺，还有严格的拜师习俗。

在武安，那些祖祖辈辈依靠农作生活的人们，在地稠人狭、土质恶劣的土地上，终年勤劳所得的回报不是富裕，而是常常不得温饱，绝大多数人陷于贫困之中，一遇到天灾人祸，死亡的首先是大批的贫穷困劳的农民。数不尽的生活艰辛，迫使他们为求生而四处奔走，生活的压力使他们不得不面对现实做出选择，靠智慧寻求生活出路，这就形成了一支可观的亦工亦商队伍。

制陶业在武安一度发展到2000多人，他们往来于秦、晋之间，行走在张库大道，在那里或受雇于窑主，靠取得工价为生，或自己租赁窑场进行烧制，也有在那里租地建窑从事经营的。他们靠智慧和勤劳维持着生计，在坚守贫穷的同时，没有忘记自己的家乡，在东口外的武安商人以其手艺支持了张库大道的建设，也将微薄的收入保存下来，回乡置办家业，至今，在武安还为这些手艺人保留着这样一个地名，它的名字叫冶陶。

草原丝路多元宗教现象初论

——以张家口地区为研究中心

张振山[*]

一、从两则故事说起

（一）狐仙庙与胡人

谈到狐仙，读者脑海中浮现最多的恐怕就是蒲松龄所写的《聊斋志异》了，狐仙聂小倩和书生宁采臣的恩怨情仇更是成了电影制片人所青睐的题材。其实，狐仙信仰在北方一直很普遍。中国人的狐崇拜大致经过了狐妖、狐神再到狐仙的发展[1]。清人梁绍壬就曾在《两般秋雨盦随笔》写道："北地多

---

[*] 张振山，张家口市万全区文联主席。
[1] 胡堃：《中国古代狐信仰源流考》，《社会科学战线》1989年第1期。

狐仙，人家往往有之"[1]。张家口地区也不例外，据记载，通桥东路北就有一座三太爷庙，"山门坐北朝南，大殿三间，供狐仙——三太爷"[2]。除此之外，怀安、万全、宣化、崇礼、赤城一带，同样有很多这样的庙宇。这些庙有的叫作黄毛大仙庙，还有的因为"糊里糊涂搞不清楚"，干脆叫作糊涂庙。

但是，张家口这些名称相似的庙宇果真都供奉狐仙吗？有学者亲自走访了当地的狐仙庙，发现这些庙宇大多数没有狐仙的神像，而是只供奉有牌位。这很可能是因为供奉的神没有出处，信众无法描述，工匠只得造出牌位，供人祭拜。但也有例外，如俞鸿渐在《印雪轩随笔》中写道："万全县北十里许有糊涂庙者，不知所始，或云县与山西接壤，庙祀晋大夫狐突，音讹而为此，理或然也。宣统间庙额则曰'胡神'，须猬卷而状狞恶，绝类波斯胡。"[3]这糊涂庙雍正皇帝也注意过，本想当作淫祠砸毁，但后来想着"糊涂庙供糊涂神，这才是万全之道"，便未破坏，这也从侧面佐证了万全糊涂庙的存在。

"须猬卷而状狞恶，绝类波斯胡"这句话，让我们对糊涂庙的宗教信仰有了一种新的假设。是否糊涂庙或狐仙庙和胡人也有着某种联系呢？"狐"与"胡"相通的观点，已受学界认

---

[1] 陶乐勤句读：《两般秋雨盦新式标点笔记上》，源记书庄1926年，第249页。
[2] 中国人民政治协商会议张家口市委员会文史资料委员会编：《张家口文史资料》第16辑民族宗教专辑，1989年，第199页。还记载张垣地区的狐神庙有，"元台子东口'大仙洞'庙一间，住房一间；南茶坊'狐仙庙'一座；大境门外朝阳村'大仙洞'一座；大境门内西太平山'大仙洞'一座"。
[3] 赵杏根：《中华节日风俗全书》，黄山书社1996年，第236页。.

可。陈寅恪先生与黄永年先生[1]就将胡人与狐狸联系在一起，还考证"狐臭"和"胡臭"二词的流变。《旧唐书》曾记载安禄山与哥舒翰在宴会上争论的故事："禄山以思顺恶翰，尝衔之，至是忽谓翰曰：'我父是胡，母是突厥；公父是突厥，母是胡。与公族类同，何不相亲乎？'翰应之曰：'古人云，野狐向窟嗥，不祥，以其忘本也。敢不尽心焉！'禄山以为讥其胡也，大怒，骂翰曰：'突厥敢如此耶！'翰欲应之，高力士目翰，翰遂止。"[2]可见早在唐代，就有将"胡"训解作"狐"的例证。

至于张家口，这一地区自古便是沟通中西的枢纽之地。唐初，许多胡人到燕京、保定经商，他们因信奉各自的宗教，便在张家口怀安、万全、宣化、崇礼等地建起了许多胡人庙。胡人的"胡"，音同"糊"或"狐"。"须猬卷"也极似西域胡人的面貌。这样看来，张家口的狐崇拜与西域胡人也有很大关联呢！

（二）市台庙的大蒙靴

"提起个拉骆驼啊，几辈子受饥荒，冬天冻个死呀，夏日里晒得慌。傍晚蚊虫咬哇，半夜土匪来抢，挣不了几个钱呀，活得太凄惶。"[3]这是在张家口传唱的歌谣。里面简单朴素的

---

[1] 黄永年：《黄永年文史五讲》，中华书局2011年，第132页。
[2] 中国文史出版社编：《二十五史》卷6《旧唐书》，中国文史出版社2003年，第725页。
[3] 安俊杰：《解读张家口》，百花文艺出版社2003年，第30页。

话语刻画的正是明清时期驼队运输人的悲凉心境，这也从侧面反映了大漠戈壁滩上贸易人的艰辛。

明万历四十一年（1613），政府在今大境门段长城开小境门，筑造"来远堡"。随堡而生有一座小庙叫市台庙，有趣的是，这座庙不供奉神灵，也不供奉先人，而是供奉一双大蒙靴。蒙古靴，看似普通，却表达了对远道而来、迎风踏雪蒙古商人的美好祝愿。除此之外，来远堡还有两座庙，一是三娘子庙，以纪念支持茶马互市俺答汗的妻子三娘子；另一为城隍庙。三座庙相辅相成，成为中西民族融合与交流的见证。

由张家口向塞外延伸而去的道路往往地广人稀，路途险恶。有研究者形容，这条道路"夏日酷暑，头顶烈日，足履灼沙，数日不见水源，如煎如炙；冬季，塞外高原，朔风呼啸，极度寒冷。春秋两季，时遇风沙骤至，天地晦冥，填路埋人，间或遇骑匪出没，杀人掠货"[1]。如此揪心的行程，也无怪乎当地人会供奉"大蒙靴"，以祈求旅途平安了。

二、多元的张家口宗教文化

上述的两个故事，可以让我们直观地感受到张家口地区的宗教文化与周边文化融合的特点。地处晋、冀、内蒙古交界地带的张家口，在宗教信仰方面自然易受地方文化与周边文化的影响，因此呈现出多元性与杂糅性的特征。

---

[1] 安俊杰：《解读张家口》，第30页。

（一）本土宗教的发展

道教：道教以"道"为最高信仰，是中国固有的宗教，在张家口地带很早就有传播。中国的道教有两大派别，全真派与正一道。张家口的道士分成两派，华山派与龙门派，实际这两派都属于全真派。全真派为北宋末年至南宋初年由王重阳在陕西西安所创，这一派的道士讲究内丹修炼，不结婚，不食荤腥。

金末元初，道教宗师丘处机潜修多年，清静无为，苦己利人，最终成为全真道龙门派的创始人，他曾于1220年赴中亚谒见成吉思汗，途中赋诗一首"十年兵火万民愁，万千中无一二留。去岁幸逢慈诏下，今春须合冒寒游。不辞岭北三千里，仍念山东二百州。穷急漏诛残喘在，早教身命得消忧"[1]。后来，丘处机与成吉思汗论道的经历，被他的弟子李志常详细记载在《长春真人西游记》里。1250年，丘处机和弟子祁志诚在赤城县一带传道修行，在金阁山修建了龙门派的崇真观，"崇真观"这一名称也为成吉思汗所封，这座道观可以说是在北方大漠边缘建立起的最大的道观。《畿辅通志》中也有记载："赤城县北，云州西南十五里，元建崇真观、长春洞于此。前有修仙峪，又有琼泉在长春洞前。"[2]除崇真观外，位于百姓营村的道姑庙；阳原县的玉皇庙、财神庙；怀来县的老君山庙；万全县的弘慈洞、白龙洞；怀安县的真武庙等也都为典型

---

[1] 周原编著：《齐鲁文化》，齐鲁书社2004年，第148页。
[2] 安俊杰主编：《大好河山张家口》，中国旅游出版社2003年，第196页。

的道教殿宇。

（二）外来宗教的发展

1.佛教

张家口靠近五台山，因而受佛教影响很深。大约在北魏时期，佛教就传入了这里，有蔚县南安寺塔为证[1]。此外，赐儿山云泉寺矗立在院中的石碑上，也记载了明朝初期重修庙宇的经过[2]。云泉寺始建于明洪武二十六年（1393），距今近600年。庙宇林立，高低不一，有龙王殿、真武殿、藏经殿、释迦殿、观音殿、药王殿、娘娘殿等。位于阳原县华严寺内的大钟上刻有梵文，同样是佛教寺庙重要的遗迹。

2.伊斯兰教

元朝鼎盛时期，伊斯兰教也传入了张家口。蒙古大汗们掠夺完中原的金银珠宝后，并不仅是拉回草原，"自鞑主以下只以银与回回，令其自去，贾贩以纳息"[3]。这些商贾中，很多都是回族人，他们善于经商，沟通中西贸易。张家口地方还有阿儿浑人，阿儿浑这个词也有混血儿的意思。窝阔台时期，阿儿浑人驻扎在抚州（今张北县）、荨麻林（今张家口万全区洗马林镇）、弘州（今阳原县）等地，这曾是为皇家制造银器和毛丝织品的地方。史籍中还有关于阿儿浑织锦工调往京城的记

---

[1] 安俊杰：《解读张家口》，第122页。
[2] 《张家口文史资料》第16辑民族宗教专辑，1989年，第150页。
[3] 额斯日格仓、包·赛吉拉夫：《蒙古族商业发展史》，辽宁民族出版社2007年，第26页。

载,这大约是见诸文字的张家口地区迁入回民的最早记录。因为穆斯林聚居的地方,必建清真寺,因此张家口地区也出现了许多清真寺。回人等信仰伊斯兰教的群体出现,客观上推动了张家口地区伊斯兰教信仰的发展。

明清以来,许多回民不远千里来到张家口谋生,随着俄蒙贸易的发展,张家口养驼人家也多起来,张宣地区养驼的回民尤其多。还有一些经商做小生意的,当地有俗语称:"真回回两把刀,一把卖牛羊肉,一把卖切糕。"说的就是回民努力谋生的现象。

3.基督教

唐朝时期,基督教聂斯脱里派传入中国,即东方亚述教会,这个教会也被视为最早进入中国的基督教派。亚述教会曾在长安兴盛一时,并在全国建有"十字寺",但多由非汉族民众所信奉。明朝时,塞外重镇的张家口与蒙古草原腹地城市——乌兰巴托(当时叫库伦)相连,延伸到俄罗斯恰克图,形成了一条贸易运销线,即张库大道。位于张库大道商业辐射网络范围内的河北省张北县白城子为元中都旧址,在这里发现过景教墓顶石。此外,元上都[1]、净州路[2]、德宁路[3]也曾发现过亚述会的标记。这些标记将闪电河、四子王旗、达茂旗、张北县等张家口以北的地方联结起来,成为东西方相互交流的有

---

[1] 具体指内蒙古正蓝旗五一牧场境内滦河上游的闪电河北岸。
[2] 具体指内蒙古自治区四子王旗吉生太乡城卜子村是金、元王朝设置的净州古城旧址。
[3] 具体指内蒙古自治区达尔罕茂明安联合旗北鄂伦苏木古城是元延祐五年(1318)的德宁路旧址。

力证据。

16世纪以来，基督教教派林立。清康熙三十九年（1700），天主教传入崇礼西湾子，使张家口成了中国北方教区的主教府的所在地。张家口这一地带逐渐有了卫理公会、协力公会、神召会、救世军、基督复临安息日会、基督徒聚会处与圣书公会等基督教教会。1949年，各派求同存异、相互尊重，举行了联合礼拜，至此卫理公会、协力公会、神召会……才成了历史名词，被记忆封存。

（二）"三教合一"及文化相融现象

佛教、道教在发展过程中也形成了极有意思的融合，充分展现了张家口地区各民族、各宗教文化共存、包容合一的文化特色。唐以后，佛、道两教不断吸收儒家思想，相互融合，于是在张家口地区便出现了许多"三教合一"的庙宇。

鸡鸣山上的永宁寺即是如此，该寺始建于辽圣宗太平四年（1024）。宋辽澶渊之盟后，汉族与契丹的贸易增多，重视文化交流的辽圣宗耶律隆绪主张学习汉文，便在永宁寺建立了三圣殿，将孔子、老子和观音共同供奉，不仅展示了文化的共存，同时也显示了各民族都注重文化的兼收并蓄的特点。再如明万历年间的万全洗马林玉皇阁，这座听上去为道教的殿宇，实际上藏有半部佛经《大藏经》，也被称为"京西第一藏经阁"。玉皇阁的底层塑有黄帝、句芒、大禹的神像，二层则有玉皇大帝的神像，阁中却藏有32箱半部《大藏经》，共700余卷，4000多册。当地传说这些经卷是由韦驮送来的，因此在阁中也立韦驮坐像,如此便成了"三教合一"的现象。

除了以上两处,桥西区堡子里北城墙上的玉皇阁,滴水崖的长春洞朝阳观,阳原县竹林寺,蔚县重泰寺、十八堂等都为有名的三教合一寺庙。

就建筑风格来看,各寺庙群也是互相借鉴,彼此影响。佛、道寺庙的建筑风格融合了塞外元素。以风、水、冰三洞闻名遐迩的张家口桥西云泉寺为共祀佛、道之地,其上部为道馆,下部为佛殿。殿宇淳朴无华,神佛塑像彩塑镏金,显现了粗犷、劲道的塞外风格。伊斯兰教进入张家口后,其清真寺的建筑风格也与佛道寺庙的文化彼此融合。有人说"尝观我国境内清真寺,殿宇形式,每多近于风鉴异说","望之外表,几与僧道庙观无稍差异"。[1]由此可见张家口地区宗教相融的文化特色。

三、张家口多元宗教的动因分析

历史上的张家口,形成了佛教、道教、伊斯兰教、基督教多元并存、共同发展的良好局面。这离不开其特定的地理位置、历史背景和民众需求。

(一)张家口的地理位置

张家口地理位置险要,自古便是古今兵家必争之地。虽然它地处边陲,但却十分重要,不仅是京津的门户,也是内地通

---

[1] 《张家口文史资料》第16辑民族宗教专辑,1989年,第54页。

往蒙古、俄国的要道。

明政府虽多次尝试，但始终无力征服蒙古。蒙古时时南下入侵，因此张家口便成了明政府抵御入侵的军事重地。关于张家口的地名，最早也是形成于明朝。起初，张家口只是指东西高山（今东西太平山）之间的山口。《宣府镇志》中载张家口一带因"民户不足，调山西诸处余丁充之"，这些迁入人中有一家张姓人家迁入隘口附近定居。宣德四年（1429），万全都指挥张文奉旨在清水河西岸张家庄筑一城堡，曰张家口堡，张家口的名字由此产生，"东高山……西高山……二山皆在边口，相去数百步，对峙如门。张家口之名以此"[1]。建堡之后，张家口为万全前卫、左卫属地，清代属万全县。

张家口联结东北、华北、西北三地，这一枢纽般的地理位置客观上为多民族、多宗教的交流、融合提供了保障。

（二）历史背景：从茶马互市到张库大道

张家口除军事上重要的地理价值外，也是塞外重要的商埠，有着"塞外皮都""嵌镶在草原上的明珠"的美誉。东汉时，游牧民族就在这一地带"岁时互市"。明朝，这里是"互市之所"，后张库大道的开通更是让张家口成为贸易的中心和集散地。

1.茶马互市

张家口这个城市的蒙古名是kalgan，最早则叫Chuulalt Haalga，意思是"聚集之门"[2]，直到现在，内蒙古与蒙古的民

---

[1] 《畿辅通志》卷59《舆地·山川》。
[2] ［美］艾梅霞著，范蓓蕾等译：《茶叶之路》，中信出版社2007年，第49页。

众还是这么称呼。如此重要的商业地位,得益于当时明朝政府与蒙古首领土默特·俺答汗的协调政策。

16世纪末前,明政府都是努力加强北部城市的军事实力以对抗北方民族的,这大大限制了两地人们的贸易交往。明政府成立后,俺答汗试图通过外交与战争双重手段,促进贸易发展。隆庆五年(1571),将军王崇古认为与俺答汗建立贸易要比双方交战好得多,便上奏写道:"今敌求贡市,不过如辽东、开原、广宁之规,商人自以有无贸易,非请复开马市也……夫拒敌甚易,执先帝禁旨,一言可决。但敌既不得请,怀愤而去,纵以把汉之故,不扰宣、大,而土蛮三卫岁窥蓟、辽,吉能、宾兔侵扰西鄙,息警无时,财务殚绌,虽智者无以善其后矣……堂堂天朝,容荒服之来王,昭圣图之广大,以示东西诸部,传天下万世,诸臣何疑惮而不为耶?"这个奏折的想法受到了其他大臣的支持,皇帝也最终应允。于是王崇古便号召商贩进行贸易,"布帛、菽粟、皮革远自江淮、湖广辐辏塞下,因收其税以充犒赏。其大小部长则官给金缯,岁市马各有数。崇古仍岁诣弘赐堡宣谕威德"[1]。历史上也称之隆庆和议。万历五年(1577),官方首次允许把茶叶卖给蒙古人。万历七年(1579),土默特·俺答汗向明朝政府要求,在西部眺州用500匹马交换茶叶,这一要求被允准不久后,东边的张家口也可以进行茶叶贸易了。茶马互市使边境贸易迅速发展起来。

明代穆文熙在描述张家口马市情景时写道:"少小胡姬

---

[1] (清)张廷玉:《明史》卷二百二十二,《列传》第一百十。

学汉装,满身貂锦压明铛。金鞭骄踏桃花马,共逐单于入市场。"可以看出张家口马市的重要地位。

2. 张库大道

清朝,康熙帝亲征噶尔丹,统一了漠南、漠北、新疆、西藏和青海,打通了中国向内蒙古与俄国的贸易通道。康熙三十年(1691),朝廷在多伦诺尔召开喀尔喀贵族和四十九旗王公会议。会上,王公贵族们和喇嘛们向皇上发出请求,希望汉族商人能够进入草原进行贸易,解决牧民们皮毛物资难销、生活用品匮乏的问题。康熙帝同意了这一请求,结束了皇商对蒙贸易的垄断。自此,汉人能在理藩院管辖下自由经商了。

随着时间推移,张家口对外贸易繁荣发展,"更立大境门作蒙古与东部之贸易场,其市滋甚"。前文也提到过,由张家口出发,联结恰克图的这一路线,即是古代丝绸之路的另一重要商道——张库大道,也被称为草原丝绸之路。这是我国内陆与边疆地区进行商品交易的重要场所。良好的贸易环境使张家口地区诞生了大量的旅蒙商与茶商,据老年人回忆,这些商人"不仅有东西苏(尼特)、库伦(乌兰巴托)等地贸易市场,而且最远达毛斯格洼(莫斯科)、伊尔库茨克,喀山等地"[1]。那时的张家口真可谓是"商旅归往、百货灌输"的陆路商埠,不仅是对俄蒙贸易的要道,同时也是重要的物资集散地。"我以茶来,彼以茶往",茶商以茶叶从俄蒙商人手里换回皮毛、鹿茸、羚羊角、水晶、麝香、蘑菇、药材等贵重物

---

[1] 《张家口文史资料》第1—3辑,第176页。

品。清代诗人陈逢衡诗云:"圣主恩泽驾七巡,游居屡沐翠华春,几多父老壶浆惠,不动沙场战马尘。色目竞夸蒙古集,珍奇远至恰图陈。自从一统无中外,稳睡华夷百万民。"描述的就是张库大道繁荣的贸易景象。

张家口贸易发展的历史,不仅促进了多民族宗教的传入与交流,同时也产生出了一些极富特色的民间信仰与崇拜,文章一开始提到的"三娘子庙"与大蒙靴祭拜即是如此。另外还有一则清乾隆年间修建的水母宫的故事,这个宫殿的产生就与皮毛的生产和贸易有关。清张家口的皮毛业十分发达,水母宫所在之处有一股清清的小溪。相传水母娘娘在往北海幽会玄武帝时,路经卧云山,渴极思饮,四顾无水,便指地为泉,山崖随之裂开一隙,泉水汩汩而出。水母娘娘饮罢,念及塞外缺水,不忍心将水源切断,于是此泉便长流不息,世世代代为民造福。一户皮匠发现,只要是通过这个山溪洗出的皮子,都能又细又白又软。许多皮匠听闻后纷纷到此开业,一时间作坊林立,民声大振,出现"皮毛作坊鳞次栉比,皮毛工人数以万计的景象"[1]。乾隆四十七年(1782),这里的皮毛产出竟可以达到两千张,大家将功绩归于这条小溪,聚资建庙,"水母宫"便诞生了。

3.民众信仰需求

张家口的民众与中国很多地区的民众类似,信仰多神,祭拜也有一定功利主义。这也是张家口地区很多小庙得以保存

---

[1] 张志欣主编:《走长城》,河北人民出版社2006年,第149页。

的原因。中国民众"较之于宗教的逻辑一致性，他们更关注其实践功效。对功效的关注是与神力这一概念紧密联系在一起的"[1]。张家口当地的百姓相信"礼多神不怪"，在他们眼中，各路神有多种功用，如关公成了武财神，玉皇大帝成了万神之王。民众心理也促进了张家口诸神共存，信仰并用宗教多元现象的出现。

张家口地区的人常常通过献演戏曲的方式祈祷神圣，尤其是在一些商业集中的城镇，财神庙在每一个季度都有酬神演戏活动。演戏也同样适用于保佑安康幸福，察省国民新报1937年5月17日消息："柴沟堡西门里，有白衣庵寺院一座，殿内除少数神像外，其余皆为裸体小孩泥像，故俗称之为娃娃庙，凡膝下乏子者常向此庙祈祷。因年久失修，殿舍墙壁，破坏不整，今年因一般小孩多患痧疹，死亡甚众，城内多迷信家，竟发起重修此寺，并献戏四天，以谢神灵。"[2]

张家口多元的宗教不仅满足了汉人的生活上、事业上的需求，同时也满足了聚居在此的回族、土家族、蒙古族和朝鲜族等众多少数民族的信仰需求。人们供奉蒙靴，表达了对旅途平安的祈愿；纪念三娘子，表达了对茶马贸易支持者的感谢；纪念水母神，表达了对生意兴隆的渴求……民众的信仰需求在一定程度上成为宗教多样性发展的动力。

---

[1] ［美］武雅士：《中国社会中的宗教与仪式》，第208页。
[2] 河北省文化厅，河北省民族事务委员会，中国戏剧家协会河北分会编：《河北戏曲资料汇编》第十辑，1985年，第365页。

四、结论：张家口宗教多元的价值

在古代，丝绸之路不仅是中西方经济交流的渠道，也是沟通中西方文化、宗教的重要桥梁。张家口地区有一座标志性建筑"万里长城第一门"——大境门，这就是曾经北方草原丝绸之路的起点，这座门见证了张家口的经济发展、民族团结和文化交融。明清时期，茶叶、货物就是从这里出发，被商人运送到草原腹地，直至遥远的欧洲大陆。这条道路在国内外有重要的政治、经济、文化影响。与此同时，贸易开展的过程中，宗教、文化也通过草原丝绸之路不断向外传播，中西方精神文化不断冲撞、交流，并最终走向融合，因此丝绸之路实际上也是精神文化交流的道路。

宗教是特殊的社会意识形态，同时也是传统文化的重要组成部分。它以信仰为中心聚合，连接着各民族、各文化程度的民众。从上文分析可知，张家口地区从古至今都是汉族与北方少数民族共同生活、交流、贸易的主要场所。各少数民族大杂居、小聚居的分布特点为张家口带来多样的宗教文化。张家口重要的地理位置、曾为丝绸之路必经之地的历史背景及民众的信仰需求都促使该地区呈现出了宗教多元现象。

了解不同民族信仰宗教的历史背景、理论及实践，不仅有利于维护社会稳定与民族团结，也有利于"一带一路"倡议安全健康地实现。就张家口自身发展而言，积极利用宗教文化资源也有益于自身的城市建设。作为文化软实力的组成部分，宗教文化在促进张家口城市发展方面有不可估量的作用。

农耕与游牧的结合带

——简论崇礼区域文化

邢 铁[*]

随着2022年冬奥会的申办，张家口再次为全国和全世界所注目，学者们也在进一步回溯考察张家口的历史和文化。不过，包括我们这次"张家口·冬奥会与一带一路国际学术研讨会"，论者所关注的主要是13世纪以来，也就是元朝以来张家口与欧亚地区的经贸文化交流；同时，我们还应该注意到，此前的5到12世纪、也就是北朝到辽宋时期，也是张家口历史上的一个重要发展阶段，这个阶段的突出特征，是游牧文化与农耕文化在这一带的急剧交汇、摩擦和融合，这个时期是张家口地区文化特色的定型时期，也为后来的发展奠定了基础，规范了走向。限于我的认识范围，只能简单谈一下辽宋时期张家口所

---

[*] 邢铁，河北师范大学历史文化学院。

辖的崇礼区域文化特色，以供论者参考。

本文题目中所说的"文化圈"，是借用社会人类学的概念，指的是长期生活在同一个地方的人所共有的生产生活习俗和观念，这种习俗和观念具有独特性和排他性，以区别于其他地方的民族。契丹人所辖的辽朝就是这样的"文化圈"。在"文化圈"中存在很多区域性的文化，崇礼文化是辽朝"文化圈"中的区域文化之一。

据《辽史》卷37《地理志》记载，契丹人的活动区域在漠北，"东至于海，西至金山（今新疆阿尔泰山），北至胪朐河（今内蒙古呼伦湖），南至白沟（今河北雄县），幅员万里"。所谓"北"实际是东北，所以从空间位置来看，崇礼地处辽朝"文化圈"的南部。作为山区小县，崇礼的行政建制很晚，唐末五代时期这里属于武州，治所在今天的宣化；辽朝属于西京道的归化州（治所仍在宣化）。辽朝的时候从南京（今北京）到西京（今山西大同）和上京（今内蒙古巴林左旗东南），宣化和赤城是必经之路，崇礼正处其间；但是，北宋和辽朝交聘的使者所走的路线主要是开封和上京之间，北宋的使者到今天的北京（辽朝南京）以后，向东偏北方向出古北口，辽朝的使者南下也走这条线，都不经过崇礼一带。元朝的时候由元大都（今北京）到漠北草原有东西中三条路线，崇礼处在中路和西路的中间，是必经之路，位置很重要。可能因为地方小、没有行政建制所以没有被记载下来，也可能是我们还没有看到，有待于继续查阅。

近年来有不少学者对辽朝文化包括崇礼的历史文化特色做

了有益的探索,有破题开路之功。需要补充的是,崇礼在辽朝"文化圈"之内形成独具特色的区域文化,得益于两个特有的条件。

一是辽朝处在气温骤降的前夕,这里仍然有着较好的自然环境。崇礼地处"坝上"的南沿,气候干燥寒冷。但这是公元12世纪以后开始形成的,在此之前的辽朝统辖时期,这一带要温暖湿润一些,比现在更适合生产生活。

根据气象学家竺可桢先生的研究,在有资料可查的5000年间,中国版图上的气候经历了四次大幅度的变化,分别发生在公元前10世纪以及公元4世纪、12世纪和17世纪,其中12世纪即南宋时期,这次变化最为剧烈,形成了中国历史上最寒冷的时期;寒冷潮从太平洋东海岸开始形成,向西传播到中亚和欧洲,同时也有"从北向南的趋势"。寒冷潮的这两个走向,都直接影响到了从今天的内蒙古东部到华北平原地区,寒冷潮经过了崇礼一带。据竺先生估算,以现在的年平均气温为参照,唐代高出1.5℃,南宋则低了2℃,也就是说,南宋时期比唐代平均气温下降了3.5℃,北方地区至少下降了4℃。

农业生产技术资料显示,气温每下降1℃,生物分布区就要向南移动1~2个纬度,北方下降4℃的话,则要向南移动4~8个纬度;落实到版图上,每个纬度111千米,8个纬度就是八九百千米,从中原往南看,是从黄河流域到长江流域的距离;从崇礼往南看,则是从崇礼(北纬41℃)到淮河流域(北纬32℃~34℃)的距离。也就是说,在我们所考察的气温下降前夕的辽朝,崇礼一带的气候环境与今天的淮河地区接近!显然，无论是从事游牧还是农耕，当时这一带的气温和降雨量都是很适宜的。

二是这里距离宋辽边界比较远，很少有战火波及。自从五代后晋石敬瑭把"燕云十六州"给了契丹辽朝，辽朝的南部已经延伸到了今天的保定一带。北宋初年，宋太宗想夺回这一地区，曾两次出兵伐辽，先是进攻幽州（今北京），久攻不下，在高梁河（今北京西直门外）之战中大败而回。第二次发兵攻辽的时候，在歧沟关（今涿州西南）被辽兵打败。此后，北宋放弃了武力收复"燕云十六州"的计划，对辽朝采取守势；辽朝则转守为攻，凭借其战骑优势屡次南下。宋真宗景德元年（1004），宋辽双方签订了"澶渊之盟"，商定宋辽以白沟河为界。盟约签订以后的近百年间双方没有再发生大的战争。

宋太宗伐辽战争的战场在燕山以南，崇礼距离前线有将近200千米的距离；签订"澶渊之盟"以后，崇礼距离宋辽边界约300千米，更是远离前线，而且有东西走向的燕山阻隔。到公元12世纪初年，女真人的金朝灭辽灭北宋，先进攻辽朝的上京（今内蒙古巴林左旗东南），接着又南下进攻南京（今北京），战火波及这一带，辽朝很快就灭亡了。所以，在辽政权存在的210年间，崇礼一带很少受到战争的影响，这里的人们一直在平静的环境中生产生活着。

在这种特有的环境中形成的辽朝"文化圈"南端的崇礼区域文化，也就有了自己的特色，即肇始于游牧习俗，很快融进农耕文明。

崇礼所在地不仅是坝上坝下的交汇处，更是长城所在地；

长城之所以修在这条线上,不仅仅是因为这里的山脉陡峭,打仗的时候易守难攻,更主要的是因为这里是游牧与农耕的分界线,长城以北是游牧区,以南是农业区。对此,当时的人们已经有清晰的认识,《辽史》卷37《营卫志》记载说:"长城以南,多雨多暑,其人耕稼以食,桑麻以衣,宫室以居,城郭以治。大漠之间,多寒多风,畜牧畋渔以食,皮毛以衣,转徙随时,车马为家。此天时地利所以限南北也。"以长城作为农牧分界线,是当时生产状况的真实反映。长城以北的大漠地区的渔业在靠近湖泊的地方,"畋"即狩猎主要在最北端的寒冷地区,渔猎都比较少,主要是畜牧业。这一地区的生产类型可以分成三个地带:最北部为畜牧业区,中部为畜牧与农业并存区,长城以南为传统农业区。最初,崇礼一带汉人很少,主要居民是游牧人,公元9世纪以后主要是契丹人和奚人居住。契丹人和奚人都是鲜卑人的分支,属于游牧民族,都以养马为主要生产活动,家产的多少以牧养多少马为标志,还有驼、牛、羊,生活用项全靠畜牧业。牲畜用来载物、拉车和食用,还用其皮毛作武器和服装。刘跂在《学易集》卷3《使辽诗》中说,契丹人"习俗便乘马,生男薄负锄",开始不习惯耕种,但很快就农牧并举了。

  契丹人的手工业最初只是制造皮革、弓箭和马具。阿保机称帝后不断从汉族地区俘获工匠到上京(今内蒙古巴林左旗东南),中原地区的手工技艺传到这一带。特别是五代后晋时期占据燕云地区以后,汉人的技术越来越多地为契丹人吸收,各类手工业也发展了起来。尤其是陶瓷业,辽朝的制瓷艺人来自中原，据有关专家研究，辽瓷大都带有北宋定窑的风格，称为"仿定"瓷器。2014年秋末我们去崇礼实地考察，在一些旧建筑遗址还可以找到碎瓷片，细薄，稍显暗色，就属于"仿定"瓷器。辽瓷既仿照中原风格，也按照本民族的审美观进行创新，做出了具有契丹民族风格的瓷器，除中原传统的杯、碗、盘、瓶外，长颈瓶、鸡冠壶、扁背壶、鸡腿坛、凤首瓶等就是辽瓷特有的造型，带有契丹人的生活气息，如鸡冠壶就是从骑马时携带的皮囊的样式演化来的。崇礼区文保所征集到的辽代瓷器中有两个点油灯用的"灯台"，形状很像扁背壶，有着皮囊的影子。虽然这种瓷壶、瓷灯台不能在马背上携带，是定居的时候使用的，仍然有着游牧人习惯的样式。

契丹人本来习惯于游牧生活，逐水草而居，北宋使臣称契丹人的帐篷为"穹庐"。崇礼一带最初也是契丹贵族游猎的场所，辽兴宗就曾率群臣在夏天的四月"猎龙门县西山"，据当地学者考证，"西山"就是现在崇礼区的野鸡山、老虎沟。但是，他们很快也像汉人一样建了固定的居住点，只是用砖石少，主要是版筑土墙。譬如"西土城"，不仅地名一直沿用下来了，而且有遗址，有很多碎瓷片、灰陶片和布纹瓦，反映的是定居生活。

还有著名的"太子城"，在太子城村的南面，面积达10万平方米，放在中原地区，也属于中等规模的城堡。20世纪50年代文物普查时，在此发现过鸡腿坛、黑陶长颈瓶、方砖和长条砖、铁质四尖蒺藜，还有松柏木制家具。考古专家据此认定，太子城是辽朝所建，可能是辽圣宗为太子耶律宗真（后来的辽兴宗）修建的。当然也有不同的传说，有的说是秦朝为太子扶苏所建，有的说是唐朝武则天给儿子建的，这些说法有一个共同的地方，即都认为这是汉族风格的建筑。不过，站在秦朝和唐朝的都城长安的位置上看，这一带属于遥远的东北边地，属于游牧人所在的"胡化"区，秦朝和唐朝不可能让太子住在这里，最有可能在这里给太子建"城"的应该是游牧人的王朝。所以，这里的"太子城"应该是辽朝的太子居住的。值得注意的是，这位契丹族的太子已经不像其先人那样逐水草而居，已经像汉人一样筑城定居了。为主办2022年冬季奥运会，崇礼区计划在"太子城"遗址建"奥运村"，是一个明智的选择，因为这里是当年辽朝皇室冬季狩猎的"冬捺钵"之地，既有着契丹人的传统，也体现着游牧文化与农耕文化相结合的风格，集中展示了当地的文化特色。当然，把这种文化特色完整地挖掘呈现出来，还有很多工作要做。

以上都是从契丹人生产生活的习俗来讲的。可以看到，辽朝的时候生活在崇礼一带的人们由于与汉族地区接近，日常交往多，所以受汉族地区生产生活习俗的影响大，与汉人融合快。这也正是崇礼区域文化的特点所在：属于辽朝"文化圈"，肇始于游牧习俗，很快就融进了农耕文明；生活在这一带的人们既有游牧人的健壮体魄，又有汉族人的文化素质，具有身体上和心理上双重优势。

最后附带说两点。一是契丹人的归宿。据《辽史》记载，辽朝的时候崇礼所在的西京道归化州管辖一个县（文德县，县治与州治在一处），总户口才1万户，大约5万人，崇礼境内的人数不详，肯定很稀少，只有几千人。最早这里是鲜卑人的地盘，北朝到隋唐时期为突厥人占据，居民仍然是鲜卑人；唐末五代时期壮大起来的契丹人，就是鲜卑人的分支。辽朝存在的210年间契丹人的势力发展到了顶峰。辽朝灭亡后，契丹人大部分与汉人融合了；一小部分人到了东北，成了达斡尔人的祖先；还有一小部分人远征到了云南，称为"本人"。到12世纪中期，契丹作为一个民族在漠北地区已经消失了。

二是应该注意与契丹同时的奚人。奚人与契丹人一样，也是鲜卑人的分支，受契丹人管辖。奚人善于造车，而且比契丹人更多地接触农耕生产。《续资治通鉴长编》卷97记载说奚人"善耕种"，苏颂《苏魏公集》卷13《牛山道中》诗中说："农人耕凿遍奚疆，部落连山复枕冈。……田畴高下如棋布，牛马纵横似谷量。"奚人已经沿着河谷垦辟了梯田，会种植麦、黍、稷等作物。从古书的记载看，奚人的活动区域在张北高原以南、长城以北，包括崇礼一带，所以，奚人的生产生活习俗也应该属于崇礼区域文化的组成部分。

从"一带一路"倡议的角度审视京张铁路的历史与现实

李志刚[*]

在历史上,张家口是"南北互市通衢",东接京张驿道,西连张库大道;京张铁路成为沟通京津两地、中原地区与西北地区、蒙古草原及俄罗斯恰克图的大动脉。在现实中,张家口是区域铁路客货运输的中心,东进经京张铁路可达天津港,经张唐铁路可达唐山曹妃甸港;西行经京包铁路可达中(中国)蒙(蒙古国)边境口岸二连浩特市,经张(张家口)集(集宁)铁路可达中(中国)哈(哈萨克斯坦)边境口岸阿拉山口市。张家口火车站成为东临环渤海湾,西连大西北地区的铁路交通枢纽。京张铁路为张家口的发展提供了强大的动力,为响应"一带一路"倡议发挥着重要的作用。

---

[*] 李志刚,张家口市桥东区人民法院退休干部。

一、京张铁路——自主修建的第一条国有干线

京张铁路是以杰出爱国工程师詹天佑为首的中国工程技术人员与中国工人，完全用自己的技术与力量，用中国自筹款项，独立自主地勘测、设计、施工和管理的第一条国有干线铁路。

詹天佑是这样记述京张铁路的"按京张一路，尽人皆知为第一纯粹中国人所筑之路"，"京张路权既完全中国自办，所有工程全部概用华员，绝不借材他国……"

京张铁路于1905年5月开始勘测，同年9月正式开工。京张铁路筑建之初，西方诸国对中国人自主修建铁路冷嘲热讽："中国造此路之工程师尚未诞生也"。詹天佑抱着为国争光的决心，顶住压力，迎着困难，带领全路员工，齐心协力，发愤图强，精心勘测，精心设计，精心施工，"一切依赖于奋不顾身的努力"，只用四年时间，提前胜利竣工，较预算节省银356774两，实际结余银288898两，且线路质量良好"俭谓青龙桥、鹁儿梁、九里寨三处，省去洞工，实为绝技"，达到了"花钱少、质量好、完工快"的既定目标。

京张铁路"由丰台之柳村，趋东而北，沿都城，越清河，抵南口，穿八达岭，出岔道城，跨怀来、宣化，以达张家口，延袤三百六十里。其中层峦叠嶂，息路峭石，实居全路十分之一"，长城内外的崇山峻岭，"路险工艰，为他处所未有"。工程之难在当时全国所没有，在世界所罕见，詹天佑创造性地采用"人"字形轨道，"竖井施工法"开凿八达岭隧道，破解京张铁路修建最难点。

在列强争霸、路权外沦的旧时代，京张铁路的建成通车是"中国人民的光荣"（周恩来），由此它成了一条标志着中国人"自主创新"精神的"争气路"。

张家口火车站于1908年破土兴建，1909年交付使用，占地面积583.987亩。站区由站前广场、售票厅、候车室、站台、风雨棚、站场组成。张家口火车站建成时，规格为京张铁路各站之最，是京张铁路终端的重点土木工程建筑，曾是张家口的标志性建筑。

张家口火车站经历百年历史，2011年12月入选全国第三次文物普查"百大新发现"。入选理由是这样表述的：它是工业文明走进中国的象征，是中国近代史和中国铁路史上划时代的标志性建筑，见证了张家口的百年发展历程，具有较高的历史价值和纪念意义。

二、京张铁路——国际商贸物流大动脉

张家口是古长城的一个关隘，是华北大平原通向蒙古草原与西北地区的交通要口，历来被称为"南北互市通衢"，是截至20世纪初期已有200年历史的中俄陆路贸易要冲。清雍正五年（1727），中俄签订了《恰克图互市条约》，确定恰克图为双方互市地点，并允许俄商经库伦、张家口，进北京免税贸易。源于明朝时期，中原地区汉民族与蒙古草原游牧民族"茶马互市"形成的道路（后被称为张库大道），成为沟通欧亚大陆的国际贸易运输通道。

鸦片战争以后，外国列强迫使清政府签订了一系列不平等条约。俄国商人获准"由陆路输入内地者，可照旧通过张家口、通州前赴天津，或由天津运往别口及中国内地，准在各口岸经销"。咸丰十年（1860）外国列强迫使清政府开放通商口岸，中英、中法《北京条约》"增天津为商埠"；中俄《北京条约》（续增条约）"俄国商人，除在恰克图贸易外，其由恰克图照旧到京，经过库伦、张家口地方，如有零星货物，亦准行销"。在华北地区，天津辟为海路商埠，张家口辟为陆路商埠。张家口成为天津和华北区域与西北地区及延伸至俄罗斯的互市之所，成为南北货物的集散地。张家口货物贸易的数量很大，每年运输的货物，有蒙古一带输出的土产皮毛、驼绒，和南方输入的茶叶、纸张、布匹等。

清光绪三十一年（1905），清政府决定从北京铺设一条铁路到张家口，任命詹天佑为京张铁路总工程师兼会办局务。詹天佑率队沿京张驿道勘测京张铁路线路，对沿途的商旅交易情况做了记述："所过大小集镇，均不寂寞，沿途，民户亦繁，口外货车更源源不绝"，"经调查，每日平均约有2万担货物在大道上通过"。詹天佑看到北京至张家口商道南北商旅交易繁忙的景象，十分重视京张铁路的早日建成"且将来全路通行，口外商务日盛……此路早成一日，公家即早获一日之利益，商旅亦早享一日之便安"。

为将京张铁路建成国际贸易物流大动脉，以詹天佑为代表的京张铁路建设者们，努力用国际通行的标准打造一条规范、先进的铁路。京张铁路轨距采用宽1.435米的国际标准轨距；京张铁路沿线各站全部配置规范的英文站名。

京张铁路的建成通车，张家口火车站成为陆路商埠的交通枢纽。京张铁路连接京津，辐射中原，直至岭南，与张库大道相连，为中国内陆与俄罗斯的国际贸易转运提供了快捷、便利的运输条件。

以张家口百年老字号启元茶庄为例。1912年，天津商人刘润波在怡安街开设启元茶庄，在启安里建茶叶加工、存储工场。茶庄在福建、湖北设有茶场，每年将茶叶通过海路运到天津码头，然后经京张铁路货运到张家口。百年老店现在仍在使用建店之初标有"苏州码"的木制茶叶盛具。

京张铁路全线通车后，客货两旺，运输繁忙。1910年铁路运输收入75395元；1911年运输收入506794元；1912年运输收入达262万元，1914年"且为今日全国第三获利之铁路也"。张家口车站为陆路商埠张家口的物资中转、商品交易提供了强有力的交通运输保障。

三、京张铁路——陆路商埠对外开放的见证

张家口被称为"陆路商埠""南北互市通衢"，在明、清时期和民国初期，是中国北方最大的茶叶出口基地和物资贸易集散地，中俄陆路贸易的要冲，"茶叶之路"的重要节点地，张库大道的始发地。

詹天佑是这样记述的："张家口者，为接壤蒙古之地，而为万里长城通商地之一也"，"距京师驿站计四百余里，既属

重镇，又当孔道，不但互市之要区，实亦西北之屏藩也"。

修建京张铁路中，京张铁路沿线各站全部配置了规范的英文站名。"张家口车站"的站名是詹天佑亲笔题，汉字站名下部为英文"KALGAN"（音：卡拉干）。"卡拉干"是清末民初张家口的国际称谓，詹天佑确定站名时沿用了这一国际上认可的语音。

张家口本是长城一关隘，明宣德四年（1429）筑武城军堡——张家口堡。明万历四十一年（1613）建互市之所——来远堡，开小镜门（西镜门）。清顺治元年（1644）开筑大境门。小境门和大境门是万里长城线上唯一一个以门命名的关口，是为开放北方边界，适应不断发展的民族间贸易而开建。

清康熙三十五年（1696）"更立大境门外一带作蒙古与东部之贸易场"。大境门成为蒙古民族来往张家口贸易的目的地。蒙古语称大境门为"卡拉干"（大门，货物进出的口子），大境门是张家口的标志，将张家口同称为"卡拉干"。"卡拉干"繁荣的交易市场辐射到俄罗斯、欧洲，张家口成为国际知名度很高的陆路商埠。

清雍正五年（1727），中俄签订了《恰克图互市条约》，万里茶叶之路经张家口中转，张家口成为中俄贸易的陆路码头。清咸丰十年（1860），清廷设张家口为商埠，俄国商人零星货物，亦准销售。清光绪二十七年（1901），俄罗斯在大境门外元宝山处开辟通商场地，张家口成为商旅归往百货灌输的"陆路港口"。

1909年京张铁路通车，张家口商贸区由桥西扩展到桥东。

1914年1月民国北洋政府宣布张家口开放为通商口岸，工商贸易呈现空前繁荣局面。1918年9—10月，民国政府颁布筹办张家口商埠的公文，划定开埠的地点和范围"东北界的鱼儿山，北按边墙，南至东沙河及通桥，西连下东营各处原有市场。河东面积4313亩，河西面积495亩"；颁布《张家口商埠暂行章程》，决定成立张家口商埠局。

1926年张家口大小商户多达7000余家，几乎占民户的1/2。另有"外馆"1600余家，外国洋行44家，旅蒙商700余家，进出口贸易额达3亿银元，是张家口商务鼎盛时期。1928年，蒙汉互市和对俄贸易达到鼎盛时期，每年输往蒙古和俄罗斯的茶叶30万~40万箱（每箱1000斤）。年进出口贸易额15亿两口平银（白银）。在张家口全面开埠时期，俄罗斯、美国、英国、日本在张家口设有领事馆。

1909年京张铁路通车运营，1910年运输旅客40万人次，运输货物42.9吨；1912年客运量49万人次，货运量70万吨；至1915年，客运量达91万人次，货运量达到180万吨。张家口火车站英文站名"KALGAN"是陆路商埠张家口对外开放、商贸繁荣的历史见证；京张铁路续演着"卡拉干"的辉煌。

四、京张铁路——由堡嬗变为市的契机

张家口在1905年京张铁路修建之前，以清水河普济桥（通桥）为界分为桥西城区、桥东郊区两个区域。桥东地域一片荒凉，零零散散的"窑民"土屋相伴着成片的菜园子和庄稼地，

一条时而咆哮、时而断流的沙河，一条通往宣化府的土驿道，是当时桥东地情的全貌。

詹天佑在勘测线路定址张家口车站时考察记述：张家口堡东清水河上建有一座大桥，"该桥跨过的河流将张家口城镇与其东郊划分为两部分"，"将来车站拟即在下堡对岸园子地方建设"。

1905年5月31日，詹天佑勘测京张铁路到张家口，在清水河通桥之东定235测站为张家口火车站站址。张家口火车站成为桥东城区始建的原点。

1905年京张铁路兴建初期，天津怡和洋行在车站站址周边大兴土木，筑街道，建住房，开辟商业区，桥东城区形成雏形，与桥西老城区共同构成了现在张家口市的城市基本格局。

京张铁路通车之前，桥东区域人口不足千人，建成通车后，桥东区域人口激增，主要来源于建筑铁路工程工人的留住，铁路工人的进驻和京张铁路通车后来张经商住户。1912年张家口桥东桥西两地人口发展到132621人。

1909年建立的铁路机车车辆修理厂，是张家口市近代工业发展的标志。1917年建于桥东地域京张铁路旁的电灯公司，是张家口市电力发展之源。1912年建成的怡安商业街，是桥东商业的发祥地，是张家口近代商业发展的摇篮。1909年发行的张家口怡安产业股份有限公司股票是我国最早的股票之一。

1910年张家口铁路医疗诊所成立，后扩建为铁路医院。1913年京张铁路局建铁路苗圃，后改建为铁路公园。1917年京张铁路局建气象降雨观测点，是张家口气象观测之始。1918年7月京张铁路张家口抚轮小学建成，创办于民国初期的张家口铁路员工子弟小学并入该校。1918年10月，京绥铁路局西北汽车处张（张家口）库（库伦）线营业运行，这是我国第一家官办的汽车运营机构。1925年3月京绥铁路局包建新型现代工艺双道铁桥——清河桥（原称普济桥1924年7月被洪水冲毁），1926年1月竣工通车。

1914年6月，北洋政府设察哈尔特别行政区建制，张家口的地位从直隶省（现河北省）万全的一个镇成为专区治所所在地。1931年，桥东地域隶属万全第六区（今张家口市）管辖，境内按街道设13个镇。1939年初，张家口设市建制，桥东为第一区。

京张铁路的建成通车，张家口火车站的竣工使用，桥东由农村建置向城区建置转折，由农耕经济向工商经济转变，由农村自然环境向城镇人文环境过渡，是桥东地域历史发展的"特色地情"。京张铁路的修建成就了"百年桥东"，为张家口发展成为原察哈尔省的省会城市、现今河北省的直辖市提供了契机和基础。

五、京张铁路——"东进西行"再显路网交通新格局

回顾京张铁路历史的成就，是为了再现京张铁路在我国西北地区铁路交通网布局中的重要作用。

京张铁路"东进西行"通口岸。京张铁路是京津地区通向西北地区铁路交通网的首段。张家口南站承担着多条铁路运输的枢纽功能。我国西北铁路交通运输线，途经张家口南站的铁路有京（北京）包（包头）线，丰（丰台）沙（沙城）线，张

（张家口）集（集宁）和张（张家口）唐（唐山）线；在建的铁路线路有京（北京）张（张家口）客运专线，张（张家口）大（大同）客运专线和张（张家口）呼（呼和浩特）客运专线。以张家口南站为交通节点，向东经京包、丰沙铁路可抵达天津新港，经张唐铁路可达唐山曹妃甸港；向西北经京包铁路通向中（中国）蒙（蒙古国）边境口岸二连浩特市，经张集铁路通向中（中国）哈（哈萨克斯坦）边境口岸阿拉山口市。据了解，天津新港每日开行经二连浩特口岸到蒙古国、俄罗斯的国际物流铁路运输专列；每周开行经阿拉山口口岸到哈萨克斯坦等中亚五国的国际物流铁路专列。

京张高铁助力京张冬奥会。2015年7月31日，北京—张家口赢得了2022年第24届冬季奥林匹克运动会的举办权。为保障2022年冬季奥运会北京赛区、延庆赛区、张家口赛区三地赛场间的交通服务，将建设北京至张家口的高速铁路。现已开工建设的北京至张家口城际铁路，全线长约174千米，主线共设10个车站，设计时速在每小时200千米至350千米之间，乘火车从北京到张家口为52分钟。为方便观众前往崇礼观赛，京张城际铁路崇礼专线也一并建设。崇礼高铁站设在奥运村南1000米处，步行几分钟即可抵达奥运村及周边比赛场地。京张高铁的建设，为保障冬奥会的成功举行和推动张家口市冰雪产业市场提供了便利、快捷交通服务。

百年京张铁路可做冬奥会景观。京张铁路是中国人自行设计和施工的第一条干线，是技术含量很高的中国早期的铁路，为中国工程技术界在世界上赢得了地位。2013年12月，京张铁路南口至八达岭段入选全国重点文物保护单位名录。2011年12月，京张铁路终点张家口火车（北）站选入全国文物普查"百大新发现"名单。2009年，北京市郊铁路S2线开通内燃动车"和谐号"旅游专列。始发站是北京北站（原西直门站），终点是延庆站（北京·张家口冬奥会雪上项目承办地之一）。"和谐号"旅游专列行驶的是100多年前修建的京张铁路。乘旅游专列，春季出游观花海，秋季出游赏红叶，遥望八达岭长城全貌，近观"人字形"铁路、詹天佑铜像和青龙桥车站。给百年历史的京张铁路带来了新的变化。2016年，北京市政协和张家口市政协会议上，两市政协委员分别就京张铁路沿线文物保护和张家口火车（北）站的保护提交了政协提案。提案内容是：北京联合张家口获得2022年第24届冬奥会举办权，在筹备建设北京市至张家口市（崇礼区）城际铁路工程时，要保护好京张铁路线及沿途铁路历史建筑，恢复当年建筑风格，建百年工业遗产博物馆，展现中国铁路百年的历史变迁，成为"北京·张家口冬奥会"沿线的展示遗迹，供来自世界各国及国内的游人观览。

100年前，中国人自主修建的京张铁路竣工通车，令世界所瞩目；助力陆路商埠"KALGAN"走向辉煌。100年后，北京联合张家口申办冬季奥运会成功，让张家口再次进入世界关注的视野。张家口人要以成功举办冬奥会为己任，充分展示张家口的区位优势："一带一路"西北地区铁路交通枢纽，冰雪、草原、长城、古堡、铁路等文化资源优势，让世界了解张家口，让张家口走向世界。